法律叢書 3

憲政與國家發展---
總統制？內閣制？雙首長制？

黃炎東　著

蘭臺出版社

國立台灣大學法學院三民主義研究所第一屆畢業紀念六十六年六月

　　黃炎東教授（上圖第三排右三）係臺大法學院三民主義研究所
（現國家發展研究所）第一屆畢業生，於民國六十六年六月六日下
午三時出席首屆畢業生敬師感恩聯誼會，本次茶會在臺大法學院國
際會議廳舉行，由所長姚淇清博士主持，研究所出席的教授，計有
傅啟學教授、姚淇清所長、黃季陸教授、崔垂言教授、秦孝儀教
授、劉脩如教授、林桂圃教授、周道濟教授、李守孔教授、鄔昆如
教授暨畢業生八名，並合影誌念。

　　黃炎東於民國 74 年 1 月獲得法學博士學位後，在師長們鼎力
的培植旋獲聘回母校臺大法學院三民主義研究所開授博、碩士班
及大學部法政課程，幾近三十多年，學生畢業後分布於各行各
業，且皆有傑出表現，黃炎東教授對母校臺灣大學師長們培植之
鴻恩盛德，永遠感念，山高水長，銘記在心，直至永恆。

為黃炎東教授《憲政與國家發展---總統制？內閣制？雙首長制？》序

文／張平沼會長

　　黃炎東教授是我屏東師範學校（現已升格為屏東大學）之學弟，學養卓越，曾歷任中國新聞學會總幹事，臺灣大學國家發展研究所教授，中央警察大學專任教授、公共關係室主任、圖書館館長，世界警察博物館館長、校務發展委員會執行秘書，全民拚治安論文集總編輯，日本東京大學及美國德州大學奧斯汀學區政府系客座學者，崇右影藝科技大學副校長暨財經法律系主任、講座教授，國立臺灣海洋大學航管系博碩士班航運產業講座，國立臺北商業大學榮譽講座教授，現任本公司燿華電子股份有限公司暨台灣商業聯合總會顧問，服務熱忱、績效卓著，黃教授有感於全球化知識經濟來臨的大時代中，法律與企業管理之研究是有其時代需求與實踐價值，尤其是憲法乃是國家之根本大法與權利之保障書，為促進國家政經之良性發展，振興國家之憲政體制與發展經濟乃是當前不可忽視之重大課題，因而特撰著《憲政與國家發展》乙書，即將於近期內出版問世，有感於黃教授一片書生以文章報國之鴻志，爰樂為之提序。

燿華企業集團會長暨台灣商業聯合總會理事長　張平沼　謹識

2019 年 9 月 20 日

建構一個有能力的政府 及民主法治社會

文／趙永茂教授

　　憲政主義（constitutionalism）主要在以憲政民主（constitutional democracy）精神建立一個民主憲政國家。目的在遵從人民意志，依國民主權或民意政治，以及政府權力的限制原則，建立權力分立、權力制衡與分權、共治的政府；並以穩定民主自治、人權保障及法治主義，依循制憲、修憲、釋憲及憲政慣例，建立憲政民主國家。同時期待能以協力治理的精神，共同督促建構一個有能力的政府及民主法治社會。

　　1911 年建立的中華民國為亞洲第一個民主共和國，經由多年的國政變遷，在 1947 年建立的當前《中華民國憲法》，歷經制定《動員戡亂時期臨時條款》，宣布戒嚴，1987 年解嚴，1991 年廢除《動員戡亂時期臨時條款》，並在 1991 至 2005 年間，歷經七次修憲，同時迄今已經過三次政黨輪替。就民主憲政的發展與成長歷程而言，臺灣事實上具有一個非常特殊的發展軌跡與故事，以及精采的未來與張力，值得大家研究與觀察。

　　憲政與國家發展為臺灣當前重要的發展議題，作者黃炎東教授曾任臺大國家發展研究所教授、中央警察大學教授、崇右影藝大學副校長暨財經法律系主任，目前為國立臺北商業大學榮譽講座教

授，為國內憲法、政治學及政黨與選舉等領域的著名研究學者。本書主要在探討中華民國憲法中，總統制、內閣制還是雙首長制的特徵，以及未來的發展方向。為此，必須研究及釐清世界各國憲法類型與中央政府體制，並進而探討憲法的權力分立理論，同時深入剖析我國中央政府體制與歷次的憲政改革。

黃教授在本書中並進一步分析中央政府體制中一致性政府與分立性政府的特徵，釐清行政權與立法權的關係類型，並特別深入研討我國所面臨的總統制、內閣制或雙首長制之抉擇與變革途徑。基於為中華民國建立長治久安的憲政體制，以及建立權責相符的憲政系統，黃教授建議我國憲法應順應自由、民主、人權、法治等普世價值之潮流，確保國家發展，並恢復憲法對於行政院長由總統提名經立法院同意後任命之規定，始能更符合權責相符、權力分立制衡、以及權力協力共治的憲政發展精神。特誌感佩，並鄭重為此書推薦。

臺灣大學政治系名譽教授

趙永茂　敬識

2020 年 2 月 10 日

須找到解決權責相符的制度設計方法

文／章光明教授

　　憲法，是一個國家的根本大法。憲政，更是該國公共政策的基礎、指南與上位架構。諾貝爾經濟學獎得主 North 在討論制度時，也認為憲法所導引出的規則階層結構可以降低交易成本，支撐有效率的市場。從各方面角度看，憲法在國家發展上是個重中之重的議題，黃炎東教授所撰專書的意義於此彰顯。

　　憲法反映各國歷史制度，更反映各個當代的社會情境，並根據社會需求與時俱進地修訂憲法內涵。以我國為例，自清末便有立憲運動，作為繼洋務自強運動（1861-1895）和維新運動（1898）之後的第三次大型改革，憲政很自然的成為我國重要現代化工程，1908年頒布的「欽定憲法大綱」便是這項工程的第一個產物。民國肇建，立憲工程未止，經政治協商於 1946 年誕生了「中華民國憲法」，隔年實施時，國共內戰爆發，而有「動員戡亂時期臨時條款」作為憲法附屬條款，1949 年政府來到臺灣後，繼續適用該條款，憲政有名無實，這樣的情況持續到1991年才因終止動員戡亂時期終止而廢止該條款，另訂「中華民國憲法增修條文」，至今增修條文歷經七次修訂。無論臨時條款或增修條文歷次的修正，均呈現歷史軌跡，更反映當時政體現狀與主政者意志，當然，此期間，社會需求亦扮演越來越重要的角色。

　　世上沒有完美的制度，憲政亦然。憲政核心在以政府的權力

（power）保障人民的權利（right），power 與 right 二者之間的平衡與有效運作則賴我憲法第 23 條的公益、法律保留與比例原則之操作。人權種類、內涵與實踐，譬如，死刑是否廢止、抵抗權入憲與否、人性尊嚴如何定義、同性婚姻權如何維護、集會遊行需否事前申請、特殊工時應否考慮健康權等等，在在需要釋憲者本於法理並自該當社會之政經社文脈絡中尋找答案。政府權力的設計則有更多值得探討的議題，權力固應分立制衡，以防專擅濫權，然效率政府所展現之追求公共利益的國家競爭力也是必要考量，更何況，政府要有能力方得確保人民的權利。在我國憲法出現的諸多問題中，權責相符的體制設計遭受到最多挑戰，我國憲法在總統制與內閣制中始終未能找到定位，而所謂雙首長制的精神，也只停留在學界論述，從未在實際權力運作中形成憲政慣例。黃炎東教授的憲法專著集中於此加以論證，可謂掌握我國憲法的癥結所在。

　　找到問題的下一步是如何解決問題，我國憲法明白規定，行政院長是最高行政首長，行政院向立法院負責，實際上，行政院長的權力來自總統，總統掌有實權，卻不須接受國會監督。黃教授所謂憲法權責失衡的問題要回到憲法增修條文第 2、3、4 條，也就是總統、行政院和立法院三者關係中找到問題點，逐一檢視。首先，實證與法理均顯示，總統直選具有民意基礎難以放棄實權的問題必須面對；其次，憲法第 37 條總統發布重要命令的副署權應否恢復，也涉及總統與內閣制之爭；第三，現有體制下，總統根據國家安全會議，分享行政院下有關外交、國防與兩岸權力的作法，引發了眾多討論，是制度設計所應思考的問題之一；第四，總統任命行政院長應否經立法院同意，涉及行政院長正當性基礎；第五，總統既有實權，應否對立法院負責備詢（非僅報告國情）以收權責相符之效；第六，行政與立法之間的覆議及不信任案之提起的配套問題；第

七，總統有否解散國會之權，及解散國會的主被動權問題。以上這些問題都涉及權責相符的制度設計，要從法理與國家發展角度一一加以檢視，並找到可行的解決之道。黃炎東教授兼具實務與理論基礎，關心憲政與國家發展的讀者一定能從其專著中找到滿意的答案。

中央警察大學警察政策研究所教授　章光明

2020 年 2 月 3 日

讚！黃炎東榮譽講座教授！

文／吳光明教授

　　黃炎東副校長是我多年來的好友，長年在臺大、警大、崇右影藝科技大學從事教學研究並兼任行政主管工作，亦曾任美國德州大學奧斯汀校區政府系及日本東京大學客座學者，甚得同仁的敬重及學生們的歡迎，記得民國 98 年 10 月間他甫從警大借調至崇右大學擔任副校長兼財經法律系主任，多次禮聘我至崇右大學擔任法律科系（財經法律及資訊法律系）之評鑑工作，之後崇右很成功的改革轉型並順利升格為知名的私立大學第一個影藝大，深得青年學子們所嚮往的學府之一，當中黃副校長投入的心力是永遠為崇大師生所感念。黃副校長是一個很能感恩惜福的，現雖已榮任燿華電子股份有限公司暨台灣商業聯合總會顧問、國立臺北商業大學榮譽講座教授、中央警察大學法學教授等要職，但他對培育提攜過他的母校恩師、長官、同仁、同學總是懷著一顆感恩的心盡己之力努力奉獻國家社會，最近欣悉他獲聘為國立北商大榮譽講座教授（高希均、李家同、張善政等知名人士亦是北商大榮譽講座教授），且其花費多年撰著的《憲政與國家發展》乙書即將於近期間出版問世，我有幸承蒙黃副校長教授厚愛先睹為快，並將於其擇期舉辦的新書發表感恩會中發表對其大作之感言，友直、友諒、友多聞。我一向總感到有黃炎東副校長如此博學多才，且又有情有義的好朋友為榮。

　　我曾於民國 64 年起擔任律師，民國 81 年起在臺北大學擔任法

律系專任教授數十年，圖書館館長、法律專研究所所長等職務，理論與實務均融會貫通。目前是兼任教授，回歸律師業務。因此，也特別崇拜黃副校長，特此記之！

吳光明

吳光明 [印]
2019年10月23日

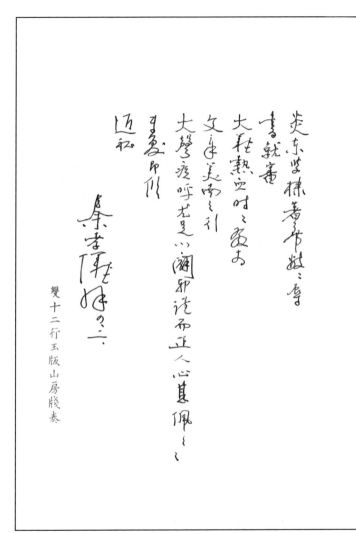

作者之恩師　秦孝儀教授（本件墨寶係作者在就讀大學碩博士班時代的恩師秦孝儀教授，作者於 1988 年前往美國德州大學奧斯汀校區擔任客座學者時期，承蒙秦老師賜函勉勵之墨寶，一直珍藏至今，不斷地自我惕勵力行「敦品勵學、愛國愛人」的精神、並以「誠」的信念、堅守「國家、正義、榮譽」的教育核心價值，施展所學，奉獻國家社會。）

作者之恩師　前中央警察大學校長謝瑞智博士，於民國八十八年八月十二日特前往圖書館暨世界警察博物館巡視，受到館長黃炎東教授暨全體同仁熱烈的歡迎，謝校長對警大圖書館及世界警察博物館同仁工作績效卓著勉勵有加，並致贈黃炎東館長乙面瓷器墨寶「寧靜致遠」以資獎勵。

監察院第二、三、四屆監察委員　趙昌平教授題字

恭賀黃炎東博士副教授榮任
住國立臺北商業大学
榮譽講座教授

乙亥十月於
行政院政務委員
國立臺灣藝術大学校長
黃光男敬賀

前行政院政務委員、國立臺灣藝術大學校長　黃光男博士題字

恭賀 黃炎東博士榮任
國立台北商業大學榮譽講座教授

前內政部警政署
前行政院海岸巡防署
署長 王進旺
敬賀

前內政部警政署、前行政院海岸巡防署　王進旺署長題字

賀黃炎東博士榮任臺北商業大學榮譽講座教授

陶鑄群英

總統府第十二、十三任國策顧問
中華民國雲林同鄉總會創會總會長
財團法人雲林同鄉文教基金會董事長

譚量吉

總統府第十二、十三任國策顧問　譚量吉董事長題字

內政部警政署前副署長　蔡俊章博士題字

中央警察大學犯罪偵查學教官、前高雄市政府消防局
蕭季慧局長題字

臺北市政府消防局　吳俊鴻局長題字

感恩的人生與真善美卓越之追求

——從海角七號到北商大之學術心路歷程—榮獲國立臺北商業大學榮譽講座教授聘書之感言

　　2019 年 9 月 18 日上午 9 時左右，我接獲國立臺北商業大學承辦人事業務之同仁告知，我已通過學校審查程序正式聘任我為榮譽講座教授，校長張瑞雄博士將於 9 月 26 日下午 3 時在學校親自頒授榮譽講座證書給我並加以介紹，這一信息對我這位長年獻身教育的工作者，可說是一項莫大的喜悅，因為能進入具有創校（民國 6 年北商建校）優良傳統歷史，全國唯一以商業為名的大學，且擁有一流的師資、學生及具有最為現代的軟硬體教學研究設備之知名學府服務，成為其中之一份子，實深感榮幸之至。

　　尤其本校自張校長主持校務以來，在既有的良好基礎上，秉持「公能弘毅」之校訓精神，並以宏觀、務實、創新之治校理念，勵精圖治，使校務發展蒸蒸日上，無論在師資陣容之充實、教學研究設備之精進、學生之招收、學生專業與通識課程之開設、與世界知名學府的交流等校務之推展精進落實，如今北商大在張校長卓越的帶領暨所有師生員工同仁上下一心、精誠共同團結下，正朝向全球化國際性一流大學奮進。

　　而更難能可貴的是張校長能逐一延聘諸如高希均先生、張善政先生、李家同先生、黃俊傑先生等知名學界大師級名師為本校「榮

譽講座教授」，為青年學子嚮往就讀北商大增添了莫大的動力激因。昨日校方人事承辦同仁亦告知我，學校圖書館同仁亦正準備為我辦理一張「永久借書證」，其意義甚為重大，今後我當更為淬勵奮發，施展所學，追隨張校長暨所有長官同仁，共同為北商大開創更為美好之新境界而做出更佳之奉獻，以回報本校厚植之鴻恩盛德。

　　按我自幼年小學時代起至今歷經多年求學、就業的人生旅程中，我就讀過的學府或是服務過的公私機關團體的老師、長官、同學、同仁、親朋好友們當然不在少數，且他們皆一向對我培植提攜關照有加，我內心對他們常懷感激之情。因而亦謹在此向他們致上我永遠感恩之忱，並敬祝他們闔府平安喜樂，萬事吉祥如意。

黃炎東敬上

2019（民國 108）年 9 月 20 日

一個大學法學教授在 **2020** 年 總統、立委選後的省思與展望

　　2020 年 1 月 11 日總統、立法委員選舉已和平落幕，從這次選舉的過程或選後的結果，無論是各黨所推出的候選人，或是選民所表現的和平理性之成熟民主風度，已獲得國內外人士高度的肯定與讚許，臺灣人民在政治活動所彰顯的實踐價值，已真正成為華人世界追求民主的標竿與典範。但願這一符合自由民主法治人權的核心價值，在臺灣這塊民主聖地繼續茁壯發展。

　　因此，在這次大選後，無論您屬於哪一政黨，而在選舉時，無論您支持哪一位候選人，無論當選與否，都應從此恢復心靈的平靜，一切歸於正常，做一個守憲、守法、守分，具有高品質民主素養的現代化國民，否則就有違背我們追求自由民主之初衷本意了。因為大凡世界上民主國家的政黨屬性，正如美國哥倫比亞大學教授沙多利（Giovanni Sartori）所指出的：「政黨的本質乃為全民服務，不像派系只為了部分人士之利益著想。」亦就是說政黨之目的，乃是透過選舉的勝利來爭取全民的福祉來謀求人民幸福的生活。

　　在選舉時間各政黨可盡量的提出其福國利民之政策，但到了勝選之後，乃是兌現其為選民許下之政見的開始，而當選人在執行其政策時，亦須超越黨派去為全民服務，國家的利益應該永遠是超越政黨的利益。因此，大凡世界上的民主國家政黨的競爭，無論選舉之競賽或平時政務之運作，皆須以國家的利益與民眾的福祉為前

提，不當以黨派相傾軋。而政黨之間亦應屬於彼此競爭又合作的關係，否則各黨固執己見，藉政黨之名行傾軋之實，彼此纏鬥不已，則國無寧日，內耗不已，誠非臺灣人民之福矣！因為執政黨與反對黨實乃民主政治體系之一體兩面，彼此雖然在政治理念與政綱政見有所不同，但對民主政治之貢獻乃是殊途同歸。

記得在第一次世界大戰後，美國總統威爾遜出席巴黎和會回國，由於美國民主黨與共和黨在國會中惡鬥之結果，造成幾項和約條款無法順利通過，導致美國國際信譽嚴重之損傷，基於這一政黨惡鬥造成的國家與人民損失之教訓，因此在二次大戰後，促成所謂「杜魯門—范登堡傳統」，亦就是民主黨的杜魯門總統與共和黨的國會領袖，在聯合國等重大外交議題的充分合作，不單為美國且為世界和平做出了最佳貢獻。

在英國這一老牌的民主先進國家，其各政黨無論在平時或戰時之運作，亦皆能秉持一切以國家利益超越政黨之原則進行，如在第二次世界大戰時就立即政黨休戰（party truce），而在即將結束戰爭之際舉行大選，起初各界皆預料邱吉爾所領導的保守黨政府，因其擁有領導國人戰勝德國納粹侵略之豐功偉績，一定會贏得大選，但沒想到竟敗給主張戰後必須大力推行和平建設與社會福利的艾特禮所領導的工黨。但選後邱吉爾等保守黨人士亦坦然的接受這一民意決定之事實，扮演其最為稱職的忠誠反對黨之角色，經過幾年後的不斷努力經營結果，保守黨亦終獲得人民的信賴與支持，重獲執政之機會。

在世界上像英國這樣的其他民主先進國家，其政黨政治之運作又何嘗不是如此呢？臺灣歷經多次的憲政改革，公民直選總統多次，政黨輪替已成為無可避免之常軌，而國人現在最需要的乃是一個安定、和平、經濟穩定發展的政治優質大環境，有效的因應世界經濟衰退之危機，確保人民免於恐懼，免於匱乏的自由人權，提升

人民的生活品質的政府，來維護臺灣人民的最佳利益。

選舉的成敗是一時的，而國家安全與人民福祉之維護是永遠的，所謂「勝敗乃兵家常事」，選舉之勝負亦是如此。因此，在這次選舉後，筆者基於一個知識分子熱愛臺灣斯土斯民的情懷，僅以無比虔誠之心情恭賀新當選的候選人外，並期望他們皆能有效地實踐其競選時所提出的政見，尤其對國家安全及人民幸福生活之維護，更應當竭智盡忠地服務選民。誠如美國第 35 任總統甘迺迪先生所言：「不要問國家可以為你做什麼，你應該要問自己可以為國家做什麼。（Ask not what your country can do for you -- ask what you can do for your country.）」

政治乃是一種為國家社會服務、犧牲奉獻的神聖志業，凡是擔任公務員的工作人員，尤其是處於高位的國家領導人，當以更前瞻、宏觀、創新、大格局的風範，為國家的永續發展與人民的幸福生活做出更佳之奉獻。同時筆者亦謹藉此向這次參與大選而未能如願當選的先進們，致上最崇高之敬意，因為那美好的民主聖戰您們已經打過了，而今日臺灣的民主能邁向一個新的里程，您們的奉獻都是不容抹煞的，因為政黨輪替在臺灣已經成為正常之現象，只要時時秉持為國為民服務的熱忱，將來亦會有美好的新願景。因為在一個真正的民主國家執政黨與在野黨之輪替乃是平常之事，雖然他們彼此之間在政治理念或政綱政策上有所不同，但他們對民主政治的貢獻是殊途同歸，因此無論是執政黨或在野黨，一切的運作皆須以國家利益、民眾福祉為前提，以和平理性的方式作良性的競爭來博取社會大眾的支持，傾聽民眾的心聲，共同為臺灣的民主政治與人民的幸福生活作出奉獻。

（本文由黃炎東教授於 2020（民國 109）年 1 月 12 日所撰）

一個教育工作者對國家社會永續發展之期許

　　古代的讀書人謂之「士」，現代的讀書人謂之「知識份子」，無論古今中外士或是知識份子都是國家社會的中堅，無論是身居在朝廟堂之上為官，或處在野開班授徒或遊學講座，其一言一行皆會影響世道人心，受到朝野各界所重視，因此任何一個讀人無論身處何種地位境遇，皆會以「天下興亡，人人有責」自許，古代君主專制時代有改朝換代，有興亡隆替之現象發生，現代民主政治是主權在民，有政黨輪替上上下下之情況也是很正常的現象。

　　當中所謂「士」或是知識份子，無論是處在任何時代，他們永遠都是扮演著為國家社會人民之中流砥柱的角色，所謂「先天下之憂而憂，後天下之樂而樂」，為天地立心，為生民立命，為往聖繼絕學，為萬世開太平的讀書人之胸懷與風範是永遠不為時勢轉變而稍移，因為士或知識份子、讀書人是國家社會的良知與公共才，其觀點與行止總是以國家全民的福祉為前提，不偏不倚、永遠堅守在公平、正義之正確的平衡點上。

　　我是一個大學的法學教育工作者，我也曾在恆春大平國民小學教過三年的書，我是一個有為有守的知識份子，永遠在追求民主、自由、法治、人權之理想大道上奔馳努力打拚不已。

　　自從民國53年8月進入當時的屏東師範學校（現已升格為屏東大學）就讀開始，歷經三年文武合一、術德兼備的優質師範教育，

於民國 56 年畢業後奉派至臺灣最南端的海角七號旁的恆春大平國小任教了三年後，又歷經四年的大學及三年研究所的碩士班及七年的博士班，於民國 73 年取得法學博士學位。

於民國 74 年起至今民國 109 年 2 月 19 日，整整 35 年的歲月中，先後在有關大學院校擔任教學研究並兼行政一級主管及副首長等工作，當中也有一段很長的期間從事政治、媒體、法律教學研究與實務單位之服務工作。

在這長年的擔任教學研究及實務工作中，我常常會思考到身為一個大學教授我如何做才能充分發揮為國家社會的角色之功能，因為在我的理念上總認為：我既然是一位「教授」，除了做好本身的教學研究工作外，更應盡自己之所能，施展所學奉獻社會公益服務工作，為提升國家之競爭力與國民生活品質盡點心力，因為教授是屬於國家培育出來且具有專業專才，教授是國家社會的精英人才，如能有此體認，善盡其為國家社會，多參與各項社會公益服務工作，那我們國家競爭力必然能大大提升，我們國民生活品質也因而獲得有力的改善，如此教授在學術理論與實務經驗互為融合，相得益彰，必能為國家社會做出更佳之奉獻。

黃炎東撰於 2020（民國 109）年 2 月 19 日

為防疫工作與人權保障尋找平衡點

　　臺灣在第一波防疫工作績效卓著，尤其第一線從事防疫工作的醫護人員所表現的防疫頂尖卓越經驗與高效能之表現，已深獲世界各國高度的肯定，締造了臺灣在世界防疫史上之佳績，為民主的臺灣爭光，殊值國人敬佩。惟為強化當前所面臨的防疫功能與效率，彰顯法治國維護人民基本人權，今後我們在全心全力投入防疫工作中，亦應避免侵犯到人民之基本人權，同時視疫情肆虐之情況依憲法規定發布緊急命令以資因應，這些事項皆是我朝野全民急需預先做好周全準備之重要議題，尤其筆者身為長年在臺大、警大等學府從事憲法與人權保障教學研究學者，更是責無旁貸地提出此一憲政重大課題。

　　如何在我們的防疫工作與人權保障之間尋得一個更為良適的平衡點，並更加強化防疫的效能與適當維護民主政治的核心價值，是須全民與當局有明確的共識。

　　因為依法行政乃是法治國家施政的基本原則，在當前全世界遭逢新冠肺炎肆虐嚴峻之際，國人當應共體時艱，一切配合防疫為優先。但依據憲法第 23 條，傳染病防治法第 7 條及、嚴重特殊傳染性肺炎防治及紓困振興特別條例）第 7 條，政府防疫有關單位當然可引為防疫措施之法源，惟當中以上兩項法律條文有（空白授權），因而引發若干法界人士認為，似有限制憲法保障人民遷徙自由的疑

慮。這項疑點，是有關法律明確性與人權保障問題，實有待加以釐清，以確保民主法治之核心價值，且更加彰顯民主臺灣防疫之一切施政，皆能依法行政的原理原則。

同時依據我國憲法增修條文第 2 條第 3 項規定：「總統為避免國家或人民遭遇緊急危難或應付財政經濟上重大變故，得經行政院會議之決議發布緊急命令，為必要之處置，不受憲法第 43 條之限制，但須於發布命令後 10 日內遞交立法院追認，如立法院不同意時，該緊急命令立即失效……」。在此疫情嚴重，人民生命在存亡危急之際，俗云：「預防勝於治療」、「凡事豫則立」，當前新冠疫情甚為嚴峻，為強化並周全做好防疫工作，有關當局應及早做好詳細評估，是否考量及早發布緊急命令，以更揮防疫功能，以確保國家安全與人民健康幸福生活。

不論是由總統發布緊急命令，抑或是讓立法院盡速修法，針對疫情，我們應料敵從嚴，有備無患，目前政府發布各項命令，涉及人身自由等眾多議題，依筆者觀點，還是應以先修法為主，緊急命令乃是最後手段，如此一來既有法源依據，也可遵守法官保留的正當法律程序，乃是最為穩當的做法。目前立法院仍在集會期間，可直接修正紓困條例第七條，以補足法律授權之明確性。

本文撰寫之際，適逢全世界人類遭遇新冠肺炎肆虐之秋，因而本文作者在此向勞苦功高的第一線從事防疫醫護人員敬致崇高之敬意，並為國人釐清疫情與人權的基本問題。

黃炎東撰於 2020（民國 109）年 3 月 25 日

為國家建構長治久安之康莊大道

　　憲法為國家的根本大法，其制定的主要目的在於維護國家主權的完整與保障人民的基本權利，並因應時代潮流趨勢與國家發展需要而做適當之修訂，以彰顯國家根本大法與人權保障之核心價值。我國現行的憲政體制歷經七次的修憲後，已從原屬「修正式的內閣制」，改為所謂的「雙首長制或半總統制」，但我們目前所實施之雙首長制，與世界上其他諸如法國等 40 多個國家所實施的雙首長制，無論在憲政制度之設計、運作及其影響所呈現之格局風貌均有所不同，且具有其獨特之屬性，因為依憲法第 53 條規定，行政院雖然為國家最高行政機關，但依憲法增修條文第 3 條規定，行政院長由總統直接任命，不需經過立法院同意，且依同法規定，行政院仍需向立法院負責。按權力分立與制衡，權責相符乃是憲法之基本原理原則。

　　值此國是正處於急遽轉型，兩岸關係又面臨頗為詭譎多變的局面，而大多數的民意也都傾向能建構一個分權制衡且權責相符，更能為國家帶來長治久安之憲政體制。因而我國未來的憲政體制之走向，究竟應朝向總統制或內閣制或維持原憲法之雙首長制或是就現行之雙首長制加以改良來施行，在在都是當前朝野全民必須加以正視，並從根本上去加以解決之重要課題。本書作者早年在法政學術上之研究承蒙恩師前中央警察大學校長謝瑞智教授、中央警察大學陳弘毅教授（曾任內政部消防署長、中央警察大學行政警察學系主

任、消防學系主任，是知名的刑法學及消防救災權威學者，素有臺灣消防之父的美譽，桃李遍及國內外，且在警政及消防等學術領域及實務單位皆有傑出之表現）、前臺大法學院長暨臺大法學院三民主義研究所（現已改為國家發展研究所）姚淇清教授、臺大秦孝儀教授、臺大周道濟教授、臺大賀凌虛教授、臺大胡佛教授、臺大呂亞力教授、臺大曹俊漢教授、政大周世輔教授、臺灣師範大學周應龍教授（曾任蔣故總統經國先生辦公室主任）、恩師陳鵬仁教授（日本東京大學博士，中國文化大學講座教授，著作等身，其著作約有二百多部，是我國研究日本的權威大師級的知名學者）等恩師長年的教導厚植，才得以先後任教於臺灣大學、中央警察大學、崇右影藝科技大學、國立臺北商業大學，開授憲法及有關法律專題課程，基於一個法政學者文章報國之強烈使命感，因特投入多年的歲月，就此一問題加以探究並撰著專書出版問世，以因應值此全國正處於民主永續深耕與憲政體制發展之十字路口，做一個公平、公正、客觀的抉擇，以臻國家於長治久安與確保同胞於安和樂利之新境界。

　　而本書出版問世之際，適逢新冠肺炎肆虐之秋，我們除了向第一線防疫作戰的醫護英雄們，表達無比的崇高敬意，作者亦謹在此誠摯的呼籲，我們當無分朝野全民，更應發揮「防疫工作，人人有責」之高尚情操，精誠團結合作，配合政府防疫政策，同心協力共同做好防疫工作，有效阻止疫情擴散，並進一步消滅病毒，使疫情早日過去，以確保國家安全與同胞們健康快樂的幸福生活。

　　本書之出版承蒙燿華企業集團會長暨台灣商業聯合總會理事長張平沼博士、國立臺灣大學前副校長趙永茂教授、中央警察大學警察政策研究所章光明教授、國立臺北大學吳光明教授等惠賜序文，又承蒙作者在就讀大學碩博士班時代的恩師秦孝儀教授、前中央警察大學校長謝瑞智博士、監察院第二、三、四屆監察委員趙昌平教

授、前行政院政務委員及國立臺灣藝術大學黃光男校長、前行政院海巡署及內政部警政署王進旺署長、內政部警政署前副署長蔡俊章博士、總統府第十二、十三屆國策顧問譚量吉董事長、中央警察大學犯罪偵查學教官及前高雄市政府消防局蕭季慧局長、臺北市政府消防局吳俊鴻局長等惠賜墨寶，為本書篇幅增添無比之光彩。

　　同時作者也很感恩多年來無論在學術上指導過我的恩師們，或是在任何工作崗位上培植提攜我的長官們之鴻恩盛德，敬表內心對他們感恩之忱於萬一。作者學植淺薄，書中掛一漏萬之處在所難免，懇祈諸位讀者諸博雅先進們能不吝惠予賜正，以匡作者之不逮，實乃作者最大之榮幸。

黃炎東　謹識

2020（民國 109）年 3 月 7 日

目錄

第一章　總統制？內閣制？
還是雙首長制？

　　憲法制定的主要目的在於維護國家主權的完整，與保障人民的基本權利，並因應國家發展之需要而設立，是國家根本大法與人民權利保障的核心價值。值此國家社會急遽轉型中，有關制憲與修憲的爭論、三權憲法與五權憲法的問題、中央政府體制、選舉制度之改革、公民投票、兩岸關係、行政與立法部門之互動、中央與地方權限之劃分及族群融合等問題，而朝野互信不足所引發的政黨間之惡鬥，造成政局動盪不安，人民對未來產生一定程度的「不安定感」與「不確定感」，令各界對我國政經發展憂心不已，本書試圖提出我國未來的中央政府體制之走向，究竟應朝向總統制、內閣制、維持現行體制或就現行體制加以改革？因為一個國家憲政體制之良窳，關係其政黨政治良性與否的發展，而選舉制度對政黨制度與民主憲政的落實又有密切不可分的關係，因此，筆者乃就憲政原理與西方民主國家實施憲政體制與政黨政治的經驗及我國多年來實施民主改革的歷程，參酌國內外憲政名家有關憲政上之讜論，衡量其利弊得失，取精用宏，為我國未來政府體制之改革與政黨政治之發展

方向，尋求更能凝聚朝野全民的憲政共識，從根本上徹底化解我國當前的憲政危機，期盼能建立一個真正符合權力分立與制衡、權責相符的中央憲政體制，並為國家帶來長治久安的選舉制度與良性政黨競爭之政治體系及優質的民主文化，作為朝野全民責無旁貸地去加以思考與努力的方向。

一部完備的憲法可以使國家安定

憲法是國家的根本大法，是人民權利的保障書。政府成立的目的在於有效保障人民之基本權利，一個民主國家的政治體制能否運作順暢，必須建構在良好的憲政體制及良性的政黨制度，有優質的憲政體制，國家各種政策才能在軌道上執行順暢，國家社會才能長治久安。

當前臺灣種種亂象，因素不止一端，但其亂源和職權不清的體制有一定的關係，諸如府院權責是否釐清、總統是否有責無權或有權無責；總統是否對行政院所屬的部會逾越憲政規範而直接指揮？總統對行政院所提請任命之各部會首長以及政務委員之任命所發揮之影響力如何？有關總統職權究竟採法定職權說或實質影響說？總統在政黨制政治的運作中所扮演之角色與功能如何？內閣制或雙首長制的相關內容又是如何？憲法的分權與制衡，不管是總統制，內閣制，雙首長制，都是該探討清楚的，畢竟一部完備的憲法可以使人民安居，國家安定。

美國總統華盛頓說：「人民有建立政府的權力與權利。」每個人也有責任服從所建立的政府為前提。而英國著名法學者戴雪（A.V. Dicey）說：「憲法不是造成的，而是成長來的。」（The constitution has not been made but has grown.），適合國情的體制，不是憑空得來的，也不是冒然截取別國的體制就能適用、達到最好效能的。歐美

民主憲政國家其實皆有不同的歷史背景、社會文化、制度演變，因此，研究任何一個民主憲政的發展模式，絕不可忽視其各有不同的主客觀條件，而適合甲國的制度未必適合乙國，強行移植是很難達成優質憲政體制，創造人民的幸福的。

世界各國的中央政府體制，最多的是採總統制與內閣制，另外也有國家是採雙首長制（混合制）。總統制實施最多的國家為美洲，而實施最為成功的國家為美國，然因選舉制度的關係，中南美各國及其他國家實施的情形並不理想，誠如美國的憲法學者布魯斯·艾克曼（Bruce Ackerman）所謂的「林茲夢魘」（Linz nightmare），亦就是採取總統制的國家，加比例代表制的國會選制，是造成其民主轉型失敗的主因[1]。

舉例來說，實施總統制最失敗的國家是 1955 年的越南共和國，當時在美國扶植之下的南越總統吳廷琰，發動政變推翻法國推舉阮氏王朝第十三代皇帝保大（阮福晪），建立越南共和國（南越）與以胡志明為首的北越政府對抗，但吳廷琰獨尊天主教而廢棄佛教和軍事統治措施，激起了當地民眾的強烈憤慨。1963 年美國政府為挽救敗局，又策動了陸軍首長楊文明政變。吳廷琰與其五弟吳廷瑈被政變軍隊亂槍打死於裝甲車內。其四弟吳廷瑾後亦被政變軍隊處決。後越南經過十餘年的戰亂，越南共和國終於被消滅，取而代之的是越南社會主義共和國[2]。

日本第二次世界大戰時之明治憲法是內閣制，而內閣成員皆為軍人把持，並且利用天皇的威信挾持國會，向外擴張軍事實力引發世界大戰，在 1945 年戰後，日本宣布無條件投降，國家被美軍占

---

[1] 張文貞，〈憲政主義與選舉制度：「新國會」選制改革芻議〉，《新世紀、新憲政憲政研討會論文集》，陳隆志主編，臺灣新世紀文教基金會，2002 年 3 月，臺北，頁 492-497。

[2] 維基百科，〈http://zh.wikipedia.org/wiki/〉。

領，當時日本的內閣首相兼內務大臣之東條英機自殺未遂，被捕入獄。1948 年 11 月 12 日，東條英機及其內閣成員，均被遠東國際軍事法庭以犯有發動戰爭、侵略別國等罪行判處死刑；同年被執行絞刑。

伊拉克於 1958 年推翻君主立憲建立共和國，並開始設立總統一職，但都為軍人執政，1979 年海珊上任後屠殺國內庫德族人及伊斯蘭什葉派教徒，並發動對科威特的侵略，最終被以美國為首的聯合軍隊推翻政權並逮捕，後來被以違害人道等罪判處絞刑。

德國於 1919 年所實施的威瑪憲法中，明定德國為雙首長制（混合制）的國家，它同時兼具總統制及內閣制的精神，但它雙首長制的精神終究被希特勒利用，後來他命令燒毀國會、逮捕反對份子屠殺猶太人、發動戰爭及對外侵略，最後以自殺收場，並導致國家長期的分裂。

以上各國的例子證明，憲法不應單單只是紙上的憲法（paper constitution）而已，而是一定要使它的精神發揮並得以造福人民，而政府與人民都應該遵守它的規定，服從它的法律。或許有人一直迷信，以為一部完備的憲法可以使國家安定，事實上威瑪憲法與中華民國憲法同是混合制，而威瑪憲法何以被希特勒破壞而發動第二次世界大戰，造成千萬青年死亡及百姓流離失所；臺灣之所以有今日的自由、民主、人權的成就，2006 年 9 月 8 日媒體報導表示[3]，我國已被美國人權組織（自由之家）（Freedom House）繼續列為自由國家，在政治權利及公民權利兩項指標上，更首度同時獲評為最高等級第一級。而根據法國「無疆界記者組織」所發布的全球新聞自由

---

[3]　中國時報，
〈http://news.chinatimes.com/Chinatimes/newslist/nesslist-content/0,3546,1101 01+112006090801085,00html〉，2006 年 9 月 8 日。

指標最新年度評比，臺灣從 2005 年的 51 名進步為 43 名，排名比日本的 51 名，美國的 53 名為前，此乃是我執政者及全民努力的結果。

美國憲法在開始時只有 7 條，後來增加了 27 條，一共只有 34 條，美國實施的總統制為什麼可以使獨立二百多年的美國國力日益茁壯？完善的憲政制度被充份執行，應是主要原因。這從第一任總統華盛頓的想法中就可以看出端倪，當時華盛頓出任新國家第一任總統，並於 1792 年再度當選連任。因在當時沒有別人比華盛頓更受人民敬仰與尊重，在那個時空環境下，他毫無疑問地可以終身擔任總統，但是他認為擔任兩屆總統已經足夠，他說：「美國之所以從英國殖民地中獨立出來，不是要做一人的總統，這個政府，是我們自己選擇的，不曾受人影響，不曾受人威脅，是經過全盤研究和縝密考慮而建立的，其原則和權力的分配，是完全自由的，它把安全和力量結合起來，而其本身則包含著修正其自身的規定。這樣一個政府有充分理由要求你們的信任和支持，尊重它的權力，服從它的法律，遵守它的措施，這些都是真正自由的基本準則所構成的義務。」

從華盛頓的檄文內容之中，我們可以明白美國國力為何得以日益壯大的原因。就如同華盛頓所言：「人民有建立政府的權力與權利，這一觀念乃是以每人有責任服從所建立的政府為前提」。

英國的憲法之所以實施成功，乃是因為英國自上到下無論是君主或是人民百姓間，均謹守憲法所賦予的義務，尊重憲法的精神；美國總統制之所以成功，則是因為其國內政治上無分先來後到，無論是黑人或白人，或其他族群，均可在政府中任居國務卿或眾議院議長等要職。在臺灣，因為過去臺灣人民受日本殖民統治及第二次世界大戰後早期威權統治的陰霾，至今仍尚未完全建立真正的民主

憲政的核心價值，凝聚主權在民的正確民主觀念，當選人也未完全建立符合國家發展需要的憲政體制與絕對遵守政黨政治的體制，因此也衍生許多權責不分的問題。

　　按當前臺灣種種亂象，因素不只一端，若要求得到根本有效的解決，依筆者的觀察，應該要在憲法的分權與制衡上作適當地調整。

　　我國的憲法體制依中華民國憲法起草人張君勱先生所言乃屬於修正式的內閣制，所謂修正式的內閣制，總統雖是國家元首，但是沒有實權，所以依我國憲法來看，總統並沒有正式的實權。當時憲法在修訂時，因為蔣中正先生長期掌握了黨政軍大權，在經過各黨派的政治協商，才根據五五憲草的內容加以修正，訂定出這部內閣制的憲法。但在 1947 年憲法才一公布，因為共產黨作亂，國民大會依據憲法制定了動員勘亂時期臨時條款，並且凍結了憲法部分條文，以強化總統之實權，故只要總統能夠掌控國民大會、立法院及監察院等，就可以確保總統職位連選連任，因為掌握了立法院，所以法案得以順利通過，而且透過大法官的解釋，使國民大會、立法院及監察院等同於西方國家的國會[4]，長期不用改選，總統便可以永遠的掌權，使得國家長期在威權體制之下，才造成臺灣的省籍與種族嚴重的分歧，因此憲法中分權與制衡的落實是何等的重要。

　　1988 年李前總統主政以來，看到萬年國會對臺灣的民主政治傷害嚴重，因此聯合當時在野的民進黨進行六次的憲政改革，實施國

---

[4] 1957 年 5 月 3 日，大法官會議第 76 號解釋：「國民大會代表全國國民行使政權，立法院為國家最高立法機關，監察院為國家最高監察機關，均由人民直接間接選舉之代表或委員所組成。其所分別行使之職權亦為民主國家國會重要之職權。雖其職權行使之方式，如每年定期集會、多數開議、多數決議等，不盡與各民主國家國會相同，但就憲法上之地位及職權之性質而言，應認國民大會、立法院、監察院共同相當於民主國家之國會。」

會全面改選，落實主權在民的理想。惟在憲法的修改當中，仍存在一些未能克服的問題。其中因憲法及增修條文規定，在五院內除立法院院長外，均須由總統提名經立法院的同意後才能任命，但在提名行政院院長時可能會遭受障礙，於是將總統提名行政院院長須經立法院同意之規定停止適用，並在 1997 年第四次修憲時，將該條文修正為行政院院長由總統直接任命之，如此一來使得憲法制衡的原理喪失殆盡，因而造成立法院對行政院的制衡功能喪失，產生總統有權無責，行政院有責無權的現象。故我國中央政府體制實有再加以重新檢討之必要，建構一個真正達到權力分立與制衡的機制，以發揮憲法應有的功能。

依據筆者的觀點，當前我國的中央政府體制，究竟應改為內閣制或總統制、或就現在所實施的雙首長制加以改良，如恢復憲法本文第 55 條之規定：總統任命行政院長須經立法院之同意，總統解散國會的權力由被動權改為主動權，以因應立法與行政部門發生僵局時，能予以有效的解套，總統選制是否改為絕對多數制？而徹底從制度上根本防止政黨間的惡鬥，國會的選舉制度採取日本單一選區二票制後，經第七、八屆立法委員選舉後的結果是否票票不等值、選區是否有待加以重新劃分調整，其他諸如 18 歲公民權、人權條款等問題，尤其修憲的門檻是否過高、如何重新建立權責相符，相互制衡，防止政治腐化的中央政府體制、建立民主多元化協商的制度？從根本上徹底解決臺灣人民的國家認同與種族和諧問題，是否制定政黨法使各黨能導入政黨政治運作之常軌，以建立良好的選舉制度及良性的政黨競爭體系，消除朝野對抗，化解行政與立法的僵局，避免權力惡性的互相牽制等等問題，均是我們全民應該加以面對及思考的方向，並有賴國人來加以關注，共同為我國的民主與現代化做出最大的貢獻。

第二章　世界各國憲法與中央政府體制

　　世界上民主國家對於中央政府體制的採行，大抵上可分為總統制、內閣制及雙首長制等三大類，亦有學者除上述三種外，另外再細分出委員制及共產黨之民主集中制等二大類[5]，但其畢竟為少數，在此並不列入本文討論範圍。本章依上述這三種分類，再各別依所採行的國家、選舉的方式、元首（總統）的職權及其與國會間的互動等四個面向來探討世界各國憲法之中央政府體制。其中並舉一典型且具有代表性的國家來做說明，藉以讓讀者能從這些讓人眼花撩亂的中央政府體制中，瞭解世界各國是如何經由他們的憲法來運作政府。

第一節　總統制

第一項　採總統制的國家

　　從歷史上而言，首先採強勢總統之國家為美國，其後在歐洲因市民革命，陸續產生共和國，其元首也稱總統，雖亦由選舉產生，

---

[5] 謝瑞智，《比較憲法》，臺北，地球出版社，1992，頁 719-723。

但其地位因中央政府體制採強勢內閣，轉化成虛位元首制，迨20世紀混合體制之誕生，總統的地位也分成實權制與象徵制兩種，前者如後期德國威瑪共和和法國第五共和，後者為奧地利共和國憲法，雖同是總統，但因國情的不同，而各有不同的性質。

在現今世界上 100 多個國家中，無論是君主立憲之政體或是共和國之政體，採總統制的國家約有55個，在亞洲國家有尼泊爾、蘇丹、韓國、菲律賓、印尼、巴基斯坦、孟加拉及中東的沙烏地阿拉伯、伊拉克等各國，歐洲則有摩納哥、西班牙、葡萄牙等國，而非洲國家則有南非在內 22 個國家採用總統制。美洲部分則以美國為首，其餘則有墨西哥等15國亦採總統制。在此舉美國為例，說明其所產生的方式、職權及與國會間的互動等三部分來作進一步的探討。

第二項　總統制的特色

總統制的特色，是嚴守行政、立法及司法三權分立互相制衡的設計，而總統為國家元首及最高行政首長，總攬一切行政大權，負實際行政責任。在其政府官僚體系中的閣員為總統的幕僚，均不兼任國會議員，因此總統公布法令，不須閣員副署，而閣員不列席國會發言。

在制衡方面，總統（行政）可以咨請國會開會提出咨文，否決在國會中提出的法案權限，但是最後亦無法阻止國會通過法案，另外總統亦可以提名聯邦法院之法官及改造法院之結構以制衡司法。而國會（立法）則是掌握了預算權、同意權及調查與彈劾權等，以制衡司法與行政。在司法權部分則是運用憲法解釋權及司法審核制度來制衡國會（立法）與總統（行政）[6]。

---

[6] 苗永序，《各國政府制度及其類型》，臺北，專上圖書公司，1997 年 4 月，

第二節 美國總統制

第一項 美國總統制的由來

一、受學者論述之影響

孟德斯鳩（Charles de Secondat, Baron de Montesquieu, 1689-1755）是法國啟蒙時期思想家及社會學家，也是西方國家學說和法學理論的奠基人，1748 年時，以 27 年的光陰出版《論法的精神》（De l'esprit des lois, 1748），全面分析及闡揚了三權分立的原則。

當時孟德斯鳩起草此書，乃是希望借由描述英國的憲政制度中「立法」、「行政」二權由分立制衡走向互相結合之弊端，以此來影響其祖國當時之專制政治[7]。他指出，為了保障政治自由的實現，必須實行立法、行政、司法三權分立，同時進一步詮釋了 18 世紀英國哲學家、思想家洛克提出的三權劃分（分工）的理論。他除了讚揚英國的君主立憲制，主張由資產階級掌握立法權並監督行政權，行政權由君主掌握；君主有權否決立法，但無權立法，只能按法律辦事；司法權由獨立的專門機構來行使，這樣一來，三權分立，並相互制約，就可以保障人民的政治自由及權力[8]。

而這種模式，是當時殖民地制憲代表所夢寐以求、所要建立的聯邦政府，因而參考了孟氏理論的藍圖與架構，制定了一部與英國政府體制截然不同的制度。

二、受到英王的壓迫

英國早期對美國殖民地的政策為放任政策，只作輔導而不過於

頁 120。

[7] 同上註，頁 62。

[8] 維基百科，〈http://zh.wikipedia.org/wiki/〉。

干涉，而因於 17 世紀末葉，英王喬治三世為籌措長期對法戰爭之軍費，不斷的以種種不合理的方式向殖民地榨取高額稅收，加上殖民地及英國國會議員對渠等所享有之政治權力及義務上之看法分歧。殖民地人民忍無可忍，在幾經向英國請願交涉而無結果，終於迫使北美 13 州聯合起來向英國公開對抗，走向獨立[9]。並且在之後其中央政府體制的改革，亦未蕭規曹隨完全仿造英國當時之內閣體制，而改採行總統制之中央政府體制。

三、缺乏有效管理的政府

當殖民地之 13 州聯合向英國宣布獨立時，其中央只有一個邦聯議會，沒有總統，也沒有法院，在這樣脆弱的政府結構下，即中央無權力執行決議之能力外，又不能向各州徵稅，導致當時政府運作的困難，尤其以軍、警力量過於薄弱，中央政府隨時均有瓦解之可能，是為當時最大之隱憂。

各州代表有鑑於此，在費城召開了第二次會議，要求加緊制憲迅速改善情況，並草擬了一部史無前例的成文憲法，其內容中分別說明：立法權屬於國會、行政權屬於總統、司法權屬於聯邦最高法院及各級法院，並且依照這個三權立法之憲法，成立了三權分立的政府。

由於總統既是國家的元首，又兼行政首長；既有任命權、外交權、經濟權及兼任陸海空軍元帥，因此，是一位實權在握的領袖，更因為總統不對國會負責，在其任期屆滿前國會也無權請其下臺等等，其與英國虛位元首之內閣制，乃截然不同的制度[10]。

---

[9] 王育三，《美國政府》，臺北，臺灣商務印書館，1998 年 12 月，頁 12-15。
[10] 同註 6，頁 63。

第二項 總統的選舉方式

在美國，總統係人民間接選舉而產生，所謂間接選舉，是由各州人民先投票選出「總統選舉人」，再由總統選舉人投票選舉正副總統。而其選區採取單選區多數代表制，自 1950 年起，各州先後立法干涉政黨內務，規定其選擇候選人時必須採民主的方式[11]，直至今日，各州依法辦理直接初選（direct primary），而大多數的州舉辦總統初選（presidential primary）。由於總統選舉的投票日是定在 11 月的第一個星期一之後的星期二，因此每一屆的日期皆不同。

由於各州均有二名參議員及數目不等的眾議員，因此每州在選舉人團的力量並不一致，在 11 月完成投票後，各州的選舉人將選舉人票在 12 月分別寄到華盛頓特別區對總統選舉結果作最後的確認，總統當選人方產生，次年 1 月 20 日，新任總統在美國最高法院首席大法官、新舊政府官員及兩院國會議員的觀禮下，宣示就職美國總統[12]。

而究竟美國總統選舉是採絕對多數或相對多數？有人認為各州選舉人採贏者全得而主張其總統選舉係採相對多數者，更有人認為總統選舉人必須取得過半數選舉人票才能當選，故美國總統的選舉方式係採絕對多數，也有主張其為選舉人團制。其實美國之總統選舉制度，是經過一番爭辯與調整而制定的。

美國制憲會議對總統選舉方法的討論，相當詳盡；各種方法歸

---

[11] 美國憲法第 2 條規定：「美國總統由選舉人選舉，總統選舉人則由公民直接選舉產生。」後來第 12 條憲法修正案有了小小的修改，要求各州得以決定它所產生的方式，選出它跟國會代表團人士相等的選舉人（electors），制憲者原意是要讓總統選舉人依據自由意識選舉總統，根本沒有提到政黨的角色，但是透過憲法解釋，最高法院不僅只保障個人選擇政黨、共同促進政治信念及理想的權利，更避免讓政黨過份受到各州規範的權利─李國雄，《比較政府與政治》，臺北，三民，2006，頁 504。

[12] 李國雄，《比較政府與政治》，臺北，三民，2006，頁 504-505。

納起來可以分為五種基本的類型：

一、由國會選舉。

二、由人民選舉。

三、由選舉人選舉。

四、由各州議會選舉。

五、由各州州長選舉[13]。

以上五種建議方法，以前三種討論最多，經過多次辯論以後，最後決議主要方法以「由各州州議會所指定之選舉人在各州選舉總統」，一旦這個方法未達成目的時，再由國會眾議院舉行選舉，仍然維持各州平等的原則。美國採總統選舉人制，因各州選舉人票以勝者全得，是以可能形成選民選票較多，而總統選舉人票反而較少的結果。

例如美國歷史上即曾在 1876 年，共和黨的海斯（Rutherford B. Hayes）雖然在選民總票數上落後民主黨的提爾登（Samuel J. Tilden）25 萬多票，但卻因選舉人團票多 1 票（185 票比 184 票）正好超過半數而當選美國第 19 任總統。而在 1888 年共和黨的哈里遜（Benjamin Harrison）在選民總票數上落後民主黨的克里佛蘭（Grover Cleveland）9 萬多票，也是因為選舉人團票超過半數（233 票比 168 票）而當選美國第 23 任總統。在 2000 年的美國總統大選中，總投票率只有五成一，布希（George W. Bush）得票率47.87%（在30 州獲勝），高爾（Albert Gore）得票率48.38%（在 20 州及華盛頓特區獲勝）。但布希卻贏得了 271 張選舉人票而當選了美國第 43 任總統[14]。

---

[13] 中央選舉委員會，〈總統、副總統選舉方式之研究—絕對多數制與相對多數制之探討〉，中央選舉委員會，1999 年 6 月初版，頁 5。

[14] 王業立，《比較選舉制度》，臺北，五南，2007，頁 222-223；張金鑑，《美國政府》，臺北，三民，1992 年 9 月，頁 101。

　　從理性民主的觀點來看，總統應該是由人民直接選舉才符合「人民主權」的理想，但是從經驗民主的角度看問題，總統選舉人團制度是必要的，因為它符合現實的需要。所以理性民主輕視政治妥協，然經驗民主卻不能沒有它。因此其後，雖屢有建議修改為由人民直接選舉總統的呼聲，但是美國人基於對憲法與歷史傳統的尊重與珍惜，不願輕言廢止[15]。

　　美國之選舉制度是經過激辯與調整，加上美國人民對於憲法與歷史傳統的尊重與珍惜而樹立的，這是我們應該學習的部分，而至於採行「絕對多數」或「相對多數」之制度，則應視國人的共識建立而定，無絕對的優劣，在研擬法制時，則應廣泛討論與考慮，吾人可就其中之優缺點先行了解、分析。

　　就「絕對多數」的產生而論，其優點至少有下列幾項：

　　一、有強勢的民意基礎，利於總統日後的權力運作，足以與立法權、司法權相抗衡。如1936年美國總統大選，羅斯福以懸殊的票數差異打敗對手藍登，在強大的民意基礎支持下，順勢推出「新政」，使美國聯邦政府權的大幅調漲，影響至今，即為一顯著例子。

　　二、有助於凝聚國民意識，形成「生命共同體」意識，透過此種方式產生的總統能夠進一步強化「民主國家主義」。

　　三、有助於強化政府的效能，甚至造成萬能政府的出現。

　　至於其缺失，則包括：

　　一、如果第一輪選舉時未能產生絕對多數的總統當選人勢需進行第二輪選舉，如果第二輪選舉時仍採全民直選的方式，則選舉情勢將更為緊張，甚至可能出現暴亂危機，其代價甚高。

　　二、如果總統挾其強盛的民意基礎，要求大幅度修憲擴

---

[15] 陳毓鈞，《美國民主的解析》，臺北，允晨，1994年3月，頁222-223。

權，則憲政主義所強調的「有限政府」、「權責合一」等制衡理念，將面臨嚴重威脅，對憲政民主的穩定成長，是十分不利的[16]。

另一方面，「相對多數」的總統選舉方式，也各有其利弊，就優點而言，有下列數項：

一、選務單純，一次選舉即可決定勝負，全民所付出的成本與代價，都要少的多。

二、比較當前憲政體制的規範，我國於 1947 年開始實行的憲政制度，原本即為一種「修正式的內閣制」，現在為了採相對多數之總統直選方式，可以免除總統擴權太多，造成憲政體制的巨幅變動的流弊[17]。

但就其缺點而言，由相對多數產生的總統，有可能只具備「小部分」的民意基礎，甚至可能與其主要的對手差異十分有限[18]。

美國之所以當初不採單純之直接選舉制，乃是其在建國初期曾經過一番評估，一般認為如西歐成長之直接選舉議員制度，從民眾對政治之觀點而言，並不能完全適用於只選舉一人之總統之情形，因為選一人與選多數人不同，不能選拔真正優秀的人才，此外，採總統直選也會產生競爭運動之狂熱與激情，一旦採由國會或其他選舉機關之間接選舉制，將使立法權凌駕於行政權之上，有違孟德斯鳩三權分立之原則。其次，自美國政黨組織之發展完固之後，總統的選舉完全決定於初選，蓋總統選舉人於競選時已表明將投票選誰

---

[16] 楊順泰，〈總統直選對政治生態影響與衝擊〉，聯合報 1994 年 6 月 14 日。

[17] 張君勱，《中華民國憲政十講》，上海，商務印書館，1948 年，頁 71。

[18] 周陽山，〈絕對多數產生的條件與利弊得失〉，聯合報，1994 年 1 月 29 日，11 版。

為總統，及至其當選後正式選舉總統，不過是履行其競選承諾[19]，是以美國總統選舉雖採間接選舉，惟實質上仍應歸屬於直接選舉制。

第三項　總統的職權

有關美國總統的職權部分國內有諸多學者加以描述，其中最詳盡之一者為何思恩所編之《美國》[20]一書中描寫的甚為深入，茲以節錄成以下二點來加以說明：

一、國家的元首及政府的領袖

美國總統事實上是扮演兩種角色，一方面他是國家元首，代表國家，另外一方面他是政府的領袖，負責國家政策之制定以及政府的領導。美國是西方國家中，唯一此兩種角色由同一個職位所扮演的。其他西方國家，這兩種角色是分開的。

身為國家的元首，此時總統扮演的角色是象徵性的，不具任何黨派色彩。既然是國家元首，為履行此角色的功能，他必須挪出部分時間來履行此方面的功能。

（一）全國最高行政首長

依據美國的憲法規定，行政權乃歸屬於總統一人的，然而美國憲法中對於有那些行政權卻未詳盡的列舉，因此產生了兩派不同的

---

[19] 1948 年美國總統大選結束後，南方阿拉巴馬州的民主黨總統選舉人拒絕支持杜魯門，轉而支持州權派的候選人賽蒙得（Strong Thurmond）美國最高法院在判決中支持該州民主黨取消這些沒有承諾支持黨所提名總統選舉人的選舉人資格，有趣的是在不同意見書中，大法官 William O.Douglas 及 Robert H.Jackson 卻認為這樣會大大地強化有過半數的州行動，結果將增加全國性政黨的影響力。雖然美國在 2000 年時，只有勉強有過半數的州（26 州）有明文規定總統選舉人必須支持黨的總統候選人，但是真正違背黨的規定者卻幾乎聞所未聞。—同前註。

[20] 陳秀端，〈美國政治—政府機構—總統〉，何思恩主編，《美國》，臺北，政治大學國際關係研究中心，2002 年 5 月，頁 1-35。

理論，美國第 27 屆總統塔虎脫（William Howard, Taft）認為：「除非是受到憲法的條文明確的授權，否則總統不能運用此一權力。」而相對的第 26 屆的羅斯福總統（Theodore Roosevelt）則認為：「只要國家有所需求，總統皆可以去做，除非是憲法或法律明文禁止的。」而聯邦最高法院的法官傑克森（Robert H. Jackson）則是認為：「當總統採取任何行動時，在缺乏國會授權或無任何拒絕授權時，這是一個不明確的地帶，在此種不明確的情況下，總統和國會有共同之權威」[21]。另外，學者謝瑞智亦指出，美國總統的行政權在美國憲法賦予其諸項權力中，乃最為廣泛且不易確定其界限，而總統在其國內行使權力，多皆由此衍生而來[22]。在美國的歷史上，總統和國會之間的權力是皆有消長的，但是基本上有很多事，總統是必須和國會合作方可完成。

作為全國最高行政首長，他可以運用或行使任免權，來推行他的施政理念及企圖。

（二）任命權

依據美國憲法第 2 條第 2 項規定，總統可以提名大使、聯邦最高法院法官及其他政府之官員，但須經由國會（參議院）半數以上的同意。在 1883 年文官法案（Civil Service Act of 1883）未通過前，每次選舉過後聯邦政府所有的大小官員，上自部長，下至工友皆全盤撤換，而現今美國總統可任命的官員約二至三千名左右，白宮幕僚及次長以下官員不須經由參議院同意，但國會亦有權決定那些職位須經由國會同意。

---

[21] 同前註，頁 6。轉引自 Christopher H. Pyle and Richard M. Pious, The President, Congress and the Constitution (New York:Free Press, 1984), p.68.

[22] 同註 5，頁 499。

（三）免職權

美國憲法中，並沒有提到總統的免職權，在 18 世紀中葉，賈克遜及詹森兩位總統亦曾對免職權的歸屬和國會發生衝突，美國國會更在 1867 年通過官員任期法案（The Tenure of Office Act），規定文官的免職，須經由國會同意，藉以牽制總統的行政特權，但後來在 1926 年的 Myers v. U.S.一案中聯邦最高法院之判決認定，針對性質上屬於「純行政官員」（purely executive officers）者，免職權乃是伴隨著任命權而來之權力，立法權不可限制行政首長之免職權，至此，美國總統對於政務官之免職權才獲得確認，因此，美國國會在 1867 年及 1876 年所通過官員任期法案均無效。但是對於獨立委員會之委員，因渠等並非純粹的行政部門官員，他們具有準司法和準立法之功能，總統不能因為其理念不合，便隨意加以免職[23]。

二、外交政策的主導者

依據美國憲法第 2 條規定，總統可提名駐外使節、接受他國派遣的使節及官員、與他國簽定條約或行政協定及行使承認與不承認權，基於以上種種行政特權，美國總統為該國之外交政策的主導者乃無庸置疑。

三、三軍最高統帥

美國憲法中規定，總統為國家最高統帥，此條文是在防止軍人控制文人政府，身為最高統帥，他可以決定將指揮權交給職業軍人，或是親自指揮三軍作戰。而不論是採取任何一種方式，他都保留了最終決定權。但為防止總統濫權，制衡總統的權力，憲法把對外宣戰權（power of declare war）交給國會，但是歷屆的總統不斷的挑戰這項權力。在越戰後，美國國會於 1973 年通過戰爭權力法案，限制總統對外的用兵權限，這個法案規定總統在用兵或增兵前，應

---

[23] 同註 20，頁 8。

儘可能事先諮詢國會，並在用兵 48 小時之內，必須向國會提出書面報告。若國會決議要求總統撤兵，總統不能否決這項決議[24]。雖然這項案法象徵了國會在宣戰權力的優越地位，但是還是有許多的學者並不抱持正面的想法，但從總統與國會在對外宣戰權的權力鬥爭史來觀察美國憲法的設計，無論用兵的理由如何堂而皇之，最後它還是將這項權力還給了國會及民意的支持。其權力與制衡的衍繹之奧妙，是值得我們去探討的。

四、政黨領袖

美國憲法並未提到「政黨」一詞，在制憲初期，制憲者反對任何政黨的組織，政黨被視為是造成國家衝突與分裂的禍端，因此現代的總統作為一個政黨的領袖很明顯的並非是來自於憲法的授權，而是傳統和事實上的需要。

在事實上，美國總統與政黨的關係是不確定且薄弱的，他在許多法案的通過往往是需要反對黨的支持，而他基於是全國的領袖的緣故，更喜歡被視為一位超越政黨政治的領袖[25]。

而並非所有的總統都是心甘情願做為政黨領袖的，近年來歷屆的美國總統經常為同黨的競選同志助選，而其效果並非十分顯著。如總統的影響力及聲望高時，同黨的候選人皆希望由總統助選，而如果總統的聲望低落時，則大家避之唯恐不及。

我國近來政黨政治蓬勃發展，與總統同一政黨之候選人與總統間之互動情況，亦有如美國狀況一般，在總統聲望很高時，大家皆希望與總統沾到一點關係，但是如果總統聲望低落時，無不表明自己希望靠自己的實力贏得民眾的支持的，而與總統劃清界限。

---

[24] 同註 20，頁 15-17。
[25] 同註 20，頁 20-22。

五、立法的主導者

美國憲法第 1 條第 8 項明定，所有的立法權皆屬於國會，然因時勢所趨，現在的美國總統變身成為立法之主導者，若當年的制憲者地下有知，必然大為震驚。

美國總統之所以會從法律的執行者，搖身一變成為立法主導者，多數學者認為係他可以向國會發表咨文、召開特別會議及運用否決權三項權力[26]：

（一）咨文權

依據美國憲法第 2 條第 3 項，總統提出咨文是其義務，亦是其權力，而實際上乃其對國會作立法建議的作用。另外美國國會亦制定了一些法案，要求總統提出具體的報告與建議，更進一步的助長了總統在立法上的影響力。

（二）召開特別會議

依據美國憲法第 2 條第 3 項，授權總統召開特別會議（special session），這個用意是當國會休會期間，總統可以要求國會議員回華府開會，考慮一些特殊的建議或計畫，而特別會議的召開，無疑是給國會行動上的壓力，但在今日已失去了以往的重要性，因為自 1930 年代以後，美國國會每年休會的時間都非常短暫，已無召開特別會議的必要了。

（三）運用否決權

美國總統執行立法領導角色另外一項重要的手段是有效利用憲法所賦予的否決權。美國憲法規定，法案在經過國會通過後便交由總統，而總統在收到法案之後 10 天內必須採取下列三者之一之行動：

1.簽署法案，使該法案正式成為法律。

---

[26] 同註 20，頁 43。

2.否決法案，送回國會覆議—此時國會必須以三分之二絕對多數，方能推翻否決維持原議，否則該法案因此將被打消。

3.不採取任何行動 10 天內該法案便自動成為法律。但若是正值國會休會期間，使得法案無法送回國會，而總統亦拒不簽署，則該法案便無效，此種狀況，便是一般學者稱之「口袋否決」或「袋中覆議」（pocket veto），在這種狀況被否決的法案，國會是無法覆議的。

在制憲者的設計中，國會是主要的立法者，否決權是為了消極防止國會越權，侵犯行政機關的權益，因此早期的美國總統對於否決權的運用頗為自制，但在詹森（Andrew Johnson, 1865-1869）在位時，採用較廣義的解釋，任何法案只要他認為不合理或是不公平、不恰當的，便加以否決。他一共動用了 29 次的否決權，否決權從此就被賦予新的政治性之意義，成為總統對抗立法有力工具。

由於美國總統已逐漸取得立法上的主導地位，因此哈佛大學教授杭廷頓（Samuel P. Huntington）認為，國會的立法角色，已被削減為僅是拖延和修改而已，至於法案的起草，法案的優先權設定，法案的支持者促成以及法案最後內容之決定，已經移轉到行政部門而犧牲了立法部門的權力。但有許多學者不贊同杭廷頓的說法，他們認為與其他民主國家相比，美國國會可說是權力最大的國會[27]。

第四項　總統與國會間的制衡

一、美國的國會

美國國會基於政治現實與妥協的結果採取了兩院制，分別是參

---

[27] 有些學者認為，美國總統的政策與計畫雖是決定國會議程極為重要的因素，但是國會透過撥款、修正及法案授權之重新審核等方式，可以對政策做經常性之修正與改變，總統提出的法案在國會並不能完全通過，即使通過，也經常被修改的面目全非。—同註 12，頁 29。

議院及眾議院，制憲之初參議院是由各州州議會選出二名，代表各州的利益。但在 1913 年憲法第 17 條之修正案將參議員改為各州州民直選，每州不論人數多寡，均產生二名。任期為六年，每二年改選三分之一席次。

眾議院議員則是由州民直選，代表各州的選民，自 1911 年以後，眾議員總額固定為 435 名，任期兩年[28]。

（一）參議院（員）的權限

一般而言，參議員代表的選區較大，人數較少，資歷及聲望也較高，且享有許多眾議員所沒有的權限。依據美國憲法規定，參議院擁有總統所任命閣員、大法官、軍事將領及駐外使節之同意權，另外有關於總統對外國的宣戰、簽定條約等亦須要參議院參議員三分之二以上人數的同意。

另外因為參議員立法行為曝光的機會較眾議員高，相對的知名度也較高，易受傳播媒體的重視，是美國總統及副總統候選人的培養場所，故有雄心及資歷的眾議員及小州州長，往往會再角逐本州參議員，以期更上一層樓問鼎白宮。

（二）眾議院（員）的權限

眾議員與參議員同樣都採人民直選，眾議員的任期固定為兩年，以一選區內獲得多數票者為當選，而各州眾議員名額是依據聯邦政府每 10 年所作的人口普查結果作分配。依美國憲法規定，眾議員與參議員同樣都享有立法提案權，提出憲法修正案及議決政府所提出之預算案。惟與參議院不同的是，眾議院（員）才有提出財政法案的權限，而參議院（員）對財政法案只享有否決或修改權。

在彈劾權的行使部分，眾議院（員）享有提出告發之權限，而

---

[28] 王國璋，〈當代美國國會的運作〉，何思因主編，《美國》，政治大學國際關係研究中心，2002 年 5 月，臺北，頁 45。

審理部分則是由參議院（員）來行使。另外如總統選舉人無法選出正、副總統時，則眾議會負責在票數最高的三位候選人中選出一位任總統（美國憲法第十二號修正案）。而副總統則由參議院在最高票數的兩位候選人裡選出。當副總統職位出缺時，總統可在得到參眾兩院同意後委派新人選[29]。

二、總統與國會的制衡

美國憲法明文強調美國為三權分立的國家，行政權與立法權是對立的，它強調的是分權與制衡，以防止政權的腐化。這種對立的精神表現在其制度上，總統雖然是行政首長，但卻沒有權限來解散國會，而國會也不能動用不信任投票來迫使總統去職。是故美國總統與國會的權力制衡設計，要從下列立法權、預算權、彈劾權、批准條約、行使同意權等五項權力來分別探討。

（一）立法權

依美國憲法的規定，法案的提出係由兩院國會議員提出，議員可以單獨提出法案，不必連署。而總統則無法提出法案，必須委由議員代為提出法案。

但今日因時勢所趨，美國總統時常運用他在憲法上所享有的咨文權、召開特別會議權及法案否決權等方式，成為立法之主導者，故雖然在形式上，立法權還是由國會掌控，照案通過的案件並不常發生，但是在實質上還是不免讓人產生行政主導立法的遐思。

（二）預算權

美國總統對於政策的問題，不須向國會負責，但總統要實行所提出的政策，勢必要有預算來推動，而規定行政經費的預算，必須提案交國會通過，因此國會如通過總統所提出之預算案，無異承認總統之政策，是故國會議員若要反對總統的某項計畫，在其院會議

---

[29] 同註9，頁139-140。

程中杯葛該法案,便是其不二法則。

　　而總統對於國會所通過之預算法案,若是認為其有不妥或是與其施政理念不符,仍然可依照立法程序退回覆議。此時,與一般的法案相同,如總統要強勢的主導各項預算案,則只要掌握三分之一加一的席次人數,便可成功的推翻該法案,使該法案無疾而終。另外亦有第 37 任美國總統尼克森(1969-1974 年)主張「行政特權」是不受任何立法機關監管的,他運用了「行政特權」凍結了聯邦資金,拒絕為國會通過的政府項目動用資金。更是美國總統與國會在預算權上制衡的最佳範例。

　　(三)彈劾權

　　彈劾案的提出,係由眾議院之議員提出告發後,組織一委員會調查其罪狀,再由院會出席過半同意,提出彈劾案。而彈劾案的審理,是由參議院為之。參議院在審理彈劾案時,有下列三項規定:

　　1.參議院全體議員皆應宣誓,且非有出席議員三分之二以上之同意,不得裁決有罪。

　　2.審判的程序依刑事訴訟的程序,有訊問、辯論證人及律師,最後才用表決來決定。

　　3.審判一般文官由副總統任主席,審判總統時,則由聯邦最高法院法官為主席。

　　受彈劾的對象,除總統及副總統外,更包括聯邦一切文官,又文官如在職時有違法情事,縱使已離職,亦可彈劾。而彈劾的罪狀依憲法規定為:「叛國、受賄或是其他重大罪行」,其中之「重大罪行」為不確定的法律概念,故實際上凡是國會認為可以加以彈劾的,無論是私人違法或是職務上的違法,均可以彈劾。

　　(四)批准條約

　　條約的批准是參議院(員)特有的權限,美國總統對外雖代表

國家，但是在與外國達成協議或是合作關係時，必須要有國會（參議院）的同意，方可在國內成為正式的法律，雖然在歷屆美國總統中，時常會故意繞過這個規定而與其他國家簽定法律效果較低的協定及備忘之類的文書，但是國會之批准權在相當程度上，還是牽制著美國總統對外關係的行政權之行使。

最佳的例子就是威爾遜（1913-1921 年），在第一次世界大戰後，他任內積極的推動國際聯盟（League of Nations，簡稱國聯），宗旨是減少武器數目、平息國際糾紛及維持民眾的生活水準。但後來由於參議院否決而沒有加入，使得美國在第一次世界大戰後被迫採取孤立主義。

（五）行使同意權

同意權乃國會針對總統所提名之聯邦政府官員、大法官及駐外大使等人事佈局做最後同意之權力。總統如濫權或有私心提名不適當的人選，國會可以行使這個權力來制衡，牽制總統的濫權。例如 1951 年民主黨總統杜魯門提名伊利諾州兩位地方法官，即因該州選出之參議員道格拉斯堅持不同意，而未獲參議院同意而作罷。換言之，總統的任命權不是絕對的，尚須對參議院議員先行禮貌性的照會，否則就會遭受參議院之杯葛與拒絕[30]。

依據美國憲法第 2 條第 2 項及國家安全法，總統為三軍統帥，他擁有遂行戰爭、指揮作戰之大權，然而卻沒有對外宣戰的權力，總統代表國家對外宣戰，須經國會的同意授權，方可獲得法律上支持。因此美國總統常為規避國會宣戰權的行使，宣稱這類的行動是維護和平的警察行動，並以軍事行動造成戰爭的結果，進而達成他在政治上的目的，例如 1950 年杜魯門在以聯合國之名義下，未獲得國會之同意，即派兵介入南北韓之戰爭，而杜魯門總統認為，韓戰

---

[30] 同註 6，頁 112。

不是戰爭，而是「警察行動」，所以美國國會始終未曾對北韓宣戰，就是一個很好的例子[31]。

第三節 內閣制

第一項 採內閣制的國家

世界上的國家組成的型態，大致可分為君主國及共和國等二種國家型態，採內閣制的國家大約有 61 個，其中君主國部分以英國為首有 39 個，共和國部分有 22 個。

第二項 內閣制的特色

英國式內閣是以內閣總理為首，與其他國務大臣所組成的內閣擁有實際的行政權，國家元首不過是形式上擁有虛位，其所公布的法律或發布的行政命令，均須內閣之副署始生效力。因此國家元首並不負責實際政治責任，所有國家政策與行為都由內閣直接對國會負責。尤其在兩院制的國家，通常內閣是對有顯著之國民代表性格之眾議院負責，以間接的對全國選民負責為最大特徵。

在內閣制下，大多是由多數黨的領袖負責組閣，多數的閣員具有議員身分，不論閣員是否具有議員身分，都應出席國會接受質詢，並可參與討論，如兼具議員身分者，並可參與表決。因此行政權與立法權是緊密的連結在一起，並保持兩者之調和為目的[32]。

英國內閣制與美國總統制的設計重點，都注意到權力可能被濫用及其造成專制的後果，而英國內閣制所不同的是他們認為權力可以有其益處，強力政府是解決公共問題唯一的方法，因此他們並不

---

[31] 同註 6，頁 84-85。
[32] 同註 6，頁 39-40。

想要完全減弱政府的權力，反而是支持積極干預的政府，並要有權的人負起責任，且希望政府在社會福利及公共問題上多使點力。

世界上中央政府體制採內閣制的國家之代表，莫過於英國這個國家，它立憲的歷史最為久遠，可說為立憲制度的發祥地。以下針對英國之憲法、國王、國會、內閣等特色作一簡要的說明。

第四節　英國的憲政制度

第一項　英國的憲法

英國的憲法屬於不成文憲法（unwritten constitution），但其中仍有部分成文的規定[33]。而不成文的部分則由下列三個部分組成：

一、判例

判例是最上級法院法官於判決書中所表示的意見，其後為下級法官所採用者，於相同的案件中具有拘束下級法院的效力。英國是海洋法系的國家，自然特別著重判例法，這些判例中，亦有許多關於憲法上人權和自由的判例，是故判例遂成為英國憲法的一部分。

二、政治傳統

所謂政治傳統，一般而言，係指政治先例而為後人予以遵守而成為傳統者。政治傳統在英國的憲法中，占非常重要的地位，英國不論是國會、內閣或是法院，皆深植悠久的政治傳統在內，諸如貴族不能擔任首相，國王必須完全同意國會通過的法案等。然而這些

---

[33] 其中包括憲章及制定法，憲章部分如 1215 年之大憲章和 1628 年的權利請願書（The Petition of Right）及 1689 年之權利法典（The Bill of Right）。制定法部分則有 1701 年的王位繼承法、1911 及 1949 年的國會法（The Parliament Act）、1918 年的人民代表法、及 1928 年的男女選舉平等法等重要法律，然而這些法律只占英國全部憲法中知一小部分，其餘大部分仍須依賴不成文之規定來加以補充。見謝瑞智，《比較憲法》，1992，地球出版社，頁346。

先例並非不能打破，這些效力是間接的約束而非直接的發生，違反政治傳統，並不會導致法院給予罰鍰或是處罰，雖然如此，亦絲毫未減損政治傳統在憲法中所占有的重要性[34]。

三、憲法學者之見解

憲法學者對憲法上重要課題所表示的見解，固然不具任何法律上的效力，但該等見解有時可助法官於具體案例中達成正確的判斷，特別是就二個以上的憲法原則難以調和為一致的看法時，更具實效性，若學者見解為法院採為判決的基礎時，亦可以成憲法的淵源。

第二項　英國的國王

英國的國王係由繼承而產生，它有統領的地位，卻完全沒有政治權力，在政治上維持中立，所以它的行為並無政治上或法律上的責任，縱使其犯法，其身體不得予以逮捕，財產亦不得予以沒收，所以司法權不得行使於宮中。然而國王的權限在名義上擁有立法、行政及司法權，但在 17 世紀後，立法權及司法權早已交由國會及法院來行使[35]，另外國王在行使統帥權、締結條約、宣戰媾和等職權時，均須國務大臣的副署，而一切的政策係由國務大臣所組織的內閣來決定，非國王能左右之，所以在事實上，國王只是虛位的元首代表。

英國繼續維持君主之制度，除了有其歷史之緣故外，在現今的英國政治實踐上，國王具有一定的重要地位，他是非政治性的地位

---

[34] 同前註，頁 347。

[35] 公元 17 世紀英王查理二世在位時，就常與五位親信大臣在小閣樓中共商國事，後來至 18 世紀英王喬治一世時，更命閣員開會時推舉一位閣員主持會議並負責向其報告開會的結果，一直演變至後來立法權及司法權交由國會及法院來行使。參閱苗永序《各國政府制度及其類型》，1997 年 4 月，專上圖書公司，頁 31-32。

和公正的團結象徵，不但在國會與內閣的抗衡中扮演著超然的第三者，除可以居中協調外，更重要的是它是英國統一的象徵，是國家處於危機時的一項重要資產[36]。

第三項　英國的國會

大部分的學者均以英文直譯「巴力門」（Parliament）來稱呼英國的國會。與其他一般國家的國會不相同的特點是它享有最原始的權力及超然的議長制，茲分別說明如下：

一、享有最原始的權力

英國的國會權力與其他國家之國會權力來源不同，其他國家的國會的權力大都是來自憲法的授權，而英國的國會則不然，它的權力是原始的且無限制的，它可以延長自己的任期，亦可以廢舊王迎新王，故可以算是真正的國會至上。

二、超然的議長制

英國有國會之初，議長並不超然，不過隨著政黨政治發達後，議長必須在議會中指定發言，拒絕議員提案及維持院內秩序，他對會議程序之進行有相當操縱的作用，故不得不要求他居於公正之立場，以避免偏袒一方之情形產生，而為合乎他超然的立場，他們採取下列方式：

（一）議長必須於當選後退出政黨。

（二）議長遇到國會解散改組時，議長無可競爭的當選議員。

（三）議長在解釋議事規則時必須按著一套非常機械式的原則。

（四）議長的尊嚴及地位應為執政及在野兩黨所共同維持。

英國的國會分成兩院，一院為上議院（House of Lords），另一

---

[36] 同註 12，頁 68-69。

為下議院（House of common），其組織分別介紹如下：

1.上議院

上議院的議員均為貴族成員，而其中更分為四大類，分別是宗教貴族、世襲貴族、法律貴族及終身貴族，而其中並以總理大臣所推薦給國王之大法官為議長，惟不以出身為貴族者為限，但依慣例，大法官一旦就任，國王均封其為貴族。

2.下議院

下議院之議員係由人民直接選舉產生，其任期在 1911 年後定為五年，但如實際有需要，可以自行決定延長其任期，依據 1944 年的議席調整法，確定全國採小選區制，劃分成為 625 個選舉區，因此現今的下議院議員共有 625 個人，而下議院議長係由議員互相選舉而產生，並經國王的批准就職。

英國國會的兩院在 1911 年以前立法權完全平等，在制定了國會法後，始對兩院職權作明確的劃分，規定關於與國民有直接利害關係的金錢法案由代表國民的下議院提出，上議院若於一個月內通過，則逕呈請國王批准該法案，更在 1949 年後規定其他法案如上議院不通過，在一年內（二個會期）下議院如連續通過該法案，則可逕呈請國王批准該法案，因此，上議院已不再是立法機關，而只是淪為牽制下議院的機關，英國國會雖有兩院制的形式，但其所呈現的卻是一院制的精神。

至於為何英國未將上議院廢除，則係因為上議院的設置歷經多年，況英國人較保守，自不肯廢除此一具有悠久歷史傳統的制度，加上成員大都是社會各方名流及精英，故其建議有其重要性存在，可以發揮貢獻意見的功能，是故兩院制的設計保留至今[37]。

---

[37] 同註 5，頁 356。

第四項 英國國會制衡政府的方式

同上節所述，英國國會雖有兩院，但實質上國會之權限歸下議院所享有，在此所探討的國會，乃指下議院而言，並不包含上議院。

國會制衡政府的方式包括制定法律、預算決議、質詢、彈劾及不信任投票等五種方式，茲簡單說明如下：

一、制定法律

英國的國會於每年秋天時，所有議員會在上議院聆聽國王演說，由於英國的內閣成員亦為議員，政府就會經由具議員身分的官員向下議院提出法案開始立法程序。與我國相同的是立法會經三讀後才送國王批准成為法律，其一讀時只是形式而已，二讀的院會則針對整個法案的目的及實質加以辯論，第三讀則通常只作技術性的調整[38]。

而國會對內閣所提重要的法案，如故意不予通過，或是予以修改得面目全非，讓內閣難以接受，則內閣除奏請英王解散國會外，就只有辭職下臺一途，故「制定法律」是英國國會制衡內閣的一種常見的方式[39]。

二、預算決議

編制預算的權力是劃歸在政府的財政部，而決定權力是在內閣之會議，國會不過是討論及監督，甚至該討論可視為形式上而

---

[38] 參見李國雄，比較政府與政治，三民書局，2006年6月，頁81-82及黃琛瑜，英國政府與政治，五南圖書公司，2001年5月，頁161-165。按在英國國會議員監督政府的主要方式乃是透過辯論，質詢及委員會審查為之，尤其是針對政府立法之監督，議案從二讀、付委報告到三讀之審議過程，議員就議案之原則旨趣，本文條正條件以及即將通過的議案全面予以一一全盤討論，如此嚴謹之程序，不但能打消惡法，亦可使通過之法律更臻完善。

[39] 同註5，頁356。

已，因為討論之目的在使內閣聽到各方面的批評而自動來修正原案，如預算發生問題，責任全應由內閣來擔當，國會則再決定倒閣與否，而否決內閣所提出的年度預算案，會使得內閣無法推動各項政策，亦是英國國會制衡內閣政府的一種方式[40]。

三、質詢

在法案送到下議院時，反對黨的議員會利用質詢的時間來攻擊內閣政策，質詢制度是議員們僅有的利器，也是英國國會制衡政府最廣為人知的手段。對於政府內閣各部部長的質詢，由議員先於二天前提出，並由具有專家背景的文官為所屬的部長來預作準備，但在部長回答後，議員可以再提出相關問題，此時就考驗著該部長的應變能力及業務熟悉度。如部長表現不佳，會影響他的聲譽，甚至危及到他的政治生涯。相對的議員們質詢內容及技巧，往往反映出他的才華及勤勉，會得到同儕的另眼相看，建立自我的聲望。

對首相的質詢，一般皆由在野黨的領袖出面，雙方短兵相接，在重大政策性議題上針鋒相對，政壇為之矚目，帶給全國的人民一場難得的政治饗宴，雙方唇槍舌劍激辯，成敗結果甚至可能影響政府的去留及政治生涯[41]。

四、彈劾

彈劾是國會監督國務大臣違法行為的方法，其發動權是屬於下議院，功能相當於刑事訴訟中之起訴，後交由上議院來審判認定。然而自 1805 年之後，迄今未再行使彈劾權，而此並非國務大臣皆無違法行為，而係國會利用不信任投票使其去職，而不必再經過冗長的彈劾程序。

---

[40] 參見謝瑞智，前引書，頁 352 及黃琛瑜，前引書，頁 84，在英國每年的預算日，由財政大臣對下院發表財政演說後議會即展開為期數天的辯論，成為反對黨監督政府財政政策之重要場合。

[41] 李國雄，前引書，頁 83。

五、不信任投票

英國的內閣政府在組閣後是否能夠繼續執政，全視國會之是否信任，國會若反對政府的政策，認為其有背於民意時，或是認為某大臣不適任時，最常用的方式是不信任投票，通常不信任投票有分暗示不信任投票及明示不信任投票二種，暗示不信任投票就是國會議員在議程中否決政府重要法案（特別是預算案）或是加以修改等，均屬這種方式。而明示不信任投票則是攻擊某位大臣，課其單獨責任（彈劾或去職）或整個內閣連帶責任，以迫使自動下臺[42]。

一旦國會正式通過不信任投票案時，則內閣就必須總辭，或是解散下議院。但是自從英國出現政黨之後，決策中心已從下議院轉移到內閣，下議院的權力在黨鞭的貫徹執行下，漸漸的式微，議員們為著政治前途考量，少有違背黨紀的行為。

但在 1970 年代以後，英國社會的分裂程度逐漸增高，黨內的議員對重大政策又常出現歧見，造成幾次內閣所提之重大法案被推翻的紀錄，而這種情形一旦出現，跟不信任投票獲得通過一樣，都會造成政府的總辭或解散國會，因此不信任投票，成為迫使內閣總辭的唯一途徑[43]。

第五項　英國的內閣

一、內閣的形成歷史因素

內閣為英國政府的核心機構，內閣由英國樞密院（Privy Council）外交委員會發展而來。17 世紀初，由於樞密院人數眾多，英王常在王宮的內室召集外交委員會的部分親信討論決定重大政務。17 世紀後期，外交委員會便有「內閣」之別稱，並逐漸代替樞

---

[42] 同註 5，頁 356-357。
[43] 同註 12，頁 84。

密院，成為實際最高行政機關。它由英王主持，並對英王負責。1688 年「光榮革命」後，威廉三世時期，內閣改由下院多數黨組成，並開始轉向對議會負責。1714 年德意志漢諾威選侯喬治一世繼承英國王位。他不懂英語，自1718 年後就不再參加內閣會議，而指定下院多數黨領袖沃波爾主持。從此，國王不參加內閣會議，而由下院多數黨領袖主持內閣便成為慣例。1742 年輝格黨發生內訌，沃波爾內閣因失去議會支持而集體辭職，由此開創了組閣政黨必須在議會中占多數並集體負責的先例。1783 年，托利黨人皮特出任首相，次年因得不到下院支持而提請國王解散下院，並提前大選，選舉中托利黨獲勝繼續組閣，這一作法也成為慣例。到 19 世紀中期，英國的責任內閣制在憲政實踐中，通過憲法慣例的積累逐步完備而形成。

按照慣例，議會大選後，即由英王召見多數黨領袖，任命其為首相並授權組閣。該黨領袖與其黨內其他領導人會商後，從其黨內議員中提出閣員名單，請國王任命。根據 1937 年《國王大臣法》規定：大臣分閣員大臣和非閣員大臣。參加內閣的閣員大臣只是政府中的部分大臣，閣員人數由首相確定，組成人數經常變動。1939 年前基本上全體大臣都參加內閣。第二次世界大戰後，內閣人數一般在 20 人左右。參加內閣的除首相外，通常有外交、國防、財政、內政等重要部門的大臣，不擔負某一具體部門首長的大法官、樞密院院長、掌璽大臣，主管地區事務的蘇格蘭事務大臣、威爾斯事務大臣、北愛爾蘭事務大臣等。

內閣會議之前，首相有時就重要政策方針先召集少數親近大臣開會討論，稱小內閣或內內閣[44]。

二、內閣的運作

英國的內閣是採合議制，凡經內閣所決定之政策，閣員對外必

---

[44] 參閱〈中國大百科智慧藏〉http：//wordpedia.pidc.org.tw/Content.asp?ID=9526

須盡力擁護，尤其對下議院更是如此，此外內閣須就其政策對下議院負連帶責任，使得內閣與下議院形成團體的對峙狀態，所以下議院對於內閣某一個部的個別否決，即是代表對整個內閣的否決。而內閣對於下議院負責的方式，具體表現在外的，就是透過副署制度來達成[45]。

三、國會解散權（dissolution of parliament）

國會擁有倒閣權，依據「國會主權」原則，乃是邏輯之必然，一如「頭家」可以隨時決定夥計的去留。可是民主政治另一個看法是：權力一定要有所制衡，如 19 世紀末英國艾克頓勛爵（Lord Acton）云：「權力使人腐化，絕對的權力使人絕對的腐化」。

因此相對於倒閣權，必須有解散權，否則權力不平衡，必生流弊。可見解散權要相對於倒閣權，取得平衡，方成美事；反之倒閣權也要能與解散權保持平衡，自不待言。如此行政立法二權方能避免獨大，否則就違背了民主政治中，限制權力的原理。但是平衡機制的運作，最後是訴諸人民裁判的[46]。

解散權，乃是將「法律的主權者」（sovereignty of parliament）；也就是國會；轉而向「政治的主權者」（political authority）；也就是人民的上訴。換言之，擁有最高主權的國會，當面對與內閣意見相左時，要由人民用選票加以審判。誠如 1877 年首相德布羅伊（des Deputes）所說：「我們沒有得到信任投票，你們也不能同我們在一起」。內閣制的特質如國會主權等等，最終勢必都要服膺民主政治之國民主權，以民意為依歸之鐵則；倒閣權與解散權之運作亦然，行政立法間權力制衡，最終勢必訴諸人民裁判。

---

[45] 同註 5，頁 359。

[46] 郭應哲，〈簡介英國內閣制及其憲政精神〉，《新聞深度分析簡訊第 29 期》，靜宜大學，1997 年 6 月 14 日，通識教育中心編印。

四、解散國會的時機

當國會（下議院）通過表決不信任投票時，英國內閣有解散國會的權力，內閣總理可奏請國王批准後，將國會解散。但是如國王認為目前國會仍有朝氣且足以稱職或大選有害於國家經濟（特別是在大選甫結束時），或是國王可以找到另一適當人選來接替現任總理大臣以繼續其政府，並在國會中維持多數時[47]，則該內閣不但無法順利解散國會，反而會造成該內閣的自行垮臺，故內閣發動解散國會時，必須對當時的政情有十足的掌控及把握方可發動，否則必將適得其反。

另外，雖然國會（下議院）並未行使不信任投票，內閣仍可以將之解散。這種情況有二種，第一為上議院與下議院發生衝突時，第二為在重大議題上內閣為探求真實民意時亦可發動解散國會。故此時解散國會權的行使並非在與國會抗衡，而是謀求內閣之基礎穩固，其乃具有公民複決的意涵在內[48]。

第五節　雙首長制

雙首長制又稱為半總統制或是混合制（hybrid system），顧名思義它同時具備了總統制及議會內閣制的特徵，在這種制度之下，國家元首由人民直選而產生，因此擁有憲法上的實權，但是在這個制度之下，國家的行政首長卻必須要依照憲法規定由他來指定他人行之，總統不需向國會負責，而是由行政首長負責。另外特別之處是，總統可以主動的解散國會而得以在必要的時候掌控政治情勢，然而總統的權力大小，乃視他所掌控國會的席次多寡而定。如果他所掌握的國會席次少於在野黨，那麼他就必須要將這個實權轉讓給

---

[47] 同註 5，頁 360。
[48] 同前註。

內閣總理，因此在雙首長制下的國家，政黨制度就顯得十分的重要了。

第一項　採雙首長制的國家

　　中央政府體制採雙首長制的國家莫過於是以法國為其代表，我國在某種角度來看，亦是採雙首長制的國家。而世界上採雙首長制的國家共約40多個國家，包括亞洲的印度、伊朗，歐洲的法國、德國、冰島、奧地利、芬蘭，美洲的秘魯及非洲的查德、奈及利亞等國，皆為採用雙首長制的國家。

　　而大部分的學者都以法國的第五共和為雙首長制國家之代表，在以下，則以法國第五共和為例，來說明雙首長制在憲法中其總統的權力、總理、國會及法國第五共和的左右共治等四大部分憲政制度的運作，簡略的說明法國的第五共和的中央政府體制。

第二項　雙首長制的特色

　　總統與總理這兩個角色同為國家的行政部門，卻可能不屬於同一個政黨，乃雙首長制的國家的特色。這個制度的形成的因素，端賴其國家之民主政黨政治及其選舉文化所孕育而成。

　　在選舉的法規所影響下，人民透過選舉制度產生了總統，但依據憲法之規定及現實政黨政治的運作下，總統又不得不依據憲政的慣例，來任命占國會的多數席次之政黨領袖，以穩定政局並推動國家之行政工作，而在總統與總理這兩個角色的行政分工上卻有輕重之不同。以法國為例，總統公布內閣任命、公民複決、解散國會等主要法令，毋須總理副署，而任免文武官員、公布一般法律命令等，又需要總理之副署。

　　在制衡方面，總統擁有解散國會之權力，國會也有倒閣之權

力。內閣閣員不得兼為國會議員，反之國會議員亦不得為內閣閣員，但可以列席國會有關之會議發言討論[49]。

第六節　法國第五共和憲法

　　第五共和憲法為法國總統戴高樂所精心設計的一部憲法，於1958 年經公民複決投票通過正式生效，這部憲法有別於法國以往的憲法，它反映出人民對第三共和之積弱不振與第四共和之政局變動頻繁之不滿，一反其民族政治文化，允許一個握有較大權力的行政中樞，並且限制立法部門的權限[50]。

　　法國憲法會議主席巴登特（Robert Badinter）在一場有關法國憲政的專題演講（法國第五共和的憲政發展）中更提到，法國第五共和憲法是一個非常奇特的體制型態，很難在一般的體制界定範圍內去找到適當的位置，它結合了議會制與總統制的運作原理，一方面具備了政府需向國會負責，而國會可以推翻政府的議會制原則，另一方面又規定了總統擁有解散國會實權的總統制色彩，因此被學界稱之為混合制的政府體制[51]。更可說明這部憲法體制與其他制度所顯現出的獨特性。

第一項　法國總統

一、總統的產生

（一）間接選舉改為直接選舉

法國在第三共和、第四共和時代總統是經由國會兩院聯席會選

---

[49] 苗永序，《各國政府制度及其類型》，1997 年 4 月，專上圖書公司，頁 175。
[50] 同註 5，頁 423。
[51] 姚志剛等著，《法國第五共和的憲政運作》，臺北，業強，1994，初版，頁 251。

出，於第五共和制憲之初，對總統的選舉方式乃改採「選舉團選舉」，由國會兩院議員、各省省議員、海外屬地議員及各區議會代表組成選舉團，其總人數達七萬人以上，而這些選舉團的組織中大多數是保守的區議會代表，約占全部選舉人之 35%，反而占法國總人口八分之一的首都巴黎卻只能選出 7%之代表出來。如此一來，將來可能選舉出的總統，為較偏向於保守型人物[52]。當時總統戴高樂預見這個組織的缺陷，為使法國的民主更加落實及尋求總統行使權力的合法基礎，且乃主張總統改為直接民選。但他並未依照修憲的方式進行修改，而是將這個修正案於 1962 年 10 月直接提交公民複決並獲通過，因此現在的法國總統所生的方式是由法國全體公民直接投票選出。

在 1965 年他以這個選舉制度順利當選，他在自己的回憶錄中提到：「長久以來，我確信總統經由人民選舉才是唯一可行的途徑，如此一來，由全體法國人民所選出來的這位總統才是全國唯一的最高領導者，不但可以負起國家最高的責任，同時也符合憲法上的規定」[53]。從他的這段話中，可以很明白的看出他非常積極地將法國第五共和總統轉變成真正具有實權總統的決心。

（二）候選人的資格

法國總統候選人資格必須年滿23歲，為法國公民，始得被提名為候選人。候選人同時要取得全國 30 個不同郡[54]的 500 人連署，而且這 500 人身分需為國民議會、郡議會議員及城市的市長等方有資

---

[52] 同註5，頁423。

[53] 張臺麟，《法國總統的權力》，新店，志一，1995 年，頁 76。轉引自 Charles de Gaulle, Memoires d`espoia(Paris:Plon, 1970), p.326.

[54] 法國行政區劃分為省（department）級者有 96 個，另外還有 4 個海外大區（région d'outre-mer）（視同省），總數 100 個，關於此，部分文獻亦記載為：「至少 30%以上省分的 500 名民選代表的聯署支持」。

格，除完成連署外，每位候選人必須繳納一定之押金（一萬法郎），若候選人得票率超過 5%，則退回押金。但是即使提名候選人的程序如此繁瑣，歷年來總統候選人都超過八個，而且大部分的候選人押金都被沒收。

（三）二輪的投票制

依法國第五共和憲法第 7 條規定：「共和國總統須獲絕對多數之有效選票始為當選。若絕對多數無法在第一輪投票中獲得，則須於第 14 天（星期日）舉行第二輪投票。僅有在第一輪投票中獲票最多之兩位候選人（票數雖高而自動退出之候選人不予計算）始得參加第二輪投票。」

（四）政黨的角色

法國自 1962 年舉行總統直選以來，從未有一候選人在第一輪選舉中獲得絕對多數票而當選，以兩輪投票制的方式產生總統，其精神及意義跟國民議會的兩輪投票制極為類似。也因為這樣制度的設計，在第二輪投票時，各候選人極為依賴政黨的動員，如此一來，造成了法國政黨的兩極化（左派、右派），使得政黨的領導階層在意黨內總統候選人地位的建立及黨組織的加強，而較少去注意政黨對政策的選擇、新社會團體的整合及選民利益的代表，政黨被黨內各派系視為競選總統的踏板，而不再是吸收新血及團體和新觀念的管道[55]。

二、總統的權力

法國第五共和總統可以說是擁有完全獨立之行政權，其正當性來自於總統直選，雖然其憲法上明定的職權不多，但是實際上多透過總理來實行其政策。至於總統可以單獨行使且毋須總理副署的權力，其中較重要的有任命總理權、公民複決權、解散國會權、緊急

---

[55] 同註 5，頁 101-102。

命令權及提名憲法委員會成員等五大項，茲分別簡述如下：

（一）任命總理權

依據法國第五共和憲法第 8 條規定：「共和國總統任命總理，並依總理提出政府總辭而免除其職務……」因此，在非共治時期，總理的任命是依總統的意志來決定的，其中「共和國總統任命總理」乃屬總統真正實權。

但是總統是否有權「希望」總理辭職呢？關於此，在憲法中似乎沒有詳細說明，但是在實際上，由於總理之民意基礎顯然遠小於總統，故其理應有權要求總理辭職，正如法畢士（Laurent Fabius）所云：「倘總統與總理屬同一黨派，總統要求總理提出總辭時，總理是不能予以拒絕的」[56]，而如政局無法由總統所屬的政黨所掌握時（共治期間），總統則不能依照己意來任命總理人選，他必須任命與自己不同黨派的人為總理。

（二）公民複決權

依據法國第五共和憲法第 11 條：「共和國總統基於政府在國會開會期間所提建議、或國會兩院所提聯合建議而刊載於政府公報者，得將有關公權組織、國協協定之認可或國際條約之批准等任何法案，雖未牴觸憲法但可影響現行制度之運作者，提交人民複決。人民複決贊同該法案時，共和國總統於前條所規定期限內公布」。就實施的內容而言，可分為：1.有關公權組織的事宜；2.有關法國國協協定之認可；3.有關國協協定之認可或國際條約之批准等任何法案等三大部分，其中最大爭議部分就屬「有關公權組織的事宜」部分，因為在憲法中並沒有明確的規定，這也是戴高樂總統經過公民投票方式進行修憲但卻造成憲政爭議的原因。一般而言，公民投票乃是總統徵詢人民意志最直接的方法，亦是國家主權及人民主權

---

[56] 姚志剛等，《法國第五共和的憲政運作》，臺北，業強，1994 初版，頁 31。

之具體結合,但除此之外,第五共和憲法還有一直接探詢民意的途徑——總統所獨有的「解散國會權」[57]。

(三)解散國會權

依據法國第五共和憲法第 13 條:「共和國總統於諮詢總理及國會兩院議長後,得宣告解散國民會議。」此乃總統專屬的權力,不須經由總理之副署。總統發動解散國會的目的,可歸納出下列三點:

1.解決憲政危機

也就是說當國會多數與總統為不同的黨派,且理念亦不同時,為避免立法權與行政權之嚴重衝突,總統可以行使解散國會權,以達到取得國會多數支持的目的,同時也可以再次顯示人民之意願。不過若是在解散國會之後仍然無法得到國會多數的支持時,理論上應辭去總統一職才是,但是法國在 1986 年國會改選時,密特朗並沒有這樣做,他選擇共治,而不願解散國會。

2.制衡國會

當國會用不信任案來反擊總理之政策時,由於總理乃總統政策之執行者,對總理不信任案猶如對總統之不信任,故總統可使用解散國會重新改選的方式來探詢人民之意願及可能發生的政治危機。

3.解決社會危機

解散國會權亦可以視為解決社會危機的一種手段,以 1968 年為例,當年 5 月法國發生非常嚴重的社會危機,幾乎可以視之為一場革命。當時的社會無法解決,雖然當時國會並沒有很明顯的與總理或是總統發生衝突,但戴高樂仍以解散國會為手段,讓人民重新選擇政府及國民議會議員,並藉由人民授權來處理社會之動盪。

總之,解散國會權與其他內閣制國家之意義及功用迥然不同,

---

[57] 同註 5,頁 34。

除了解決危機之功能外，它還同時還賦有探究人民的意志之功能及意義存在。

（四）緊急命令權

戴高樂鑑於 1940 年第二次世界大戰法國戰敗初期，政府無法採取緊急措施來有效的應付混亂的社會秩序，因此希望擁有像德國威瑪共和憲法中所規定的緊急應變措施的權力，但制憲者也擔心此項權力會受到執政者的濫用，因此在實施的條件及程度上給予若干的限制與規範，以下就緊急命令所實施的條件、程序及監督等三部分說明：

1.實施的條件

依據法國第五共和憲法第 16 條規定：「在共和制度、國家獨立、領土完整或國際義務之履行，遭受嚴重且危急之威脅，致使憲法上公權力之正常運作受到阻礙時……」，據此，實施緊急命令的要件為第一：共和制度、國家獨立、領土完整或國際義務之履行，遭受嚴重且危急之威脅時；第二是憲法上公權力之正常運作受到阻礙時，則為總統實施緊急命令的要件。

2.實施的條件

總統實施緊急命令的條件依同法條後段：「共和國總統經正式諮詢總理、國會兩院議長及憲法委員會後，得採取應付此一情勢之緊急措施。」

但由於「諮詢」乃聽取總理、國會等建議的性質，對總統並不具約束力，且這種諮詢意見並不公開，以權力制衡的角度來看，總統發布緊急命令實施的條件方面，似乎是較著眼於統治行為上的效能而缺少了監督的約束。

3.監督

鑑於權力的制衡，防止總統利用這一職權專斷而衍變成獨裁

者，制憲者設計在總統發布緊急命令後，必須交由國會及人民來監督，如國會認為不可或甚至於違憲、叛國時，則可運用彈劾權來制衡總統，而在緊急命令期間，總統不得用任何理由來解散國會。

另外總統亦須將緊急措施詔告國人，此舉一來是讓全國人民來監督外，二來可讓全國人民瞭解到國家的處境，爭取人民的認同，相對的來說，這也是選民對其信任的考驗。

綜上所述，法國第五共和憲法中關於總統發布緊急命令的規定，其實施的時機並未有嚴謹的規定，實施的期間、終止的方式等亦沒有規範，造成法國許多人士對此有諸多質疑，尤其是當時的在野黨更是堅決反對，於是在 1993 年密特朗在國民議會改選前夕，亦正式提出廢止該條文之憲法修正案[58]。

（五）提名憲法委員會成員

依據第五共和憲法第 56 條規定：「憲法委員會設委員 9 人，任期 9 年，不得連任。憲法委員會委員，每三年改任三分之一。憲法委員中，3 人由共和國總統任命……」，且依同法第 19 條規定，對於此項提名任命，是毋須經由總理副署的。因此，提名憲法委員會成員乃法國總統的專屬權力。

鑑於憲法委員在政治生態上可能扮演的角色愈來愈重要，總統可提名三分之一的人選，在共治期間，總統可根據該法第 61 條將法律案在未公布前提請憲法委員會審議，其對總理政策的制定及執行，有一定箝制的作用存在，而未來憲法委員會所扮演的角色可能對第五共和之政治生態有更大的影響力[59]。

---

[58] 張臺麟，《法國總統的權力》，新店，志一，1995，頁 49。

[59] 同註 58，頁 53-55。

三、總統與總理的關係

總理雖為總統所提名，但以第五共和憲法的精神來判別，負責全國性政策的人是以內閣總理為首的政府，總統並沒有行政實權。但在政治現實上，內閣的決策地位經常因為總統的干預而受到影響，不只是政策，甚至連內閣部長都常常跑到總統府，以總統的意見馬首是瞻。

話雖如此，被總統提名為內閣總理的人，多屬重量級政治人物或在黨內與總統同樣具有聲望之人，因此擔任總理的人很可能就是未來爭取總統職位的人選。因此兩者本身之間潛在著政治上的衝突。但基本上來說，他們二者是長官與部屬的關係，總理不但是總統在國會的代言人及政策的貫徹者，他更是總統在政治上的危機防火牆，但總統政策失敗時，他必須要承受責任，「總統有權無責，總理有責無權」，正是這種現象的最佳寫照[60]。

第二項　法國的總理

一、法國總理的歷史沿革

「總理」一詞之法文為「le Premier ministre」，其為「第一部長」或「首席部長」之意，但大家都較習慣用「首相」或是「總理」稱呼。在第三共和之前，總理的權責並不明顯，在第三共和時，該憲法中規定了「部長會議」的功能後，總理的職責才漸漸提升。但當時並未確立總理的職務，通常是由一位最重要的部長擔任，亦似乎是為了要因應政府須面國會負責的憲法規定才加以任命的。

在 1935 年之後國會通過了一項設置總理職務的財政法後，總理始更改為單獨任命，且有自屬的廳舍，漸漸的總理府的編制及人員才愈來愈多。

---

[60] 李國雄，前引書，頁 135-136。

二、總理產生的方式

根據第五共和憲法規定，總理一經總統提名任命，即可執行政策，並不需要經由國民議會的同意程序。而總統唯一要考慮的是國會會不會提出不信任案。一般而言，總統不太可能任命一位執政黨或國會多數無法接受的人選，反之國會鑑於總統擁有解散國會的權力，亦不太容易予以惡意杯葛。

由於憲法中規定了總理須對國會負任，自 1974 年之後，幾乎每一次的政府改組，總理皆赴國會提出施政報告，以強化其聲望及民意基礎。

三、總理之主要職權

總理要對國會負責，相對的來說，第五共和憲法亦賦予他在施政上的實權，藉以落實國會對政府的期望。依第五共和憲法中規定，總理擁有：法規的制定權、領導政府施政、任命文武官員權、提議權、副署權。茲說明如下：

（一）法規的制定權

法國第五共和憲法規定，立法權屬於國會，而凡是法律以外的事項，都屬於命令性質。同時又規定了總理有法規的制定權。換言之，憲法將制定法律的權限劃分為屬於立法權範疇及行政權的範圍。因此，總理在這方面的權力可以說是相當的廣泛且獨立的，故亦有學者稱總理為「第二號的立法者」。

（二）領導政府施政

總理為行政首長，除了有提議任免各部會首長的權力之外，主要是負責推動、協調及監督所有國家事務。他不但在各部會的矛盾之間作為仲裁者，同時可以召開小型部長會議，可以否決部長的行政命令，可以用書面及口頭的方式向各部會首長提出指示或命令。

（三）任命文武官員權

在1985年的一項行政命令中，確立了總理在人事方面的權力，總理依此規定可以任命各部會專門委員及各局、處、司之主管、警政主管、省教育廳廳長、海外省代表及代表中央之省長、縣長……等，由此觀之，總理的人事任免權可算是相當的龐大。

（四）提議權

依據第五共和憲法規定，總理除可提議任命各部會首長外，對於公民複決案、修憲案及國會臨時召開會議案，均須先由總理來提議，而後再經總統發布實施。

（五）副署權

依據第五共和憲法規定，總統除了總理的任命、舉行公民投票、緊急命令、解散國會、向國會提出咨文、任命憲法委員會委員、請求憲法委員審議法律或國際條約的合憲性等八項事宜外，所有總統的命令，皆須要總理之副署。

就法律而言，總理可以拒絕副署總統所發布的命令，但通常總理不會以這種方式來作為制衡的手段，因如此一來，總理必定無法為總統或國會多數黨所接受，而他自身的地位亦可能因為如此而搖搖欲墜[61]。

第三項　法國國會

一、國會組成

法國的國會為兩院制，分為國民議會（L'Assemblee Nationale）及參議院（Le Senat）所組成，國民議員由直接選舉產生，任期五年，有557個席次；參議員則由各級民意代表間接選舉產生，任期9

---

[61] 同註58，頁16-175。

年，有 321 席次。雖然兩院皆參與立法過程，並對政府有監督之責，但因為參議員為間接選舉所產生，憲法對其職權上有諸多的限制。例如在立法的過程倘若兩院對於法案僵持不下無法獲得結論時，則由國民議會作最後決定，又如在審查財政法案時，國民議會有優先審查權，在對政府行政的制衡部分，只有國民議會擁有倒閣權，據此，參議院的角色實在無法與國民議會相提並論。

二、國會的職權與功能

第五共和憲法採行「理性化議會制」，對於國會立法功能的履行，產生極大的影響，其中明列國會的立法範圍，並以憲法委員會來審查國會不會踰越立法的角色與功能，更凸顯出國會功能的萎縮。而這個現象可以從下面五點說明略見端倪：

（一）政府主導國會議程的安排

由於憲法中規定國會應優先審議政府提案，因此國會無法拒絕政府希望通過的法案，而由議員個人所提出的法案最後獲政府支持排入議程者所占比例亦屬少數。

（二）政府可以停止國會的穿梭立法

當總理召集成立兩院聯席會，就兩院之爭議來提出對策方案時，倘若聯席會議仍然無法達成共識及結論，則政府可要求國民議會逕自作成最後決定。這種機制，可以很有效的縮短國會立法審議的時間。

（三）政府可以進行包裹表決，阻斷國會繼續辯論

根據憲法的規定，政府可以要求國會對於正在辯論中的政府提案進行部分或一次表決，取代國會的逐條討論及一再的修正。並且除該修正案為政府所接受，否則表決的標的，是原來政府的提案。而這種方式多為左右共治時期，政府為取得國會的立法同意權，經常採用的手段。

（四）以信任案方式通過法案

依據第五共和憲法規定，總理得就通過某項提案為由，向國民議會提出信任案，以決定政府的去留，除非在24小時之內，有不信任案之提出並表決通過，則該法案即視同通過。由於不信任案的通過條件非常嚴苛，因此國民議會要以不信任案來對抗政府，是非常不容易的。

（五）政府要求國會立法授權

依據第五共和憲法規定，政府為執行施政計畫，得要求國會授權以行政命令來規定原屬法律範圍的事宜並採取措施。第五共和以來，歷任的政府皆有多次採取此種形式來推動政策的經驗。

除此之外，政府更可以一種迴避國會立法權的方式，亦即上述所提及的人民複決制度，以上種種說明了第五共和政府在國會立法過程中優越的地位，但國會尚有監督政府行政的功能，其監督的方式可分為質詢、委員會監督及上述所提不信任案的提起等三種方式。茲說明如下：

1.質詢

質詢有四種方式，分別為書面質詢、帶辯論的口頭質詢、不帶辯論的口頭質詢及總質詢，以下就各種質詢的方式作簡要的說明：

（1）書面質詢

這種方式是議員以書面向政府提出質疑，並要求在一定的時間內答覆，由於書面質詢較不具時效性，多半是議員為回應選舉承諾或照顧選區利益者而提出，其重要性並不高。

（2）帶辯論的口頭質詢

此種方式是仿傚英國國會而來，它是用辯論的方式進行，惟與其所不同的是，在質詢完畢時並不舉行表決，換言之，這種方式不會引進倒閣的危機，不過自從國民議會引進總質詢後，已經停止此

種質詢的方式，但是參議院仍然保留。

（3）不帶辯論的口頭質詢

此種方式是由國會議員提出兩分鐘的演說，由部長針對演說的內容進行答覆，再由議員進行五分鐘的演說，部長再作最後答覆。由於演說時間上的嚴格限制，加上質詢的內容必須要事先排入議程，因此無法對即時性或爭議性的問題來質詢。

（4）總質詢

此種質詢方式是 1970 年代中期由季斯卡（Valery Giscard d'Estaing）總統任內引進的，首先施行在國民議會中，參議院在 1982 年才開始採行。這種方式相當於英國國會的質詢時間，在無任何預警的情況下，國會議員可以就議題直接向閣員開火，同時要求閣員即時答覆。在此種制度，在野黨議員可以分配到一定的時間來進行總質詢，而質詢的過程則由電視全程轉播。

2.委員會監督

國會為提升對行政部門的監督效能，多半設立常設委員會和特別委員會，法國國會亦設有 6 個常設的委員會，惟其每個委員會皆有近百人參加，嚴重影響其議事效率，不僅無法有效的協助法案的審議，更無法有效落實監督行政部門之功能。

3.倒閣權行使

法國國會與一般內閣制民主國家議會相同，均保留了對付行政部門的利器——倒閣權，但鑑於第三、四共和時期倒閣的戲碼不斷上演，導致政局不穩定，第五共和對於倒閣權的行使，有相當嚴格的限制[62]，造成不信任案的通過非常困難[63]。

---

[62] 法國第五共和憲法第 49 條第 2 項規定：「國民議會得依不信任案之表決以決定政府之去留。此項不信任案須經國民議會至少十分之一議員之連署，始得提出。動議提出 48 小時之後，始得舉行表決。不信任案僅就贊成票核計，並須獲全體議員絕對多數始能通過。不信任案如被否決，原提案人，

三、小結

戴高樂對立法機關自始就沒有好感，因此在起草第五共和憲法時就要求不得讓國會有權力來阻礙國家的有效運作。事實上，第五憲法起草的主要目的之一，就是要清除國會的濫權，以防止第四共和時代政府癱瘓的再現。

基於這項動機，第五共和憲法對國民議會的權力大加限制，並以強化政府地位、規範立法範疇與程序、削減委員會的權限、限制辯論的權力及不信任投票門檻的提高等方式，防堵立法的濫權及提高第五共和憲法的行政優越，以有效提高政府效能[64]。

但最近的法國總統大選之際，又有許多候選人認為法國應再次修憲，進入第六共和時代，並主張重新加強國會的立法權及控制政府方面的行動自主權等等，雖然法國民眾不是很熱衷這個議題[65]，但法國憲法上之國會、總理（內閣）的權力與制衡的議題，隨著法國社會不斷的變動，也將再展開另一戰場之角力，至於結果如何，且讓我們拭目以待。

第四項　左右共治的經驗

一、左右共治的形成因素

根據《憲法詞典》（Dictionnaire Constitutionnel）一書中解釋：法國的政治制度或是一個所謂半總統制的國家中，同樣經由人民直

在同一會期中，不得再提不信任案，但本條第三款所規定之情形不在此限。」同法條第 3 項：「總理得就通過某項法案為由，經部長會議討論審議後，向國民議會提出信任案以決定政府去留。在此情形下，除非在 24 小時內，有不信任案之動議提出，並依本條前款之規定進行表決，否則政府所提法案即視同通過。」

63　參閱姚志剛等，前引書，頁 177-188。

64　李國雄，《比較政府與政治》，臺北，三民，2006，頁 139-143。

65　蔡筱穎，《中國時報》，A11 國際新聞版，〈第六共和憲政 新瓶舊酒不討好〉，2007 年 4 月 21 日。

選而獲得多數的總統與國會是處於對立的狀態，稱之為「左右共治」[66]。

　　據此推論，左右共治的形成最重要的變因乃是人民，人民基於的信任與委託，並用投票的方式展現集體的意願，希望某人或某政黨來代表國家及領導法國政府執政。而由於總統及國會的職權其基本功能上是屬「行政」與「立法」的關係，有互相制衡的功能，若國會在野黨的席次多於總統所屬政黨時，總統不能違背民意的選擇，必須提名國會多數黨所同意之人選擔任總理來組成內閣[67]，就會形成左右共治。

二、法國各界對左右共治的看法

　　絕大部分法國學界的法政學者均認為，法國的第五共和憲法可以在「左右共治」的情況下正常運作，倒是法國的政治人物出現了正反兩極的看法。季斯卡總統（1974-1981）於1985年5月在其所著的《三分之二的法國人》中提到左右共治的重要性與策略性，他除了主張右派要團結起來贏得國民議會大選外，並且接受左右共治的局面。此外，社會黨的羅卡（Michel Rocard）亦撰文表示贊同，他認為，總統在國會改選中失利，即意味著總統已不再受民意的支持，是應該主動去職以示負責，但是總統任期七年（現已改為五年）總統依法可以在位至任期屆滿為止。因此，如果總統不提出辭職，任何人也不可能要求或迫使總統辭職，換言之，在相互妥協的「左右共治」之下才是最有利的。

　　不過巴赫總理（Raymond Barre, 1976-1981）則持反對的看法，

---

[66] 同註6，頁172-173。

[67] 密特朗在1986年共治前夕。向新國會之咨文的談話中提到：「對於這個問題，我只有一個唯一可能、唯一合理、唯一切合國家利益的答案，那就是憲法、憲法、憲法。」參閱左雅玲、〈行政權二元化與左右共治經驗〉，收錄於姚志剛等、《法國第五共和的憲政運作》一書，頁41。

他認為就憲法而言，一個總統可以和一個不同方針的國會多數黨共治，但實際運作而言，這是違反總統直選以來的憲政精神，因為總統、政府及國會多數黨是一體的，一旦出現對立的局面，那麼總統只有辭職或是解散國會進行改選，「左右共治」乃是一個不正常的現象，即使付諸實行，雙方對立的情況勢必日益嚴重，因此也不可能持久。但是他後來在國會的信任投票時，在現實的政治環境考量下，還是投給了左派的席哈克政府。

在 1988 年 3 月的一項民意測驗顯示，52%的法國人民認為「左右共治」是具有正面意義的，也有 47%的人認為「左右共治」有助於權力的制衡，另外，也有 57%的人認為「左右共治」不要持續過久，就大體而言，法國人民多願意接受「左右共治」的局面[68]。

三、左右共治的次數

在第五共和的歷史上，總共發生過三次的左右共治，第一次發生在 1986-1988 年間，後來因為社會黨在國會選舉中獲勝而告結束，第二次因為保守派在 1993 年國會選舉中大勝，此次共治期間持續了二年直至 1995 年，第三次則是發生在席哈克任總統期間（1997-2002 年間），他解散了國會後，當時在野的社會黨勝利又發生了一次，此次的共治一共長達有 5 年之久，也是共治時期最久的一次。

四、總統與總理互動

因為總統與總理在性質上同屬於政府的行政體系，但在政黨背景上，卻互相屬於不同的理念的政黨，在這種左右共治時期之政治環境下，總統與總理互動模式就會顯得會非常的微妙與弔詭。

共治期間各界所關注兩者的互動焦點，著重於兩者權力的消長，由於總統及總理間在職務關係上是長官與部屬，但在憲法中亦

---

[68] 同註 58，頁 174-176。

規定了兩者的專有與共同之權限，並且總統可以動用國會解散權來制衡內閣總理所屬的政黨，因此，固然總理掌握了行政上的大部分實權，但也得依憲法的規範對於總統的意見表現出尊重與妥協。然而在檯面下，兩者還是會為了各自政黨的利益及發展做出較勁意味濃厚的政治動作，雖然如此，在法國人悠久的民主歷史及當權者的政治風範之下，三次的「左右共治」時期，還是未見兩者間有真實擦槍走火的狀況出現。

第三章　憲法權力分立理論

第一節　權力分立理論

　　所謂的「權力分立」，係指透過國家機關間權力的合理分配、行使和監督，以權力制衡權力建構一國憲政權力結構，以實現國家權力的分散化。這種秩序的建立係將不同權力分配給各個權力主體，以建立穩定有序的權力運作體系。此外，保持各個權力機關間的制約與配合以及權力運行的動態平衡，防止權力濫用與腐化。近代以來，西方立憲主義國家大多建立了不同形式的權力分立的制度。現茲就權力分立制度加以闡述：

第一項　意義

　　「權力分立」也稱為「分權」與「制衡」，即將國家權力之作用，依其性質區分為若干單位，並由個別構成之獨立機關來行使，以形成相互制衡，藉以排除國家權力之集中與防止權力濫用，而保障國民主權與基本人權的政治原理，學者將「權力分立」與「基本人權的保障」同樣視為憲法核心概念[69]。

---

[69] 許宗力，〈法與國家權力〉，《月旦出版公司》，臺北，1996 年 2 月，頁

第二項　起源

「權力分立」的起源，係西方學者亞里斯多德（Aristotle）首先將政府權力區分為討論、執行、司法三要素。到了洛克（Locke）的《政府論》時，則將國家權力區分為立法、執行、外交三種權力，不過，在洛克的觀念當中，立法權優於其他權力，故實際上僅為二權分立。到了孟德斯鳩（Montesquieu）時在其《法之精神》一書中，才倡議三權分立理論，成為現今權力分立理論的主要淵源。

首先，孟德斯鳩將國家權力區分為立法、行政與司法，主張由三個不同機關行使，使三權互相牽制與約束，保持三種國家權力的制衡。其次，孟德斯鳩也將國家任務區分為三：從作用上，指任何權力機關不得行使非其管轄權的權力。從組織上，指任何權力機關不得同時是其他機關的成員。從權力同等價值而言，指任何主體不得犧牲其他權力主體而擴張其權力，以至於涉及到其他權力主體的權限。依此，進一步將國家權力區分為行政、立法、司法三種權力，至此，權力分立理論才逐漸完備。

孟德斯鳩根據英國革命的實踐，系統的闡述了「三權分立」的學說，認為立法、司法、行政三種權力必須分立；主張三種權力應當「通過相互的反對權彼此箝制」以便協調前進。但孟德斯鳩並沒有對此一定義作更進一步的闡述與解釋。此一工作，後來由美國憲法起草人等完成，並在美國憲法中得到了體現。

1787年9月，美國制憲會議根據孟德斯鳩的思想制定了憲法，憲法從以下幾方面貫徹「制約」與「平衡」的原則：

一、規定立法權屬於國會，但總統對國會的立法有批准和擱置否決權。國會也可在一定條件下推翻總統否決。

二、行政權屬於總統，但總統任命部長和締結條約時，須經國

479-483。

會同意，國會有權對總統和部長的違法行為進行彈劾。

三、司法權屬於獨立行使審判權的法院，而法官只要行為公正和守法，即應終身任職，但法官須經總統任命，國會批准；最高法院有權審判經國會彈劾有罪的總統和官吏，乃至審查國會立法是否違憲[70]。

第三項　權力分立的現代意涵

現代意涵的權力分立係指國家權力具有不可分割性，統一性國家權力與權力分立，彼此協調一致，而非孟德斯鳩所云各自獨立、彼此分割和互不從屬的權力概念。其次，國家權力適當分立並非權力分立主要目的，其最終目的在於保障個人自由權利，亦即權力監督。

其次，「三權分立」只是「權力分立」中廣為熟知的一種型態，並非等同於「權力分立」。因此，除了美國「嚴格型權力分立」，尚有英國「均衡型（議會內閣制）的權力分立」、瑞士「立法機關優勢型（議會政府式）」以及「行政機關優勢型（法國第五共和之半總統制）」等型態。

「均衡型的權力分立」強調行政立法合一與議會至上的概念，立法機關要求行政機關（內閣）之連帶責任，行政機關對立法機關有解散權的制度。一般認為這是在英國政治發展的過程中，由憲法習慣逐漸形成的制度，這種制度在很多國家，也有其他變型之出現[71]。「立法機關優勢型」強調行政與立法機關無權力分立之存在，而立法機關兼有行政權，行政機關全面從屬於立法機關的制度。

---

[70] M.J.C.維爾，《憲政與分權》，香港，三聯書店，1997 年 10 月，一版，頁 70-80。

[71] 戴雪（Albeot Venn Dicey）著，雷賓南譯，《英憲精義》，臺北，帕米爾書店，1991 年 10 月，一版，頁 133-181。

「行政機關優勢型」是指議會在原則上擁有立法權，但議會之地位略受減弱，這是為了克服「立法機關優勢型」之缺陷，確保國家政治能迅速有效執行而產生的制度[72]。

有關權力分立之理論與運作，除此以上所述行政立法司法「水平式的權力分立」，亦有為實施地方自治，諸如地方制度、中央與地方權限的劃分，地方自治組織、地方自治規章、人事、稅收、財政等而發展出的中央與地方垂直式的權力分立關係，也就是說，現代實施民主憲政的國家皆依權力分立與制衡之原理原則來組成政府，而權力分立又分為水平的權力分立與垂直的權力分立，前者乃是將某一層級的政府權力分配給同一層級之不同機關行使，而後者則是指將政府的權力，分屬二個層級以上的政府組織，分別行使[73]。

第二節　五權憲法理論

五權分立與權能區分是孫中山先生的民權主義思想在憲政主張中的具體表現。其主要的立論在於將政治權力區分為「政權」與「治權」兩種，「政權」是管理政府的力量，「治權」是政府自身的力量。孫中山先生認為只要「人民有充分的政權，管理政府的方法很完全便不怕政府的力量太大，不能夠管理。」

權能區分的核心在於維護直接民權，即憲法必須規定和保障人民「直接管理國家」的權力。孫中山先生在總結西方的憲政體制的經驗後指出，要使人民有權，就必須在憲法中規定選舉、罷免、創

---

[72] 劉嘉甯，《法國憲政共治之研究》，臺北，臺灣商務印書館，1990 年 12 月，一版，頁 189-206。

[73] 林子儀、葉俊榮、黃昭元、張文貞，《憲法—權力分立》，學林，2006 年 10 月，一版四刷，頁 379。

制與複決權等四權，人民有此四種權利才是澈底的直接民權，才是真正的全民政治。

其次，關於權力分立方式，孫中山先生認為，人民要有權，政府要有能，人民掌握政權，但治權必須交給少數人去行使，由他們組織政府，治理國家。他並認為西方國家三權分立的憲政體制中三權各不相統，政客巴結選民，有極大的制度缺失。他指出：將來中華民國憲法要創作一種新的主義，叫做「五權分立」，即在立法、司法、行政三權獨立的基礎上，將立法權中的監督權及行政權中的考試權獨立出來。只有用五權憲法所組織的政府才是完全政府，才是完全的政府機關。

另外學者桂崇基也持相同的看法認為，在三權分立的制度下，考試與監察權隸屬於在行政及立法之下，會產生很大的流弊。例如考試隸屬於行政而不獨立，最易受政潮的影響而失去考試的作用，西方政治先進國家美、法等國國家公務員皆受其苦，因此，若是考試制度不從行政權中獨立出來，與其原考試原則大相剌謬。又例如監察權若不從立法中獨立出來，賦予立法者糾彈官吏之權，則立法者將日處於政爭漩渦中，而放棄其制定法律的本職，甚焉者藉彈劾以遂其私圖，流弊更不堪設想[74]。

總之，孫中山先生認為五權分立與權能區分的根本目的在於「集合中外的精華，防止一切流弊」，藉由人民的四個政權來管理政府的五個治權，以建立一個完全民權的政治機關，充分實現主權在民[75]。

然而這套孫中山先生之五權分立理論與當初我國憲法在制定時

---

[74] 張亞澐，〈五權憲法與其他憲法之比較研究〉，《比較憲法》，臺北，臺灣商務印書館，1987年二版，頁28-31。

[75] 陳新民，中華民國憲法釋論，三民書局，2005年8月修正5版，頁47-58。

之精神確大有所不同，按 1947 年國民政府在中國大陸所制定的憲法，乃充滿著濃郁的內閣制的精神，再加上國民政府來臺後，政治環境與時空背景皆與當時大不相同，在大時代環境的改變之下，以孫中山先生之五權分立理論為基礎組織而成的中央政府體制，具有總統制的精神，亦有內閣制的成份，迄今，中央政府體制的運作，在權力分立與制衡之上及是否符合權責相符等問題，皆一再產生各種爭議，時有待更進一步加以釐清。

第三節　總統制、內閣制、委員制與雙首長制的制度設計

第一項　總統制

　　總統制政府（presidential government）創始於美國。美國聯邦憲法中，第 1 條至第 3 條明文規定了立法權、行政權及司法權，分別由 3 個國家機構所掌控之國會、總統、聯邦最高法院及其下級法院行使之[76]。總統制在美國實行以後，後為拉丁美洲的阿根廷、巴西、墨西哥、亞州的印尼、巴基斯坦、非洲的埃及、肯亞等不少國家所採用。就行政權的歸屬而言，總統總攬國家行政權，總統不僅是國家元首，更是實際的行政首長，內閣僅是總統的諮詢機關，由總統任免，向總統負責[77]。總統下設國務員多人，不屬於國會，其中以主管外交事務的國務卿列首席。就行政與立法機關的關係觀之，立法與行政（總統）兩部門地位平等，任期有一定規定，立法部門不能因政策問題，提出不信任投票，總統也不得解散國會，保

---

[76] 林子儀，《權力分立與憲政發展》，臺北，月旦出版公司，1993 年 4 月，頁 95。

[77] 黃炎東，《中華民國憲政改革之研究》，臺北，五南圖書出版公司，1995 年 3 月，頁 89-90。

持制衡原理，行政機關（總統）不對立法機關（國會）負責，而直接對人民負責。國會所通過的法案須送交總統簽署以後才能公布實施，總統如不同意，可以運用否決權加以否決。但是如果國會以三分之二多數再次通過，該法案即可通過成為法律。總統有向國會報告國情的義務。國會中的政黨對於總統並不直接產生影響，總統所屬的政黨也不一定是國會中的多數黨[78]。

總統制是一種出於「野心必須用野心控制」的考量下的設計。此制度的優點在於行政、立法權絕對分離，人民的權利較不易被侵害；其次是行政權穩定，不論國會生態如何，不會影響行政權的歸屬。它的問題則在於權力分立的結果恐將造成政府整體職能效率的低落，特別是總統與國會多數黨不相同時，由於總統可藉由否決權成為「首席立法者」，因此立法效率在二者互相掣肘下必定大受影響；而就國家行政而言，由於總統的主要施政皆必須有國會通過的法案及預算支持[79]，若總統與國會多數意見就預算分配的意見不同，施政恐將遲滯，甚至發生行政機關關門的問題。

第二項　內閣制

內閣制政府係以英國為典型，為現今多數民主國家採行的民主政制[80]，是一種議會政府或責任政府。在當代世界中，有許多國家採取內閣制，如日本、義大利、印度、以色列等。其特色在於政府行政權由內閣總攬，歸屬於內閣首相或總理，國家元首垂拱無為，

---

[78] 參照湯德宗著，〈美國國會與權力分立理論—我國採行總統制可行性的初步評估〉，收錄於湯德宗等，《美國國會之制度運作》，中研院歐美所出版，1992 年 6 月，頁 45-50。

[79] 相關的討論參照 Walter J. Oleszek 著，湯德宗譯，《國會程序與政策過程》，立法院秘書處發行，1992 年，頁 79-85。

[80] 見劉慶瑞著，《比較憲法》臺北，大中國圖書公司，1966 年 12 月，頁 291-293。

不負實際政治責任。內閣總理之產生，須由國會之提名與同意；國務員則由內閣總理任命之。內閣總理由國會議員兼任。國務員亦多由國會議員兼任。內閣對國會負責，故國會對內閣，有決議不信任投票，或否決信任決議案之權利，內閣亦有解散國會之權。元首有關國事之行為，均須經內閣副署。內閣總理或首相，由元首任命之。其人選係選擇國會能信任者，所以通常為多數黨領袖，一切重要行政政策，概由內閣會議決定，以元首的名義行之[81]。

「一黨內閣」係指由一個在國會中超過半數以上席次的政黨所組成的內閣；「聯合內閣」係指由幾個無法單獨組閣的政黨聯盟組成的內閣；「影子內閣」係指國會中的反對黨比照內閣的組成方式所組成的一個隨時準備上臺執政的準執政團隊，其主要任務是領導和組織下議院中本黨議員的活動。

內閣制政府強調多數民主，行政立法兩權合一，二者之間通常處於和諧的狀態，內閣提出的法案，容易於議會中通過，此一特點在運作順利的內閣制國家中，表現出效率政府的優點，亦即國家政策可以有效的推動[82]；至於權力的制衡（checks and balances），事實上並不存在於內閣制國家的行政、立法兩權之間，傳統的權力分立原則及制衡關係，僅能從國會中在野黨對執政黨的監督制衡，以及司法權對兩權的制衡上發現。內閣制的最大缺點恰為其優點的反面，由於行政權由國會中多數產生，在兩黨政治的國家中，因為採多數決，因此少數族群的權益容易被忽視；而在多黨或小黨林立的國家中，會有因為執政多數不穩定而經常發生內閣不穩定的危機，甚至造成政府變更頻仍的後果，在政策的推動及維繫上本應效率的政府，反而變得更缺乏效率，例如法國第三、第四共和及現在的義

---

[81]　黃炎東，前引書，頁 89-90。
[82]　參照薩孟武，《政治學》，臺北，三民書局，1993 年 8 月增訂五版，頁 185。

大利等民主國家[83]。

第三項 委員制

委員制的政府又稱為合議制的政府，起源於 19 世紀中葉的瑞士。它的最大特色在於國家的行政權並非集中於國家元首或者政府首腦手中，而是由國會所產生並對其負責的 7 人聯邦行政委員會所組成，總統僅擁有虛名。7 人委員會作為國會執行機關的政府，行政權係位於國會之下，因此，行政權與立法權既不分離也不對抗。聯邦行政委員會委員，則由兩院（國民議會及聯邦院）聯合選舉，其委員一經產生即不得兼任國會議員，任期四年，可連選連任。政府一切決策經由 7 名委員以多數決的原則集體合議之。委員會的主席由 7 名委員輪流擔任，兼做國家元首與政府首腦，對外代表國家，對內主持委員會會議，但不得行使委員會的集體職責，並無權否決議案與解散國會，也無權任免政府官員。委員會委員都身兼一部之部長，但無權對於本部重大問題作單獨決定，而必須由經由委員會指定的 3 名委員研究決定。委員會委員可以隨時出席國會並參加討論，並有向國會提出議案權，但無權表決。凡經國會通過的法案或決定，委員會都必須執行，國會有權改變或撤銷委員會的決定與措施，故聯邦行政委員會僅為國會之執行機關。

委員制的優點在於強調專家政治、防止公共事務過度政治化，亦能有效防止專制；但他的缺點在於責任不明，不夠敏捷，只能在小國寡民與政治爭議較不強烈的情形下表現其長處[84]。憲法學者劉慶瑞即對瑞士的委員制有相當之批評：「聯邦行政委員

---

[83] Geord Brunner 著，鄒忠科、黃松榮譯，《比較政府》，臺北，五南出版社，1995 年初版，頁 72-72；許志雄，《權力分立之理論與現實及其構造與動態之分析》，臺大法研所碩士論文，1982 年，頁 144-151。

[84] 任德厚，《政治學》，臺北，三民書局，1997 年 5 月，四版，頁 283-284。

會，以合議制行使職權，事無巨細，均須開會決定。這種制度在政務簡單之時，固無問題，一旦政務繁雜，則必感覺侷促不靈。惟瑞士由於小國寡民，國情遠較其他國家簡單，而又由於永世中立，無須捲入國際政治糾紛之漩渦，致使其政治有一顯著之特色，即政治性之問題少，而行政性與技術性之問題多，因此，合議制之行政機關，不管其在學理上有許多缺點，仍能在瑞士產生良好的結果。但政情複雜之國家，則不能輕易模仿之。今日，除南美洲之烏拉圭外，似無其他國家採用瑞士之委員制，其故在此。」[85]

第四項　雙首長制

　　雙首長制一般係指有兩位行政首長分享行政權的體制，與內閣制、總統制等單一首長制不同。法國因昔日政黨林立，各行其是，內閣無多數黨為其後盾，致使變動頻繁，政治效率低落，為振衰起弊，乃加強總統之權力，降低內閣之責任，於是第五共和憲法改採現行之雙首長制，即總統由人民直接選舉產生，負責國防、外交和憲政政策，其他政策及施政由總統任命之總理負責。而總統之職權具有：

　　一、任免總理。

　　二、主持國務會議。

　　三、要求國會覆議法律。

　　四、法律提付人民複決。

　　五、主動解散國民議會。

　　但若干措施，仍須經內閣副署，而國會對內閣有不信任之權，此即為法國第五共和制之特徵，其與內閣制及總統制類似規定如下：

---

[85] 劉慶瑞，前引書，頁388。

一、類似內閣制

（一）內閣向國會負責（第20條）。

（二）內閣總理有法律提案權（第39條）；內閣閣員得列席兩院並陳述意見。

（三）內閣總理須得議會之信任（第49條）；惟國會對「政府」之不信任案，有條件限制（第50條）。

（四）總統除任免內閣總理、公布公民複決案、解散國會、頒布緊急措施、送國會之諮文、將法律或條約送憲法委員會審核、任命憲法委員會委員外其他須經由內閣總理副署，必要時並由負責部長副署之（第19條）。

（五）總統於諮詢內閣總理及兩院議長後得解散國會（第12條）。

二、類似總統制

（一）總統在1962年前由選舉人團選舉之，其後由人民直接選舉之，任期七年（第6條）（後修改為5年）。

（二）總統係超越三權之實體存在，行政首長的內閣總理由總統任命之（第8條），內閣總理決定並執行國家政策（第20條）。

（三）國會議員不得兼任國務員。

判定總統與國務總理的權力多寡，可由兩者如何產生？憲法如何規範職權？國務總理是否有副署權？兩者是否同黨？如果同黨何者擔任政黨領袖？凡此等等作為制定基準。奧地利總統由人民選舉產生，任免總理不必由總理副署，但是總理由國會多數黨領袖出任，總理擔任主席的國務會議可以否決總統的決定，因此傾向內閣制。前幾年才修憲的新加坡，本是典型的內閣制，總統改由人民選舉產生，總統有條件行使政府動用國家儲備金的同意權、政府預算案同意權、政府重要人事任命同意權。法國第五共和被視為典型的

雙首長制，總統負責國防、外交、憲政政策，國務總理負責其他政策，國務總理由總統任命，憲法雖未規定須由國會同意，目前則由國會行使同意權，總統則由人民直接選舉產生。總統有權解散國會，將法案交付公民投票，行使部分權力時不必總理副署。法國第五共和實施以來迄今曾發生過三次左右共治局面。法國總統必須任命國會多數黨派人士出任總理，因此，可能出現總統與總理不同黨派。雖然憲法明定總統與總理的職權，可是實際上有些職權無法完全區分，例如外交與經濟密不可分，無法一分為二。總理所屬政黨如果在國會占了多數，與總統不同黨派，總統的權力式微，總理權力上升。總統與總理同一黨派，總統的權力則高度集中。法國雙首長制，被部分學者視為一種在總統制與內閣制之間擺盪的體制，必須視國會政黨分配而定。芬蘭憲法明定總統為行政首長，又由人民選舉產生，總統可以要求總理所主持的國務會議執行他的命令，但是國務會議認為牴觸法律，可諮詢司法總長意見，加以變更命令。總統指揮軍隊，也須由國務會議發布命令。此種含有雙首長分權體制，雖與法國第五共和不完全一致，但是也被學者稱為介於內閣制與總統制之間的體制[86]。

　　雙首長制理論上有兩大困難：第一為行政首長之間的職權區分不易釐清；第二為兩位行政首長何者須向國會負責，不易設計，形成權責不一的弊端。從比較政府的觀點分析，包括內閣制或總統制等單一行政首長制，應較雙首長制為佳，行政部門由單一行政首長領導，並向代表民意的國會負責，比較符合政治權力的運作邏輯。分別設有總統與總理的國家，不一定就是雙首長制，例如德國是典型內閣制，韓國則傾向總統制。設有總統與總理的國家，必須檢視憲法對總統與總理如何授權，總理產生方式是否經國會同意，總統

---

[86] 張臺麟，《法國總統的權力》，臺北：志一出版社，1995 年 5 月，頁 1-2。

是否由人民直接選舉產生，總理是否對總統公布法律命令有副署權，總統或總理向國會負責[87]。

---

[87] 同前註，頁 157-208。

第四章　我國歷次的憲政改革
（**1991-2005**）

第一節　修憲共識之凝聚與建立

　　憲法為立國的根本大法，因此，實施民主憲政的國家隨著主客觀的變遷，當憲法適用上產生疑義或困難時，多以解釋，塑造憲政慣例或修改憲法之途徑，以解決及充實憲政體制，此即民主憲法變遷的型態[88]。

　　憲法的修正、憲法的解釋與憲政慣例的樹立三者相較，憲法修正有明確便利的好處，但易形成刻板僵硬的憲法變動，而且修正的幅度愈大，愈易破壞憲政的安定性，也使憲法在無形中成長，但有賴民主習性與憲政精神的培養與鍛鍊，故要長時間政治實踐的配合，不能強求得之。憲法的解釋，則例由司法為之，可以使憲法在現實政治中發生適用之實效，亦可不斷為憲政注入新義，使憲法與時變遷，但是司法也必須要能得到其他政府部門、各種政治力量，

---

[88] 謝瑞智，《中華民國憲法精義與立國精神》，臺北，文笙書局，1993 年 11 月，頁 69。

乃至於社會大眾的自動服從，始能發揮作用[89]。因此，非屬必要，民主憲政國家，絕不輕言修憲，而以憲法的解釋與憲政慣例的建立，為憲法變遷的主要途徑。以美、英兩國而言，美國立憲兩百餘年，修憲只二十六起，司法在個案中釋憲如違憲審查（Judicial Review）則不計其數，隨時可為憲法注入生機。英國則連憲法法典也無，卻賴數百年來養成憲政慣例，憲政歷久彌新。兩國憲政均不必常因修憲而生劇烈變動，乃得在社會生活以至文化土壤裡自然生根、和緩茁壯下成就斐然[90]。

　　惟中華民國國情及環境條件與英、美等國截然不同。自 1946 年制定憲法、1947 年行憲後，不久大陸即告淪陷，中樞播遷以迄 1961 年代初期，無論在教育上、經濟上或是安全上，推行憲政先天不足、後天失調。而 50 年代中期以後，仍能大幅邁開建設革新的步伐，以農業為基礎，發展工商業，在經濟大幅成長中，兼顧民生之均富，教育普及，民智提升，隨之要求革新之輿論高漲。從憲政發展的歷史觀點來看，誠然為時尚短，「但是構建一個健全的民主憲政體制，來推動全盤國家建設的決心與信念，未有一日動搖[91]。」然而，國家處於分裂之非常狀態事實仍舊存在，中共軍事犯臺，並於國際社會阻擾我外交發展之意圖不變。為因應中華民國現階段國家處境之主客觀條件，絕非靠司法解釋或憲政慣例之建立可充實憲政體制，而是如何回歸憲政，因為「我國憲法還是符合憲政主義原則、民主政治原則，雖然在實際上還需要一些調整[92]」，但仍必須依

---

[89] 李念祖，〈九〇年代我國憲法成長的回顧與展望〉，《憲政與國是》，臺北，承然出版公司，1991 年 2 月，頁 15-23。

[90] 李念祖，〈修憲與憲法變遷〉，前引書，頁 69-70。

[91] 蔣經國，主持中華民國 73 年行憲紀念大會等聯合開會典禮致詞，見蔣總統經國先生 73 年言論集，臺北：行政院新聞局輯印，1985 年 5 月，一版，頁32。

[92] 蕭全政主編，民間國建會總結報告，臺北，國家政策研究中心，1990 年 4

據憲法之修訂途徑來適應。

誠然，在取決制定新憲法、制定基本法或修憲之途徑來進行憲政改革時，民意的抉擇是最重要的關鍵，第二屆國大代表的選舉結果：國民黨籍代表名額最多，計有 320 位，其次民進黨有 75 位，無黨籍代表 5 位，非政黨聯盟 2 位，民社黨 1 位。國民黨籍代表占全體代表總數之 79.4%，超過中華民國憲法第 174 條之法定決議人數，加以國是會議中亦決議我國憲政改革應以憲法增修條文方式進行。因此，中華民國憲政改革就以憲法之增修方式正式展開。

第二節　國是會議的召開與結論

1990 年李登輝總統總統當選中華民國第八任總統後，表明將終止動員戡亂時期，廢除動員戡亂時期臨時條款，回歸憲政體制。因此，在 1990 年 7 月召開國是會議。此次國是會議以「健全憲政體制、謀求國家統一」為研討範圍，議題共有五項：

一、國會改革問題。

二、地方制度問題。

三、中央政府體制問題。

四、憲法（含臨時條款）之修定方式有關問題。

五、大陸政策與兩岸關係問題[93]。

經過熱烈的討論以後，取得共識的部分如下：

國會改革問題包括三項：

（一）第一屆中央民意代表全部退職。

（二）反對國民大會維持現狀。

月，初版，頁 13-14。

[93] 黃炎東，《中活民國憲政改革之研究》，臺北，五南，1995 年 3 月，頁 23-25。

（三）淨化選舉風氣。

地方制度問題包括四項：

（一）回歸憲法或授權立法院立法，甚至循修憲方式達成改革。

（二）地方自治應以民選、自主為基本要求，依據臺灣目前之發展，兼顧憲法體制及實際狀況，將國家主權與國內行政的需求作合理的統合。

（三）地方自治與制度的改革，應正視當前地方派系，選舉風氣敗壞的現象。

（四）肯定臺灣的經濟成就，主張在改革制度時應保留臺灣省名稱，維護臺灣經驗的良好現象。

中央政府體制問題包括一項，即現行總統選舉之方式應予以改進。

憲法（含臨時條款）之修定方式有關問題包括三項：

（一）終止動員戡亂時期，廢止臨時條款。

（二）憲法應予修定。

（三）修憲應以具有民意基礎之機關為之。

大陸政策與兩岸關係問題包括四項：

（一）制定開放與安全兼顧的階段性大陸政策：除應以臺灣人民的福祉為前提之外，並考慮國際形勢限制、中共政權性質及大陸人民心理等客觀因素，在能力範圍內促使大陸走向民主自由。

（二）在兩岸關係之界定方面，體認兩岸分別為政治實體之現實。

（三）現階段實際運作上，放寬功能性交流，政治性談判則從嚴。

（四）從速設立專責的政策機構和授權的中介機構。

1.在功能性交流方面，開放應有條件予以限制

訂定安全、互惠、對等、務實四點作為交流原則。至於學術、文化、科技交流放寬為雙向，並考慮合作的可能；規劃開放記者及體育的雙向訪問和比賽；經貿在不危及安全及妨礙整體經濟發展的原則下，穩定前進；功能性交流談判，在方式上以政府授權之「中介團體」對等談判為宜。

2.在政治性談判方面

大多數皆認為時機尚未成熟，須滿足下述先決條件後，始可考慮：中共放棄武力犯臺，不反對中華民國國際參與，臺海達成內部共識，建立朝野共信權責分明的談判機構[94]。

第三節　修憲理論

第一項　一機關二階段理論

在國是會議的共識達成以後，當時執政黨——國民黨以國家安定為由，決定以修憲方式來改革政治上的不合理現象。1990 年中國國民黨憲法改革策劃小組提出「一機關兩階段修憲」之建議，於是，1991 年 4 月，由李總統依職權召集國民大會第二次臨時會正式開會，進行第一階段的修憲工作，由第一屆國民大會增修憲法條文，廢除動員戡亂時期臨時條款，回歸憲政體制，並賦予第二屆中央民意代表改選之法源，依大法官第 261 號解釋規定：第一屆國民大會於 1991 年 12 月 31 日前全體退休，之後採第二階段之修憲程序。所謂二階段修憲，乃第一階段以終止動員戡亂時期之宣告為主，臨時條款停止適用。第二階段則自第二屆國大代表選出後，就其他相關性憲政問題深入檢討及修改相關憲法條文，以適應國家當前的主客

---

[94] 謝瑞智，《修憲春秋》，臺北：文笙書局，1994 年 6 月，頁 75-76。

觀環境條件，並得因應未來發展。

因此，決議以修憲進行憲政改革之初，即有一機關二階段及二機關二階段論者之爭議，其主張相異之處就在於由何單位提出憲法修正案。所謂一機關修憲者，即是以國大代表自行連署提案、三讀方式進行修憲；二機關修憲者，乃是由立法委員連署提案，經立法院會決議通過後，將憲法修正案提國民大會複決。審度當時我國主客觀情勢，修憲工作已刻不容緩，如採二機關修憲方式進行憲改，一則立法院本身須審議之法案已積壓過多，議事效率不彰已為國人所詬病，如再加上憲法修正案之審議，恐延誤其他法案，修憲時效上亦無法如預期完成；再則，立法院決議之憲法修正案送至國民大會複決時，二機關如就修改部分意見相左時，難免會產生爭議，甚而造成二機關職權之衝突。如採一機關修憲方式，則較為單純，可避免上述二機關修憲方式之問題產生[95]。

第二項　三階段理論

另外學者葉俊榮亦將前面六次的修憲過程綜合歸納為三個階段，分別為第一階段：為國民黨政權強化其代表性並解決其自身內部危機的過程，而第一、二、三次的修憲過程，均屬於這個階段；第二階段為第四次的修憲：在這次的修憲過程中，乃在強化中華民國對外的代表性，例如省的虛級化、取消立法院閣揆同意權、讓總統有更大的權力等等；而第三個階段，則是民主成形後政府權力的變動，也是憲法變遷機制的變動，而與機關權限消長無關，而第六次的修憲，即為其所指為的第三階段[96]。

---

[95] 黃炎東，前引書，頁 21 至 22。
[96] 葉俊榮，〈建立任務型國大後所帶動變革—憲政體制與政黨輪替〉，《月旦法學》，61 期，2000 年 6 月，頁 36。

第四節　我國憲法歷次修改

第一項　第一次憲法修改的重點與過程

　　國是會議開幕後，當時執政的國民黨中央正式成立黨政改革策劃小組，廣徵朝野修憲意見，融匯輿情共識，李總統登輝先生依據憲法規定之職權明令召集國民大會第二次臨時會，並於1991年4月8日正式召開，同年4月24日圓滿閉幕。

　　本次臨時會共通過了第一階段的憲法增修條文十條，大致可歸納成下列四點：

　　一、終止動員戡亂時期，廢除臨時條款，回歸憲法，使國家憲政體制恢復正常運作。

　　二、賦予第二屆中央民意代表產生的法源，為中央民意代表的全面改選提供了憲法依據，使第二屆國民大會代表及立法委員得以順利地於1991年及1992年底，分別選出，國會的成員能在兼顧法理與現實政治環境下完成歷史的傳承，締造了一個真正能落實民意的國會，為國家政治現代化提供一個堅實根基。

　　三、由於動員戡亂時期終止，臨時條款廢除，連帶的臨時條款中有關總統緊急處分權，國家安全會議、國家安全局與人事行政局三個機關之組織，將失去法源依據，為因應國家當前特殊環境需要，訂定總統緊急命令權和三個機關「落日條款」的規定，使有關實質權限減少下，得以賡續現實之需要。

　　四、提供處理自由地區與大陸地區間人民權利義務關係及其他事務的法源，為規範兩岸關係發展所必須的法律提供了憲法的依據。

　　第一階段的修憲工作，在第一屆國大代表「秉持憲政改革的信念與決心，體察當前時勢的推移與歸趨，慎思熟慮，終能不負國人

的付託與期許，依據憲法所規定的程序，達成了憲政改革的階段性目標。」[97]使第二屆中央民意代表順利產生，法統得以延續，第二階段的憲政改革得以接續展開，中華民國邁入憲政史上的新頁。

第二項　第二次憲法修改的重點與過程

第二屆國民大會代表於 1991 年 12 月選出，1992 年 3 月 20 日正式召開第二屆國民大會第一次臨時會，展開第二階段的修憲工作，並於 5 月 30 日開幕，70 天的會期中，通過增修條文八條，本次完成的憲法增修條文重點，大致可綜合為以下五點：

一、透過修憲程序將違憲政黨的審查權，由原隸屬行政部門的黨審會，移往由司法院大法官組成之憲法法庭審理政黨違憲之解散事項，使中華民國的政黨政治更能在公平正義、合法合理之方向下邁向良性體制發展。

二、修訂監察院之組織與職權，強化監察權的功能；按監察權的制度淵源於瑞典 1809 年代的憲法，創建了監察使制度（Ombudsman），其後不獨繼續存在而且發揚光大，芬蘭、丹麥、挪威和紐西蘭，都繼起採行這個制度，國際字彙中也加上了監察使這個名詞[98]。在美國監察權屬參議院行使，英國則於 1967 年頒布了「國會監察使條例」，由英皇任命監察使，接受人民訴狀並調查，英國下議院方配合設立一常設委員會，以處理監察使之調查報告。歸納而言，監察權已是在任何民主國家都有[99]，其職權為：監督政府、監察官吏。在我國，監察權是固有舊制，而為孫中山先生創立

---

[97] 李登輝，〈親臨國民大會第二次臨時會閉會典禮致詞〉，《李總統登輝先生八十年言論選集》，臺北，行政院新聞局編印，1992 年 8 月，一版，頁 45。

[98] 陶百川，《監察制度新發展》，臺北，三民書局，1970 年 10 月，再版，頁 197。

[99] 同前註，頁 217。

五權憲法理論時所因襲，孫中山先生主張監察權獨立之理由，莫非想藉我國傳統的優良制度，以補救三權鼎立下立法權兼監督權之弊病，他在民國 6 年民報週年紀念會講演「三民主義與中國民族之前途」時，即說到此一弊病：「現在立憲各國，沒有不是立法機關兼有監督的權限，那權限雖然有強有弱，總是不能獨立，因此生出無數弊病。比方美國糾察權歸議院掌握，往往擅用此權，挾制行政機關，使他不得不俯首聽命，因此常常成為議院專制，除非有雄才大略的大總統，如林肯、麥堅尼、羅斯福等才能達行政獨立之目的」[100]。因此，孫中山先生之五權憲法理論中，將監察權獨立與其他四權並列為治權機關。1946 年 1 月，中華民國於抗戰勝利後，舉行政治協商會議，決定組織憲草審議委員會及就五五憲草內容提出 12 項修正原則，其中就監察院部分，決定以間接選舉方式，由各省級議會及各民族自治區議會選舉之，其職權為行使同意權、彈劾權及監察權。然而，40 餘年來的實施經驗，監察院之具有政權與治權雙重性質，及監察委員產生之方式，一向為大多數民眾所詬病。因此，本次修憲將監察院改為準司法機關，監察院院長、副院長、監察委員，由總統提請國民大會同意後任命之，一方面使更能符合孫中山先生主張的五權憲法下監察院的治權機構之角色與功能，一方面也澈底有效地改進監察委員產生方式，充分發揮彈劾糾舉不法之功能，以肅官箴。連帶地，司法院院長、副院長、大法官、考試院院長、副院長、考試委員之人事同意權，亦隨之改由國民大會行使，進一步落實了五權憲法體制的規劃。直至第六次修憲以後，司法院、監察院、考試院之有關人事同意權改為總統提名，立法院同意後任免之。

　　三、省（市）、縣地方制度法制化，為落實我國地方自治提供

---

[100] 孫文，《三民主義與中國民族之前途》，國父全集，第二冊，頁 206。

直接有效的憲法依據。如省議會、縣議會的組織與選舉，省市政府的組織與省、市長的民選問題，皆能予以憲法化，為國家的地方自治立下了深厚的根基。

　　四、決定中華民國自第九任總統、副總統的選舉開始，由中華民國自由地區全體人民選舉之，直接有效地提升了人民政治參與的精神，增強對國家的認同與國是的關心，並順應民意與世界潮流，為中華民國民主政治開創了一個新的里程。

　　五、充實基本國策有關民生條款：如獎勵科學技術發展及投資，注重環保與經濟發展的配合，推行全民保險，促進兩性平等，維護女性人格尊嚴，扶助自由地區原住民、殘障弱勢團體的維護，保障金門、馬祖、海外僑胞的參政權與各項權益等工作，皆透過修憲方式來加以推動與落實，使凡是認同中華民國的海內外同胞皆能同蒙其利，以達福國利民之指標。

　　由於總統選舉之方式、立法委員任期是否改為四年、國民大會是否設議長、副議長等問題、在本次修憲過程中，尚有爭議，未達共識，因而決定暫予保留，繼續研究，於適當時期召集國民大會臨時會，再作周詳地討論決定。

第三項　第三次憲法修改的重點與過程

　　第二屆國民大會第一次臨時會閉會後，若干重大修憲議題逐漸凝聚共識，並且普遍期望儘速合理解決。國民黨乃於 1993 年 12 月，再度成立修憲策劃小組，對憲法作必要的增修。

　　該小組歷經 4 個多月，先後舉行各項會議及座談 51 次，出席 1,100 餘人次，就各項修憲議題深入研討後，作成研究結論，據以擬定中國國民黨「對第二屆國民大會第四次臨時會代表同志政治任務之提示」草案，經提報 1994 年 4 月 18 日第 14 屆中央常務委員會臨

時會議核議通過，隨即提報 4 月 23、24 日兩天會期的第 14 屆中央委員會臨時全體會議深入研討，通過修憲方案重點，內容如下：

一、總統、副總統自中華民國 85 年第九任總統、副總統起，改由自由地區全體人民直接選舉；僑居國外國民亦有投票權。總統、副總統候選人應聯名登記，在選票上同列一組圈選，以得票最高之一組為當選。

二、總統、副總統罷免由國民大會提出，交由選舉人投票決定；國民大會提出之罷免案，須經代表總額四分之一之提議，代表總額三分之二之同意。罷免案之投票，須經選舉人過半數之投票，其中過半數同意罷免，即為通過。

三、維持行政院院長副署制度，但對副署範圍則予合理調整，明定總統發布須經國民大會或立法院同意任命人員之任免命令時，無須副署。

四、明定國民大會設議長、副議長、於集會時主持會議；對外代表國民大會，並自第三屆國民大會實施。

五、明定立法委員任期自第三屆起改為 4 年，並調整第二屆國大代表與立法委員之任期，使與總統就職日期相配合。

六、明定國大代表立法委員之待遇及報酬，應以法律規定。除公職人員通案調整外，單獨增加待遇或報酬之法律，應自下屆起實施。

七、明定山胞名稱修改為原住民。

本次修憲工作，因距第二屆國民大會代表任滿，僅一年餘，相形重要性增加許多，也因此，除以國民黨擬定之修憲方案為主軸外，各項增修條款之提案可說百家爭鳴，百花齊放，朝野國代無不希望藉此次增修機會能畢其功於一役，並能落實所屬政黨或個人憲政之理想。

　　第二屆國民大會第四次臨時會於 1994 年 5 月 2 日舉行開幕典禮，至 7 月 29 日三讀通過憲法增修條文，經歷三個月，第二階段第二次修憲工作總算完成，本次所通過的條文，與國民黨第十四屆中央委員會臨時全體會議通過的修憲方案，略有數點不同，茲分述如下：

　　一、關於僑民之總統、副總統選舉投票權之行使，明定為「返國行使」（第 2 條第 1 項），使原本擬以法律位階規範其選舉權之行使之要件及方式的規定，加上欲行使投票權須返國之入憲規範，可能會使僑民行使投票權之人數及機會相對降低。

　　二、增列「對於行政院長之免職命令，須新提名之行政院長經立法院同意後生效」（第 2 條第 2 項後段），本條之規定將彌補行政院院長免職後，職位空缺無人行使職權之弊，在立法院多數委員與總統黨籍隸屬不同時，可產生安定政局的效果，且可防範總統擴權。

　　三、立法委員任期原擬改為四年一任，以配合總統四年一任之規定，以行使行政院院長提名同意權，落實權力制衡的理想，但本次立法委員任期未能調整，將可能產生一任行政院院長須經兩屆不同之立法委員行使同意權之情事。甚且前後兩屆立法院立法委員之多數席次分別為不同政黨時，亦將造成憲政困擾，本項問題也在後續的修憲工作持續被提出。

　　此外，本次修訂憲法增修條文之主要內容，在於總統選舉產生方式，改由中華民國自由地區全體人民直接選舉之，自中華民國 85 年第九任總統、副總統選舉實施。總統、副總統候選人應聯名登記，在選票上同列一組圈選，以得票最多之一組為當選。在國外之中華民國自由地區人民亦得返國行使選舉權。

　　再者，對於行政院院長的副署權，則予以縮減，規定總統發布

依憲法經國民大會或立法院同意任命人員之任免命令，無須行政院院長之副署，以明政治責任之歸屬，乃就原憲法增修條文中已失去規範意義之過渡規定及未實施之條文刪除。

　　最後，本階段修憲的重大意義，在於確定總統之直接選舉，政府乃於 1996 年 3 月 23 日辦理中華民國有史以來首次的總統直接選舉，結果李登輝先生、連戰先生順利當選為中華民國第九任總統、副總統，充分顯示憲政改革後實施民主憲政、落實主權在民的具體成果，而在該次選舉中我國人民所表現的理性抉擇與民主素養，也贏得國際人士一致之讚揚。

第四項　第四次憲法修改的重點與過程

　　在第三次修憲以後，憲法明定總統、副總統由人民直接選舉，以貫徹主權在民的精神。憲法並合理調整行政院長副署範圍，落實責任政治，明定國民大會設立議長、副議長，提升國民大會議事效率。1996 年 3 月首次完成總統、副總統直接選舉，使得我國的民主政治向前邁進一大步。但是我國憲政體制與現實運作仍有相當距離，為建立長治久安，並兼具民主與效能的憲政體制，李總統登輝先生乃於 1996 年 5 月 20 日就任第九任總統演說中，指出我們必須推動第二階段憲政改革，而對於未來憲政改革的方向則取決於全國同胞的需求。因此，李總統當時表示將責成政府，針對國家未來發展的重要議題，廣邀各界意見領袖代表，共商大計，建立共識，共創國家新局，政府乃於 1996 年 12 月召開「國家發展會議」，針對我國跨世紀發展規劃藍圖，分別從「經濟發展」、「兩岸關係」、「政治體制與政黨政治」等三項議題，廣邀朝野各界熱烈討論，達成甚多共同意見，其中有關「憲政體制與政黨政治」議題共達成 22

項共識，茲分述如下[101]：

一、釐清中央政府體制

（一）總統、行政院、立法院之關係。

1.總統任命行政院長，不須經立法院同意。

2.總統於必要時得解散立法院，而行政院長亦得咨請總統解散立法院，但須有必要之規範或限制。

3.立法院得對行政院長提出不信任案。

（二）審計權改隸立法院。

（三）對總統、副總統之彈劾權須符合憲法嚴格程序，並改由立法院行使。

（四）立法院各委員會建立聽證制度及調閱權之法制化。

（五）國民大會與創制複決權的行使。

（六）凍結國民大會創制、複決權，人民得就全國性事務行使創制、複決權。

二、合理劃分中央與地方權限、健全地方自治

（一）調整精簡省府之功能業務與組織，並成立委員會完成規劃與執行，同時自下屆起凍結省自治選舉。

（二）取消鄉鎮市級之自治選舉，鄉鎮市長改為依法派任。

（三）縣市增設副縣市長，縣市政府職權應予增強。

（四）地方稅法通則、財政收支劃分法應速完成立法或修正，以健全地方財政。

（五）改進選舉制度、淨化選舉風氣。

（六）中央民意代表總額與任期：

1.主張國民大會代表總額適度減少，改由政黨比例代表制產

---

[101] 陳滄海，《憲政改革與政治權力—九七憲政的例證》，臺北，五南，1999年4月，頁254-256。

生，並自下屆起停止選舉。任期維持現狀四年。

2.立法委員之總額要視國民大會與省議會名額的調整情形，於必要時得增加至 200 或 250 名為原則，任期應改為四年。

（七）中央及地方民意代表選舉制度暨選區劃分：

1.中央民意代表選舉制度採單一選區與比例代表制兩者混合的兩票制，並成立跨黨派的小組研議。

2.選區的劃分則希望成立超黨派選區劃分審議委員會。

（八）淨化選風、修改選罷法、改善選舉制度。

（九）落實政黨政治、促進政黨良性互動發展。

（十）有關政黨財務、補助及政治獻金的擬定：

1.黨營事業不得從事壟斷性事業之經營，不得承接公共工程，不得參與政府採購之招標，不得赴大陸投資。

2.國家對於政黨之補助應以協助政黨從事政策研究及人才培養為主。現階段可以在選罷法中，酌予提高補助額度。

（十一）政黨不得干預司法，司法人員應退出政黨活動。

（十二）公務人員應保持政治（行政）中立。

（十三）立法院協商機制應以法制化、制度化。

（十四）政黨組織及運作應受法律規範。

後來，朝野黨派乃決定以「國家發展會議」的共識為基礎，以小幅修憲原則，進行憲政改革。李登輝總統乃依據國民大會代表五分之二以上的請求，於 1997 年 4 月 2 日發布第三屆國民大會第二次會議議定於 1997 年 5 月 5 日集會之召集令。第三屆國民大會第二次會議開議後陸續收到代表修憲提案共 128 件，依規定經程序委員會送大會進行讀會和審查程序。經過 70 天的折衝協商，幾經波折，於 7 月 18 日三讀通過中華民國增修條文之修訂。其主要的特色可歸納成以下幾點：

一、總統任命行政院長，無須經立法院同意。本項調整旨在賦予民選總統根據民意逕行任命行政院長的權力，以維持政治安定。

二、總統經諮詢立法院院長後，得宣告解散立法院。此乃為解決行政和立法間可能產生的僵局，惟其要件屬於被動式的解散，即只能在立法院通過行政院長之不信任案後始得解散。

三、立法院得對行政院提出不信任案。由於行政院乃須對立法院負責，因此，實踐行政與立法制衡原理，授權立法院對行政院長有倒閣權，應可落實責任政治之施政理念，促進行政效率之提升。

四、司法院長、副院長改由大法官兼任，使司法組織更為合理；同時，為落實司法獨立精神，規定行政院不得刪減司法院所提之年度概算，但得加註意見，編入中央政府總預算案，送立法院審議，以避免行政院之干預。

五、精簡省級組織：將省政府改為委員制，省議會改為省諮議會，省府委員及諮議員均由行政院長提請總統任命，以提高行政效率，加強為民服務之功能。因此，本次憲法增修條文旨在調整中央政府體制，實現分權原則，並落實責任政治；精簡省級行政組織，以提升行政效能；落實司法改革，以加強釋憲功能，維護司法獨立。整體而言，經過此次修憲，將有助於提升我國行政效率並加強國家競爭力。

另外學者李炳南教授也提到，在第四次修憲中的重點乃是政府權力佈局方式的重大改革。他認為第四次的修憲中的三大議題為：1.中央政府體制，2.臺灣省地方制度的改革，3.公投入憲。而這個權力的佈局所論及的重點則為總統、行政及立法的關係之變動[102]。

李炳南教授認為，依據第四次修憲的結果，對我國中央政府體制合理的運作，至少透露了以下幾項訊息：

---

[102] 李炳南，《九七修憲重實記》，世新大學，2001年7月，頁129。

一、行政院為國家最高行政機關。

二、總統任命行政院院長應斟酌立法院的政黨生態，為求政局穩定，應就立法院多數黨或多數聯盟所默示同意的人選為選擇。

三、總統無主動免職行政院院長的權力；行政院於立法院通過不信任案及立法院改選後應向總統提出總辭。

四、總統在立法院通過對行政院之不信任案後，得經行政院長之呈請，於諮詢立法院長後裁量是否解散立法院。

五、立法院倒閣失敗，則一年內不得提出不信任案。

六、總統有關國家安全大政方針，國家安全範圍應限定在國防、外交及兩岸關係有關事務上，並透過國家安全會議諮詢管道與行政院溝通，行政院就此決議向立法院負責，總統則對人民負責。

七、覆議案不再具有信任的性質，行政院基於依法行政原則，應接受並執行法案覆議的結果。總統覆議核可權之行使無關乎內閣之連帶政治責任，僅為調和立法院與行政院就特定法案不同立場之工具。

其中李炳南教授主要強調認為，在九七修憲的體制下，總統乃無主動免職閣揆的權力，加上總統解散立法院為被動，而就其性質上來說，不過是元首調和權之行使，且總統又無常態的法規命令權（decree），因此在這種體制之下，我國並非是一個總統議會制的國家[103]。

然而亦有學者黃昭元教授指出，在九七修憲後，我國中央政府體制最大的問題是在雙首長制的架構，並未解決我國在中央政府體制向來的問題。黃昭元教授認為，我國中央政府體制主要的問題是政府架構複雜、行政雙元、如何有效制衡實權總統及健全立法權等問題。而此次的修憲又引進更複雜的制度，並將憲政體制運作的成

---

[103] 同前註，頁148。

功與否，更往「人治」的方向推展，完全依賴政治人物的意志而定。

　　黃昭元教授更進一步的指出這種「雙頭雙身的臺灣龍」憲法，一方面有總統及行政院長兩個首長爭權，另方面又有立法院與國民大會兩個立法機關糾纏不清，及欠缺對於總統權力的約制，實不利於我國中央政府體制的運作[104]。

第五項　第五次憲法修改的重點與過程

　　第三屆國民大會第四次會議經總統頒布召集令於 1999 年 6 月 8 日集會，其間三黨之意見雖一直無法取得共識，但因歷經四次修憲之後，國民大會職權已有很大的轉變，國民大會喪失了選舉總統與副總統的權限，除修憲權外，只有司法、考試、監察之重要人事同意權，此人事同意權在司法院的部分於 2003 年以後改為每四年行使一次，其他則六年才行使，而實際上又不能常常修憲。此外，由於在幾次的修憲過程當中，國民大會的擴權行為持續被輿論所批評，甚至稱之為「國大怪獸」。因此，是否要廢除國民大會，建立單一國會成為當時熱門的議題。但國民大會開會一個多月下來，朝野並無共識，為求突破，國民大會於是另外召集「憲政改革擴大諮詢會議」，自 7 月 14 日起至 23 日結束，其討論的主題如下：

一、中央政府體制

（一）國會改革議題

1.國民大會與立法院之定位（含一院制或兩院制）。

2.國民大會之職權。

3.國民大會之名額及產生方式（含一票制或兩票制）。

4.國民大會之組織及預算自審問題。

---

[104] 顧忠華、金恆煒，《憲政大對決──九七修憲的教訓》，桂冠，2004 年 5 月，頁 254-256。

（二）總統選舉及監督方式

1.總統選舉之當選方式（相對多數或絕對多數）。

2.總統之監督問題。

二、人民權利義務及其他

（一）公民投票或創制複決議題

1.公民投票或創制複決之應否入憲問題。

2.公民投票或創制複決之議題應否限制問題。

（二）政黨規範議題

1.黨營事業應否入憲規範問題。

2.政黨經費及財產應否規範問題。

（三）檢警留置犯罪嫌疑人之時限應否延長問題

（四）兵役及其替代役入憲問題[105]

經過10天的擴大諮詢會議，對憲政改革之意見仍相當分歧，於是繼續由政黨之黨團間進行協商，其間最關鍵之協商為8月13日中午在陽明山中國大飯店由國民黨與民進黨黨團之協商，其協商之重點在國大代表全數採政黨比例代表方式選舉之可行性。國大代表以政黨比例代表方式選出共有三種方式：

一、依附在總統選舉之政黨比例代表制。

二、依附在立法委員選舉之政黨比例代表制。

三、單獨一票之政黨比例代表制。

討論之結果，認定國會制度之改革，應以國民大會與立法院同時進行為原則，如此只有依附在立法委員選舉之比例代表制較為可行。

在國民黨與民進黨的反覆協商以後，國民黨同意國會改革，但反對國大延任，最後在 9 月 3 日的大會中，以無記名投票方式投

---

[105] 謝瑞智，前引書，頁 60。

票，9 月 4 日凌晨 4 時 20 分通過全案[106]。

三、第五次修憲之特色

（一）國民大會代表人數減少

國民大會代表第四屆的名額為 300 人，並依立法委員選舉，各政黨所推薦及獨立參選之候選人得票之比例分配當選名額。但從第五屆開始減少為 150 人。

（二）國大代表自行延任

第三屆國代延任，立法委員及國代之任期未來將一致：因預算之編列已改為曆年制，為方便立法委員之預算審查，第三屆國代任期延至第四屆立委任期滿之日，即 2002 年 6 月 30 日止。但此一國大延任之修憲主張被輿論攻訐為「國大自肥」的舉動，而引起了許多許多爭議，甚至造成大法官以解釋之方式宣告此次修憲的結論無效[107]。

（三）國大代表未來將以政黨比例的方式產生

國大代表之任期與立委之任期一致後，國大代表之政黨比例人數，依附在立法委員之選舉上，因此，國大代表不再舉辦區域選舉，而以立法委員之選舉結果為核算之依據。其當選名額之分配依據立法委員選舉，各政黨所推薦及獨立參選人得票數之比例分配當選名額。此外，配合政黨比例代表制下之婦女當選保障名額規定設計，增修條文第 1 條第 4 項修改為「第 1 項及第 2 項之第 1 款各政黨當選之名額，在 5 人以上 10 人以下者，應有婦女當選名額 1 人。第 3 款及第 4 款各政黨當選之名額，每滿 4 人，應有婦女當選名額 1 人。」

---

[106] 同前註，頁 60-66。

[107] 司法院釋字第 499 號的解釋明確指出國民大會代表之自行延長任期部分，於利益迴避原則亦屬有違，並與自由民主憲政秩序不合。

（四）基本國策增列兩項

憲法增修條文第 10 條第 8 項增列「國家應重視社會救助、福利服務、國民就業、社會保險及醫療保健等社會福利工作；對於社會救助和國民就業等救濟性支出應優先編列」。第 9 項列「國家應尊重軍人對社會之貢獻，並對其退役後之就學、就業、就醫、就養予以保障。」因此，未來國家應更重視社會福利、社會救助人和國民就業等支出編列，並保障退役軍人之就學、就業、就醫、就養，以及對澎湖、金門與馬祖地區人民的政治參與、教育文化與其他福利事業[108]。

四、第五次修憲所造成的憲政問題

（一）延任案違反民主原則

民主原則，係基於國民委託權力之法理而來，憲法規定民意代表之任期，即為國民委託權力之法的依據，而「定期選舉」乃民主原則中最重要的基本精神[109]。為有效實現選舉的意思形成功能及監督作用，必須讓人民可以在一定期間之內透過選舉檢驗國會議員的表現。換言之，民主政治乃是一種「有時間性的統治體制」（Herrschaft auf Zeit）[110]。如受權力委託之代表，未經選民之明示委託，又無憲政上亟須避免之急迫事故，亦無任何非延長任期即不足以維繫憲政之情事，自無自行更改委託依據之權力。是故，國大延任的行為，係違反與選民之選舉授與契約，牴觸民主原則、破壞代表委託契約、減少國會議員受選民檢驗的次數，降低人民透過選舉控制政治權力及參與政治的有效性，既無正當性且侵害憲法基本原

---

[108] 同註 105，頁 66-67。
[109] 參閱李建良，〈民主原則與國會議員任期的延長〉，《臺灣本土法學雜誌》，第三期，1999 年 8 月，頁 169。
[110] 同前註。

則[111]。

（二）延任案違反比例原則

其次，國民大會代表的延任案，並未對國民大會改革帶來更大效益，從憲法學的「比例原則」[112]來檢驗延任修正的「合憲性」，則延任之手段能否達成改革之目的尚在未定之天，從而延任修正不能通過「適宜性原則」之檢視乃誠屬必然。

（三）延任案造成憲法破毀

前副總統連戰先生在國代通過延任案時形容此種做法是一種「憲法破毀」（Verfassungsdurchbrechung）[113]。所謂憲法破毀，根據德國學說，憲法破毀於個別、例外之場合，對部分憲法規定（即憲律）加以侵害。受侵害之規定在其他場合仍然保持效力，既未廢止，亦非一時之停止。憲法破毀，有依憲法規定或以修憲方式為之者，亦有漠視憲法而為之者。而根據德國學者史密特（Carl Schmitt）指出，循修憲程序延長議會之會期一次，屬於憲法破毀[114]。憲法學者主張「憲法破毀論」，認為修憲不能將憲法的基本精神修改掉。此次國民大會的修憲結果，一再背離我國憲法的基本精神與憲法的原理原則[115]。

（四）司法院大法官會議釋字第 499 號解釋否定國大延任案之正當性

---

[111] 參閱黃建輝，〈憲法第五次增修條文評釋〉，《臺灣本土法學雜誌》，第四期，1999 年 10 月，頁 190。

[112] 參閱法治斌、董保城著，《中華民國憲法》，臺北，國立空中大學，1999 年 1 月，頁 40。

[113] 中國時報，焦點新聞，1999 年 9 月 9 日。

[114] 參閱許志雄，〈修憲之界限〉，《月旦法學雜誌》，第五四期，1999 年 11 月，頁 2。

[115] 參閱傅崑成，〈國大自肥、總統包庇——司法權該出來制服國大了〉，新黨電子報，1999 年 9 月 10 日。

　　基於上述，司法院大法官會議後來做出了釋字第 499 號的解釋。在解釋要旨是明確指出國民大會代表之自行延長任期部分，於利益迴避原則亦屬有違，並與自由民主憲政秩序不合。因此，第三屆國民大會於 1999 年 9 月 4 日第四次會議第 18 次大會以無記名投票方式表決通過憲法增修條文第 1 條、第 4 條、第 9 條暨第 10 條應自本解釋公布之日起失其效力，憲法 1997 年 7 月 21 日公布施行的第四次增修條文適用。

　　國民大會 1999 年 9 月 4 日通過的我國憲法第五次增修條文，經釋憲大法官會議解釋為「失效」的條文，這是我國憲法增修五次以來，第一次被釋憲大法官解釋為失效。因此，憲法將回歸到 1997 年第四次的增修條文效力，結果就是，現任國大必須在 2000 年 5 月 20 日前完成改選，中央選舉委員會如果沒有按時完成此一任務，應受彈劾。解釋要旨的內容如下：（一）修改憲法亦係憲法上行為之一種，此種行為亦須符合程序正當性之要求。（二）憲法中具有本質之重要性而構成憲政體系基本原理原則者，構成修憲之界限，不得任意加以變更。（三）國大代表及立法委員任期之延長未自決議之次屆始行實施，有違憲法上國民主權原則，亦與利益迴避原則有違。

　　其次，大法官釋字第 499 號解釋文並指出：

　　一、憲法為國家根本大法，其修改關係憲政秩序之安定及全國國民之福祉至鉅，應由修憲機關循正當修憲程序為之。又修改憲法乃最直接體現國民主權之行為，應公開透明為之，以滿足理性溝通之條件，方能賦予憲政國家之正當性基礎。國民大會依憲法第 25 條、第 27 條第 1 項第 3 款及中華民國 86 年 7 月 21 日修正公布之憲法增修條文第 1 條第 3 項第 4 款規定，係代表全國國民行使修改憲法權限之唯一機關。其依修改憲法程序制定或修正憲法增修條文須

符合公開透明原則，並應遵守憲法第 174 條及國民大會議事規則有關之規定，俾副全國國民之合理期待與信賴。是國民大會依 1994 年 8 月 1 日修正公布憲法增修條文第 1 條第 9 項規定訂定之國民大會議事規則，其第 38 條第 2 項關於無記名投票之規定，於通過憲法修改案之讀會時，適用應受限制。而修改憲法亦係憲法上行為之一種，如有重大明顯瑕疵，即不生其應有之效力。所謂明顯，係指事實不待調查即可認定；所謂重大，就議事程序而言則指瑕疵之存在已喪失其程序之正當性，而違反修憲條文成立或效力之基本規範。國民大會於 1999 年 9 月 4 日三讀通過修正憲法增修條文，其修正程序牴觸上開公開透明原則，且衡諸當時有效之國民大會議事規則第 38 條第 2 項規定，亦屬有違。依其議事錄及速記錄之記載，有不待調查即可發現之明顯瑕疵，國民因而不能知悉國民大會代表如何行使修憲職權，國民大會代表依憲法第 133 條規定或本院釋字第 331 號解釋對選區選民或所屬政黨所負政治責任之憲法意旨，亦無從貫徹。此項修憲行為有明顯重大瑕疵，已違反修憲條文發生效力之基本規範。

　　二、國民大會為憲法所設置之機關，其具有之職權亦為憲法所賦予，基於修憲職權所制定之憲法增修條文與未經修改之憲法條文雖處於同等位階，惟憲法中具有本質之重要性而為規範秩序存立之基礎者，如聽任修改條文予以變更，則憲法整體規範秩序將形同破毀，該修改之條文即失其應有之正當性。憲法條文中，諸如：第 1 條所樹立之民主共和國原則、第 2 條國民主權原則、第二章保障人民權利、以及有關權力分立與制衡之原則，具有本質之重要性，亦為憲法整體基本原則之所在。基於前述規定所形成之自由民主憲政秩序，乃現行憲法賴以存立之基礎，凡憲法設置之機關均有遵守之義務。

　　三、第三屆國民大會 1999 年 9 月 4 日通過之憲法增修條文第 1 條，國民大會代表第四屆起依比例代表方式選出，並以立法委員選舉各政黨所推薦及獨立參選之候選人得票之比例分配當選名額，係以性質不同、職掌互異之立法委員選舉計票結果，分配國民大會代表之議席，依此種方式產生之國民大會代表，本身既未經選舉程序，僅屬各黨派按其在立法院席次比例指派之代表，與憲法第 25 條國民大會代表全國國民行使政權之意旨，兩不相容，明顯構成規範衝突。若此等代表仍得行使憲法增修條文第 1 條以具有民選代表身分為前提之各項職權，將牴觸民主憲政之基本原則，是增修條文有關修改國民大會代表產生方式之規定，與自由民主之憲政秩序自屬有違。

　　四、上開增修條文第 1 條第 3 項後段規定：「第三屆國民大會代表任期至第四屆立法委員任期屆滿之日止」，復於第 4 條第 3 項前段規定：「第四屆立法委員任期至 2002 年 6 月 30 日止」，計分別延長第三屆國民大會代表任期 2 年又 42 天及第四屆立法委員任期五個月。按國民主權原則，民意代表之權限，應直接源自國民之授權，是以代議民主之正當性，在於民意代表行使選民賦予之職權須遵守與選民約定，任期屆滿，除有不能改選之正當理由外應即改選，乃約定之首要者，否則將失其代表性。本院釋字第 261 號解釋：「民意代表之定期改選，為反映民意，貫徹民主憲政之途徑」亦係基於此一意旨。所謂不能改選之正當理由，須與本院釋字第 31 號解釋所指：「國家發生重大變故，事實上不能依法辦理次屆選舉」之情形相當。本件關於國民大會代表及立法委員任期之調整，並無憲政上不能依法改選之正當理由，逕以修改上開增修條文方式延長其任期，與首開原則不符。而國民大會代表之自行延長任期部分，於利益迴避原則亦屬有違，俱與自由民主憲政秩序不合。

　　五、第三屆國民大會於 1999 年 9 月 4 日第 4 次會議第 18 次大會以無記名投票方式表決通過憲法增修條文第 1 條、第 4 條、第 9 條暨第 10 條之修正，其程序違背公開透明原則及當時適用之國民大會議事規則第 38 條第 2 項規定，其瑕疵已達明顯重大之程度，違反修憲條文發生效力之基本規範；其中第 1 條第 1 項至第 3 項、第 4 條第 3 項內容並與憲法中具有本質重要性而為規範秩序賴以存立之基礎，產生規範衝突，為自由民主憲政秩序所不許。上開修正之第 1 條、第 4 條、第 9 條暨第 10 條應自本解釋公布之日起失其效力，1997 年 7 月 21 日修正公布之原增修條文繼續適用。

第六項　第六次憲法修改的重點與過程

一、修憲過程

　　如同前述，國民大會 1999 年 9 月 4 日通過的我國憲法第五次增修條文第 1 條、第 4 條、第 9 條暨第 10 條之修正，後經釋憲大法官會議解釋釋字 499 號宣告為「失效」的條文，這是我國憲法增修五次以來，第一次被釋憲大法官解釋為失效。因此，憲法回歸到 1997 年第四次的增修條文效力，使得第三屆國民大會必須在 2000 年 5 月 20 日前完成改選。

　　為因應上述情形，民進黨、國民黨兩黨中央乃於 1997 年 3 月 30 日進行修憲協商，雙方同意國民大會自 5 月 20 日起走向虛級化、非常設化，僅保留複決立法院修憲案及議決正、副總統彈劾案，交由政黨比例代表產生的「任務型國代」於一個月內處理，其餘職權均移轉立法院行使；而第三屆國代任期至 2000 年 5 月 19 日屆滿，不再延任，第四屆國代選舉暫停舉辦。新黨原則贊成上述「任務型國代」憲改方案，但希望加強制衡總統的機制。民進黨與國民黨兩黨 184 位國代要求召開第五次會議的連署書經由兩黨黨鞭送到國大祕

書處。根據國大祕書處規劃，希望 4 月底之前完成修憲三讀。

民、國兩黨由吳乃仁、洪玉欽各自帶領黨籍國代進行修憲協商，議題鎖定凍結國大職權調整，達成七項共識，雙方各自約束黨籍國代全力貫徹執行。

兩黨達成七項修憲共識為：

（一）第三屆國民大會代表任期至 2000 年 5 月 19 日屆滿，不再延任。

（二）2000 年 5 月 20 日起，國民大會機關名稱維持不變，走向虛級化、非常設化，國大代表依議題需要，於立法院提出總統、副總統彈劾案或憲法修正案時，三個月內採政黨比例代表制產生，任務型國代每次集會為期一個月，集會結束即解除職務。

（三）基於穩定政局、符合民意考量，自 2000 年 5 月 20 日起，國民大會職權合理調整如下：

1.移轉至立法院的職權：補選副總統、罷免總統副總統提案權、對總統提名任命之司法院、考試院、監察院人員行使同意權、變更領土決議權、聽取總統國情報告。

2.停止行使的職權：憲法修改權、聽取總統國情報告，檢討國是、提供建言。

3.國大代表行使的職權：議決立法院提出之總統、副總統彈劾案、複決立法院所提出之憲法修正案。

（四）國大代表行使職權應依所屬政黨主張執行，其程序由立法院定之。

（五）兩黨共同連署，咨請總統於 4 月 11 日前召集國民大會代表集會。

（六）本次國民大會集會，僅就兩黨協商共識進行議決。

（七）兩黨一致呼籲全國人民及其他黨派全力支持，共同推動

國會改革。

概括而言，兩黨修憲共識的重點為：同意國大全面虛級化，僅保留議決正副總統彈劾案及複決立院修憲案等 2 項職權。為行使這兩項職權，可依議題需要，於三個月內採政黨比例代表制產生「任務型國代」，集會期間為一個月，集會結束後即解職。國代行使職權，僅能依所屬政黨主張執行，不得有個人意見。

在上述的基礎上，國民大會於 2000 年 4 月 24 日第六次憲法修改過程當中以記名表決方式，完成了包括將國大虛級化在內的三項修憲提案的二、三讀程序，也讓國民大會此一憲法上的政權機關，實質的走入了歷史，立法院的權限大幅提升。中央選舉委員會於 2000 年 4 月 25 日公告中止國民大會第四屆國民大會代表選舉。自此以後，我國雖然名義上仍為五權憲政體制，但實際上已經更接近三權分立的政治體制。

二、修憲內容

國民大會於 2000 年 4 月 24 日完成國大虛級化修正憲法增修條文三讀程序，未來視任務需要產生三百位任務型國代，任務型國大集會以一個月為限，複決立法院提出的憲法修正案、領土變更案及議決立法院提出的總統、副總統彈劾案。

其次，未來立法院提出總統、副總統的罷免案，須經全體立法委員四分之一提議，三分之二同意後提出，並經中華民國自由地區選舉人總額過半數之投票，有效票過半數同意罷免時，即為通過。另外，立法院於每年集會時，得聽取總統國情報告。

再者，司法院大法官 15 人，並以其中 1 人為院長、1 人為副院長、由總統提名、經立法院同意任命之。自 2003 年起實施，不適用憲法第 79 條之規定。司法院大法官除原任法官轉任者外，不適用憲法第 81 條法官終身職待遇之規定。最後，考試委員、監察委員未來

由總統提名，經立法院同意任命之。

在第六次修憲後，立法院終於樹立其單一國會的憲政地位，但由於成於倉促之際，修憲內容實隱藏極多的問題，且未及研擬細密相關的配套措施下，逕將國代原有的絕大部分權限一體移交立法院行使，導致進一步的憲政危機，乃是吾人對此次憲改應注意的焦點[116]。

第七項　第七次憲政改革的重點與過程

我國憲法第七次修憲，乃陳水扁總統主導之公民投票修憲，於2004 年 8 月 23 日立法院第五屆第五會期第一次臨時會第三次會議通過修正憲法增修條文第 1 條、第 2 條、第 4 條、第 5 條及第 8 條條文；並增訂第 12 條條文於 2005 年 6 月 7 日在國民大會複決通過，2005 年 6 月 10 日公布施行，本次任務主軸不外乎圍繞在廢除國民大會，立法委員席次減半、單一選區兩票制，修憲案及國土變更案之通過必須交由公民複決及總統、副總統之彈劾案改由大法官審理。

一、修憲過程

2005 年 6 月 7 日，任務型國民大會以 249 票贊成、48 票反對的票數，複決通過了立法院在 2004 年 8 月 23 日所提出的憲法修正提案。通過的修憲提案包括以下項目：

（一）由人民複決立法院所提出之修憲案或領土變更案（第 1條）；

（二）複決立法院修憲提案的通過門檻為總選舉人半數以上同意（第 12 條）；

（三）立法院提出之正副總統彈劾案，由憲法法庭審理；

---

[116] 蔡宗珍，〈論國民大會虛級化後立法院之憲政地位〉，《月旦法學》，61期，元照，2000 年 6 月 1 日，頁 60。

（四）自第七屆起，立法委員席次減半為 113 席，任期四年，保障婦女名額佔不分區至少一半，區域立委 73 人，每縣市至少 1 人，全國不分區及僑居國外國民依政黨名單投票選舉（第 4 條）。

其中至關緊要的是第 4 條：2007 年年底的立委選舉，我國將以所謂的「並立式單一選區兩票制」，以單一選區制選出 73 名區域代表與六名原住民代表，並以封閉式名單比例代表制選出其餘 34 名代表，總計 113 席[117]。

但在此次的修憲過程中，也出現了許多的爭議，如候選人繳交保證金問題、政黨於立法院登記支持修憲，事後在國大選舉中卻登記反對、參選人登記名稱問題、國大職權行使法尚未通過問題、投票率過低問題、投票門檻和廢票計算問題、是否可將修憲案改為逐條表決問題、亮票問題以及大法官不受理親民黨主張選舉投票門檻過低不具正當性、臺聯黨主張包裹複決構成違憲之問題等九個爭議[118]。

總而言之，第七次修憲為未來臺灣的憲政改革設下了一道很高的公民複決門檻。因為這個門檻是規定在憲法裡，所以要降低這個門檻就得修憲（也就是先要達到這個門檻）。如果未來修憲議題具有高度共識，許多選民可能會因為缺乏投票動機而使修憲案難以跨過門檻；如果選民對修憲議題的態度差異大，縱使投票率高，但要達到一半以上的投票者投下贊成票，也非易事。所以，在可見的未來，半總統制和單一選區兩票制即將成為臺灣的憲政主軸，而分立政府的可能性也因選舉時程的緣故而增加，雖然這

---

[117] 總統府網頁，林繼文，〈國會改革後的憲政運作〉，《憲政改造》，2005 年 6 月 20 日。
http://constitution,.president.gov.tw/article/article.php?Type=6&rowid=162。

[118] 李炳南、楊智傑，〈第七次修憲過程瑕疵與正當性〉，《憲政改革—背影、運作與影響》，五南，2006，頁 121-150。

個結果不一定會發生。

新選舉制度勢將影響未來政治競爭者的策略和行為。且要在單一選區制下勝選，政黨必須贏得每個選區中間選民的支持，不能太偏激。這也連帶會影響國會議員的行為以及國會的風貌。在舊的選舉制度之下，立法委員只要能得到少部分選民的強烈支持即可當選，導致其採取偏離常軌的問政方式，例如出席率低、重關說而輕立法、上媒體而少開會、走偏峰而不問政、重質詢而少監督等。理論上，這些行為會隨著當選絕對票數和相對門檻的提高而減少。

然而新制度當然不能保證去除賄選，當選票基的擴大更讓大財團有動機介入選舉。但同樣的結構，也讓高知名度、形象良好的候選人當選機率增加。另一方面，新選舉制度很可能會帶動臺灣的政黨重組。數年後臺灣政黨政治的風貌，或許和目前會有很大的不同。如果新選舉制度確實能篩選出問政品質良好的新一代政治菁英，即使出現分立政府，也不至於導致社會的分裂，而可透過良性競爭提升臺灣民主政治的水準[119]。

第五節　歷次的修憲後中央政府體制的改變

在歷經了七次後的修憲，我國憲法已從原來具有濃厚內閣制精神的中央政府體制，逐漸的傾向成為雙首長制的架構。從 1990 年大法官釋字第 261 號解釋的規範下，資深國民大會代表於 1991 年底全數退職，同年 5 月動員戡亂時期正式終止，開始了「一機關、兩階段」之修憲。

1991 年的第一次修憲，將《動員戡亂時期臨時修款》中的總統

---

[119] 同前註。

緊急命令權及直屬總統權限的國家安全會議及國家安全局等，納入修憲條文之中，強化了總統因應在國家遇有緊急狀況時之權限，使得總統的權限開始擴大。1992 年的第二次修憲，總統、副總統的選舉方式改為直選，使得總統的選民基礎更為落實。1993 年的第三次修憲，除落實總統、副總統由選民直接選的規定外，對於行政院院長的副署權，則予以縮減，規定總統發布依憲法經國民大會或立法院同意任命人員之任免命令，無須行政院院長之副署，如此一來，無疑弱化了行政院院長的權力，並且強化了總統權限的正當性，使得總統的權限再度的擴充。至此，我國憲法架構中內閣制的精神業已失去，並且朝著總統制的框架前進。

　　1997 年的第四次修憲中，將中央政府體制的架構推向類似法國的雙首長制。首先將總統提名行政院院長之權限修改為無須經過立法院的同意，後又確定了行政院為國家最高行政機關，如此一來，總統如為求政局穩定及國家的發展，應提名立法院中多數黨所同意之人選，但實際上憲政體制運作的成功與否，又端賴於總統一人的意志而定。另外，雖有制衡機制的規劃，加入行政與立法的倒閣及解散國會的制衡機制，並且在立法對總統的制衡，也加入了立法彈劾權的功能，但是立法院與國民大會兩個立法機關糾纏不清，及欠缺對於總統權力的約制，如此行政雙元的設計，實不利於我國中央政府體制的運作。1999 年第五次的修憲因為國民大會代表自行延長任期，導致大法官會議釋字第 499 號解釋[120]該次修憲無效，因而開

---

[120] 釋字第 499 號解釋文第 5 條：「第三屆國民大會於八十八年九月四日第四次會議第十八次大會以無記名投票方式表決通過憲法增修條文第一條、第四條、第九條暨第十條之修正，其程序違背公開透明原則及當時適用之國民大會議事規則第三十八條第二項規定，其瑕疵已達明顯重大之程度，違反修憲條文發生效力之基本規範；其中第一條第一項至第三項、第四條第三項內容並與憲法中具有本質重要性而為規範秩序賴以存立之基礎，產生規範衝突，為自由民主憲政秩序所不許。上開修正之第一條、第四條、第九

啟了 2000 年 4 月的第六次修憲，此次的修憲，除了將國民大會大部分的權限移轉至立法院外，更將國民大會虛級化，確立了我國國會一院制的體制[121]。

我國中央政府體制經由這幾次的修憲，已從內閣制的精神轉向偏總統制之雙首長制。總統的權限擴充，而行政、立法及司法的相互制衡機制不甚完善，如無法有效地啟動制衡機制，則政府很可能會變成一部無法約制的怪獸，亦非萬民之福。

例如此次 2008 年的立委選舉，在野的國民黨大獲全勝，行政院院長率閣員循例向總統總辭，陳水扁總統選擇依 1997 年修憲條款中的規定，並認為司法院大法官釋字第 387 號與第 419 號解釋意旨應不再適用，退回總辭案以建立憲政慣例。此舉雖有其正當性，然而如此一來又引起學界及輿論的撻伐。

總而言之，我國這部憲法，歷經時空的轉變，從內閣制的精神，又表現的如總統制般的特色，最後又向雙首長制傾斜，但無論是何種體制，在整體制度的運轉上，總是產生許多的適應不良，而歸納其原因，還是在制衡機制無法發揮功能。故思量如何量身為我國現狀及將來，設計一套完善的中央政府體制，乃是目前當務之急。

條暨第十條應自本解釋公布之日起失其效力，八十六年七月二十一日修正公布之原增修條文繼續適用。」

[121] 參閱黃秀湍，〈中央政府體制改革的選擇（政治篇）〉，葉俊榮等，行政院研究發展考核委員會主編，《憲政方向盤》，臺北，五南，2006，頁128-132。

第五章　我國中央政府體制剖析

第一節　我國中央政府體制的屬性

關於我國憲法中中央政府體制的屬性，各家學者說法不一，大抵上來說，可分為「修正的內閣制」、「總統制」及「雙首長制」等三大類，以上各種說法皆有其立論根據，然作者認為此乃是隨著時代的變遷與政治環境的不同所致，茲分述如下：

第一項　屬於修正式的內閣制（1947 年以前）

依制憲學者張君勱所述，我國憲法中有關中央政府體制的設計，是屬於「修正的內閣制」。他認為當時在中國的狀況，無論是採美國的總統制，或是採英國的責任內閣制，都不甚適合。因此，他以為我國必須折衷二者，而走出第三條路。其中，他對於中央政府體制設計中，最核心的主張，便是為了避免一個不合學理之「間接的直接民權」之國民大會的存在，以免其成為一個「太上國會」，造成憲政危機。

而後在制憲的過程中，雖與國民黨折衝下同意國民大會有形化，但卻力主國民大會除了選舉與罷免總統、副總統及修憲外，不

得有任何的權力，否則不惜與國民黨決裂，讓中華民國憲政體制難產。在另一方面他的主張，則是行政院對立法院負責，避免當時的國民政府與立法院的兩層樓政府，縱使最後的結果，立法院的倒閣權完全被取消，代之以美國總統制的「否決權」之設計，他還是強調採取美國總統制行政部門穩定的長處，但行政院仍必須對立法院負責。結果中央政府體制與他在〈國憲草案〉的設計相仿，謂之雙首長制[122]。但從「行政院仍必須對立法院負責」的精神來研判，嚴格的區分，還是屬於修正的內閣制。

第二項　屬於總統制（1947-1997 年）

國民政府雖於 1947 年頒布了中華民國憲法，但在抗日戰爭剛結束的時後，中國共產黨軍隊的勢力逐漸擴大。於是蔣中正先生在同年 7 月 4 日向南京政府第六次「國務會議」提交了「厲行全國總動員，以戡共匪叛亂」的動員令，並於次日公布，從此全國進入了「動員戡亂時期」。

1948 年 4 月為擴大總統權力，召開第一屆國民大會第一次會議時，許多國大代表提議要修改剛剛生效不到四個月的憲法，但修改憲法又怕失掉民心，磋商的結果認為最好的辦法莫過於「為於暫不變憲法的範圍內，予政府以臨時應變之權力」。於是張群、王世傑等 721 名國大代表聯名提出了「制定《動員戡亂時期臨時條款》」一案。於宣告動員戡亂期間，就國家實施緊急權之程序給予特別之規定，使之不受《憲法》本文規定之限制。同年的 4 月 18 日，大會正式通過該案，並於 5 月 10 日實行，並規定有效期為兩年半。

《動員戡亂時期臨時條款》的具體內容規定，總統在動員戡亂

---

[122] 薛化元，《民主憲政與民族主義的辯證發展—張君勱思想研究》，臺北，稻禾，1993 年 2 月，頁 60-62。

時期，為避免國家或人民遭遇緊急危難，或應付財政經濟上重大變故，得經行政院會議之決議，為緊急處分，不受憲法第39條或第43條所規定程序之限制。其條文中關於「總統緊急處分權」、「總統、副總統得連選連任」、「動員戡亂機構之設置」及「中央行政人事機構組織之調整」等規定，如此一來，乃將我國中央政府體制推向總統制的方向發展靠攏。

第三項　屬於雙首長制（1997年以後至今）

　　1989年7月，國民大會決定第五次修訂臨時條款，但由於第一屆國代抗退者眾，並且又提案擴大國民大會的職權。1990年3月，臺北爆發學生運動，提出廢除《臨時條款》和召開國是會議等訴求[123]。1990年5月22日，總統李登輝先生在總統就職記者會上，表示計畫在一年內完成動員戡亂時期的終止；12月25日行憲紀念日上，李總統再度明確宣告將在1991年5月前宣告終止動員戡亂時期，並在民國81年完成憲政改革。

　　為配合終止動員戡亂時期的政策，1991年4月第一屆國民大會第二次臨時會時，茲有代表李啟元、鍾鼎文、楊公邁等245人提出廢止動員戡亂時期臨時條款之提案，該項提案經主席團決定依照修憲之三讀及審查會程序進行處理，於1991年4月22日，進行三讀作成決議：廢止動員戡亂時期臨時條款三讀通過，咨請總統明令廢

---

[123] 三月學運，發生自1990年3月16日起至1990年3月22日結束，又稱臺北學運或野百合學運。在該次運動中，人數最多時曾經有將近6,000名來自臺灣南北各地的大學生，集結在中正紀念堂廣場上靜坐抗議，他們提出「解散國民大會」、「廢除臨時條款」、「召開國是會議」以及「政經改革時間表」等四大訴求。這不但是國民政府遷臺以來規模最大的一次學生抗議行動，同時也對臺灣的民主政治有著相當程度的影響。在該次學生運動後，總統李登輝一方面依照其對學生的承諾，在不久後召開國是會議，另一方面在1991年廢除動員戡亂時期臨時條款，並結束所謂「萬年國會」的運作，臺灣的民主化工程從此進入另一個嶄新的紀元。

止，李登輝總統乃依照國民大會之咨請，於 1991 年 4 月 30 日明令宣告動員戡亂時期於 1991 年 5 月 1 日零時終止。

1991 年動員戡亂時期雖已宣告終止，鑑於國家尚未完成統一，原有憲法條文仍有窒礙難行之處，為因應國家統一前的憲政運作，第一屆國民大會第二次臨時會在不修改憲法本文、不變更五權憲法架構的原則下，於 1991 年 4 月議決通過「中華民國憲法增修條文」，直至 2000 年止歷經了六次增修，而其中有關中央政府體制修改為向法國的雙首長制靠攏部分，是在憲法第四次增修。

1997 年 6、7 月間，第三屆國民大會第二次會議將第三次憲法增修條文全盤調整，修正為第 1 條至第 11 條，於 7 月 18 日議決通過，同（1997）年 7 月 21 日由總統公布，是為第四次憲法增修條文，其有關內閣制主要內容為：

一、行政院院長由總統任命之，毋庸經立法院同意。

二、總統於立法院通過對行政院院長之不信任案後 10 日內，經諮詢立法院院長後，得宣告解散立法院[124]。

至此，我國中央政府體制的精神，已明顯地向雙首長制緊密地靠攏[125]。

我國憲法的中央政府體制經過半個世紀歷史的洗滌與焠煉，從修正的內閣制走向總統制，再由總統制走向雙首長制，誠如李鴻禧教授曾言，我國憲法的中央政府體制如一部「鴨嘴獸憲法」；他更進一步的描述這部「鴨嘴獸憲法」的型態，既不像是內閣制，又不像總統制，也不像是德國威瑪憲法的雙首長制，它像一部法國的

---

[124] 總統府網頁，〈憲政改造〉，http://constitution.president.gov.tw/law/law.htm。

[125] 憲法學者湯德宗認為，憲法本文所採取的「修正式內閣制」，實際上是「弱勢內閣制」，目前貌似半總統制的「弱勢內閣制」，實際上是「修正式內閣制」。—參閱〈新世紀憲政工程—弱勢總統改進方案〉，《臺灣法學新課題（三）》，社團法人臺灣法學會主編，臺北，元照，2003，頁 21。

「第五共和制」憲法，他認為：「憲法最好不要有這種鴨嘴獸型的憲法，尤其當一個國家的憲法文化很低時，千萬不要去學這種高難度的憲法政體制。……我們的憲政經驗才剛起步，就妄想駕馭這種高難度憲法，令人非常不安。過去，就是『因人設事』，把憲法弄得面目全非，……我認為，我們的憲法連鴨嘴獸都不是，鴨嘴獸我們至少看過，知道其形狀；我認為，我們的憲法不如說是『龍』的憲法更傳神[126]」。

　　惟筆者認為，這部憲法有總統制和內閣制的混合精神，而它的制定是有時空的背景，當時在制定這部憲法，是歷經多黨的政治協商，並根據張君勱草擬之五五憲草的精神及綜合孫中山的權能區分所雕塑而成，就憲政體制的基礎，除了國民大會以外，大致上維持了二元型的內閣制之設計，以臺灣今日的政治環境及人民對於憲政主義的認知與民主素養，要單單學習西方國家其中一種的憲政制度來治理國家，就已經很困難，何況這部憲法是東拼西湊仿傚眾多學派的憲法呢。正如李教授於著作中所期盼的，他希望國內的學者和政治人物，不要再妄想發明憲法制度了，要麼採總統制，要麼採內閣制，國情不同，可以稍做修改，但有一定的限度，憲法文化若如此因人設事，我們何時才能建立民主憲政制度？

　　現行我國之憲政體制，的確是國、民兩黨透過修憲方式而修成的，問題出在我們的雙首長制。我國已轉型為自由民主開放的體系，但為何還會出現運作上處處不順暢之境，甚至造成國家永無寧日。而過去同樣是混合制的憲法，雖然憲法法理亦遭批判，但在實際的運作上，行政權方面卻仍能發揮相當的效率與功能。同樣的憲政體制，怎麼會造成「朝小野大」，立法與行政關係欠佳，甚至造成僵局？我國未來中央政府體制之走向，究竟應朝總統制、內閣制

---

[126] 李鴻禧，《李鴻禧憲法教室》，北市，元照，1999，初版，頁88以下。

或是維持現行體制加以改良，乃是我們當前急需正視且必須從根本上加以去解決的問題。

第二次世界大戰後，全世界有 23 個國家維持 50 年的憲政民主，23個國家中，有20個採內閣制，乃是因為內閣制能夠構成國家的穩定憲政的成長。然而在過去的50年間，拉丁美洲國家卻都實施總統制，除了哥斯大黎加以外，沒有一個國家能夠建立穩定的民主。同時在1988年蘇聯解體之後，絕大部分的東歐國家及舊蘇聯，均實施雙首長制與半總統制，但卻也都沒有一個國家可以建立最基本的民主體制。因此，總統制、內閣制、雙首長制或混合制皆有其特色，無法武斷地判斷任何一種制度的優劣，只能客觀的觀察該國的的國情及民情，較為適合那一種制度。

的確，內閣制合乎憲政原理，並有不少的成功例子。但帶有總統制的精神也兼具內閣制色彩的我國憲法，在實際的運作上並不順暢，尤其是在政府播遷來臺後50年來，由於政黨政治運作及《動員勘亂臨時條款》的整訂頒佈實施，因而總統一直有實質上的權力，在修憲後，第九任總統開始改為公民直選，民意趨向亦是希望有一個實權的總統來解決國家所面臨的多項改革及兩岸問題。

綜上分析，若是將現行憲法中之中央政府體制調整為純粹內閣制，是否真正符合我國民意主流、政治文化與實際政治運作，殊值大家深思熟慮。況且我國當前國家定位未明，加上統獨問題、政黨意識對立等等因素，若國會選舉時，無任何一政黨在國會中佔多數時，要學習他國國會組成聯合政府，實際上顯然不可行。因此筆者客觀的認為，聯合內閣之體制，顯然不適合我國當前的政治環境。

第二節　雙首長制在我國實施的問題

我國憲法經過了七次增修，在第四次增修時有部分向法國的雙

首長制靠攏。如果總統與國會多數不屬於同一政黨，在此制度之下，總統基本上不直接對其政策負責，如此一來，更造成行政與立法的分裂及對峙，根本無助於改善政治僵局與政治發展。依臺灣目前的政治狀況及環境而言，恐造成國家再次的憲政危機。因此，有若干的學者專家及政黨主張建構總統制的中央政府體制，因為總統制比內閣制更符合權力制衡與分立的原則，且較有能力團結國家力量，處理內外危機，何況在我國目前地方政治實施，已有很接近總統制運作的經驗。

　　另外對於 2007 年法國的總統大選，保守派的沙克吉勝出，我國報章輿論中亦評論提到，法國第五共和的雙長制的優點部分，我國並未蒙其利，反而造成「藍綠對峙」的無解僵局，而其所造成的「病症」部分，我國皆同受其害[127]，可見得這部雙首長制的中央政府體制，在我國現在獨特的政治環境下實施，國家行政效能的改善並無法獲得實質的結果。因此，本文根據國內各學者專家對內閣制、總統制及雙首長三種制度的批判與詮釋，做以下的摘要分析。希望能從三者之中做比較分析，以供國家未來憲政改革之參考。

第三節　　各界對中央政府體制的看法與建議

第一項　　對雙首長制的看法與建議

　　王業立教授認為，國內部分支持「總統制」的人士在思考如何擴充總統行政權的同時有無樂見到一個健全的國會也能在臺灣出現？他進一步闡釋說到，國內支持「總統制」的人士，如果只是意在總統如何擺脫國會的掣肘，而不願意賦予立法院完整的國會權

---

[127] 聯合報，社論─〈從「法國病」看「臺灣病」：改變的動力何在？〉，A2版，2007 年 5 月 8 日。

力，諸如「人事同意權」、「調查權」、「彈劾權」、「聽證權」……，
則我國的中央政府體制，將不可能走向真正的總統制。另外對於走
向「內閣制」的困難部分，他也認為，如果臺灣要走向「內閣制」，
則我們社會首先會遇到一個難題，我們還要不要直選總統呢？當前
的政治文化是否容許我們選出來的國家元首是一個虛位的總統呢？
如果這個問題沒有取得共職，則議會內閣制將只是不切實際的空
談。

　　他更進一步提出對於現行雙首長制可行性的看法，他認為，
2005 年 6 月 7 日任務型國大所完成的第七次修憲，替未來修憲樹立
了非常高的門檻，因此未來進行任何的憲改，雖非完全不可能，但
也是十分的困難。如此一來，欲進行憲政改革使我國成為「總統制」
或走向「內閣制」，都將變成空談。較務實的作法，應在現行的「半
總統制」憲政運作下，在不修憲的前提，透過憲政的慣例之建立而
進一步落實憲改的理想。他同時相信，除非未來出現重大的關鍵轉
折，我國的憲政改革，仍將可能只是「半總統制」的各種次類型之
間進行微調而已[128]。

　　王教授的理論，國內亦有多位學者贊同，如周育仁教授即認為
國內的政治環境及現有憲政體制，實施「內閣制」並不可行，而若
實施「總統制」則又比現行體制缺乏化解僵局的機制。透過強制換
軌的機制，讓行政、立法由同一政黨或聯盟掌握，一方面能徹底解
決現有的政治僵局，另一方面應也能有效提升政府與國會之效能。

　　周育仁教授強調，透過強制換軌的機制，確保多數政府乃是當
前憲政改革的最佳選擇。他提到，要化解現行行政立法衝突與對立

---

[128] 王業立，2002 年 8 月，〈再造憲政運作的理想環境：選舉制度、國會運作
　　與政黨協商機制的改革芻議〉，收錄於陳隆志主編，《新世紀新憲政研討會
　　論文集》，新世紀智庫叢書（3），臺北，元照出版公司，頁 331-349。

的困境，根本之計是讓相同的政黨或聯盟同時掌握行政與立法。為
落實貫徹此一目標，解決之道是透過建立換軌的機制，讓我國的政
府體制在「總統制」與「雙首長制」之間換軌，確保行政立法由同
一政黨或聯盟掌握，而其對策是建議未來憲法修改時，應在憲法中
明定行政院長由總統任命國會之多數黨推薦者出任，其次憲法要賦
予總統有一次主動解散立法院的權力，使其有機會化解府會不一致
的情況。再者，為避免換軌成內閣制時，民選總統淪為虛位總統，
應於憲法中明確賦予總統國防、外交及兩岸事務的專屬權，最後總
統的選舉制度可改為絕對多數當選制，俾使總統能有充分的民意基
礎，強化其解散國會的正當性。如此一來，在政府換軌的過程中，
無論是內閣制也好，總統制也好，皆能呈現多數政府的結構，而現
在的行政立法分立、對立的困境，也絕對不會出現[129]。

　　黃秀端教授亦認為，從過去的幾次修憲歷程來看，我國的政治
體制逐漸在遠離內閣制，1992 年第一次修憲將原先於動員戡亂時期
臨時條款賦予總統的緊急命令權以及總統府所屬的國家安全會議、
國家安全局正式合憲化。使得原本在憲法上並無真正權力的總統，
至少可以於國家安全及兩岸關係中使力。接下來的第四次修憲的結
果，法國的雙首長制是我國模仿學習的對象，然 1999 年的修憲，卻
與法國第五共和所設計之削減國會權力有所不同，似乎有意往總統
制的國會方向前進。2000 年政黨輪替後，面對國會在野黨的勢力還
是遠勝於執政黨的局面，鑑於總統無主動權解散國會，而國會又因
選舉的代價太高，不願意倒閣，以致於衝突不斷。在檢視了我國中
央政府改革的不同走向，以及不同走向所遇到的問題，黃教授認為
未來中央政府體制要往純內閣制走，恐怕不太容易，而最簡單的就

---

[129] 周育仁，〈建構多數政府的憲政基礎〉，《國政研究報告》，憲政（研）094-15
號，2005 年 7 月 11 日。

是將目前的雙首長制加以修正,然而雙首長制是否能夠建構有效的政府,黃教授認為應該在現行的憲政體制下修正下列事項:1.總統主持部長會議,2.總統擁有主動解散立法院的權限,3.將公民投票法制化[130]。

在另一方面,李鴻禧教授及黃昭元教授等二人對目前我國的「雙首長制」有不同的見解,他們說:現在我國所謂的「雙首長制」,並不是總統「擴權」,而是總統「有權無責」,他們指出,總統已經直選的今日,我們不怕也不反對給總統權力,我們反對的是總統「有權力而沒有責任」、「有權力不受制衡」,基於這樣的堅持,他們認為現行我國的所謂「雙首長制」,絕對不可行。

此外,他們更進一步的提出,對於目前我國中央政府體制採行的「雙首長制」,乃不是一個良善制度的看法,他們認為「雙首長制」不但會造成行政權內在的分裂,形成政爭的溫床;又會造成「有權無責」的現象[131]。

第二項 對內閣制的看法與建議

學者陳慈陽認為,美國式的總統制有優良的憲政運作基礎,它內涵了英式優良的民主傳統,但這美國的總統制是幾乎近於「獨裁」,雖有憲法或是憲政慣例上之制衡,但如無優良民主傳統的背景,總統之統治權將無所節制,例如菲律賓在第二次世界大戰後逐漸走向獨裁及中南美洲各國等等,就是最好的例子。

他認為西歐普遍適用的國會內閣制的優點,可避免上述總統制

---

[130] 黃秀端,〈我國未來中央政府體制何去何從〉,《新世紀臺灣憲政研討會論文集》,頁 11 以下。

[131] 參閱民間監督憲政聯盟:臺灣人民的歷史選擇,我們不要「民選皇帝」第三部分,李鴻禧、黃昭元聯合執筆《索為雙首長制為何不可行》,自由時報,1997 年 5 月 23 日,第 6 頁。

的缺失，雖然行政與立法之制衡作用喪失，但國內許多學者針對此缺點亦提出許多種類型權力制衡的模式，使得內閣制出現的缺點逐漸填平。故他認為未來政府體制，應朝將現有之憲政體制改成內閣制之方向[132]。

另外亦有《世代論壇》執行長周奕成等55名法政學者所發起的「五五內閣制民間推動聯盟」（Alliance for Parliamentalism: 5 YES and 5 NO）亦認為，我國中央政府體制未來應修正為內閣制，他們更提出口號說明內閣制的優點，例如「要權責分明！不要有權無責！我們主張議會內閣制」等等。這些學者主張：中央政府應採取議會內閣制，因為議會內閣制擁有許多解決政治僵局的機制，現制則不斷出現行政立法對立的困境；議會內閣制強調和解共治，現制則是勝者全拿，鼓勵相互對立；議會內閣制虛位元首為社會超然領袖，現制實權總統則帶頭進行政黨鬥爭；議會內閣制公職與人民權力距離較小，現制沿襲帝王獨裁概念，形成宮廷政治；議會內閣制講求團隊，形成集體共議領導，現制講究個人，形成強人政治；議會內閣制政黨必須重視其團體形象，政黨紀律性高，現制只需突顯個人，導致譁眾取寵、爭相作秀；議會內閣制採內閣團體領導，個別領導人配偶較難干政影響，現制獨尊總統，親信家人容易介入；議會內閣制行政首長失去執政正當性則立即下臺，現制總統獲得任期保障，即使貪污濫權也能作滿任期。以上種種的優缺之比較，內閣制顯然勝出，較有利於國家未來的生存與發展。

另外，此派連署的學者，同時進一步建議主張以聯立式兩票制及降低修憲門檻等等措施，革除我們憲法中不合法理的問題與現象，並有效的促進內閣制的運作，以革除我國政黨政治的亂

---

[132] 陳慈陽，〈憲改工程的另類思考：由準總統制邁向內閣制的制度安排〉，《國家政策季刊》，第四卷，第二期，2005年6月，頁104以下。

象[133]。

　　此派學者認為，在國會改造部分，採用單一選區兩票聯立制，也就是當政黨獲得某比例的選票，也將獲得同樣比例的國會席次。現時的制度抹殺所有弱小政黨或新興勢力生存的可能性，也就是保障現有兩大黨瓜分政治資源的畸形體制。新的世代、新的社會力量沒有辦法進入國會，鼓勵兩大黨繼續升高對抗，讓人民對政治疏離，也將嚴重危害臺灣的民主政治。聯立式兩票制將讓社會各種多元聲音在國會中獲得代表，創造多元合作政治，讓人民重拾對民主政治的信心與熱情。

　　對於憲法修改門檻過高問題，他們也提出看法，他們認為，第七次修憲訂下了舉世無雙的不合理超高修憲門檻，幾乎剝奪了人民行使修憲權的基本權力，憲法若無法與時俱進，變成為一灘死水，也將成為後代子孫的負擔。因此主張將憲法修訂的立法院門檻改為三分之二立法委員出席、三分之二同意，將公民投票門檻改為超過選舉人總數的二分之一有效票，其中過半數以上同意，使得未來的世代也有機會依照他們的意志來修改憲法，以確保憲法能夠適時的順應世界的潮流及人民的需求。

　　此外，學者孫善豪亦於報章媒體中撰文認為，臺灣確實較適合內閣制[134]，他駁斥陳一新教授對於：「相信總統制一定能為臺灣帶來政治安定，固然不正確，但相信內閣制就必能為臺灣帶來長治久安，也不切實際」的說法。他指出，內閣制雖然不能說是百利而無一害，但是相較於總統制來說，內閣制的弊害較總統制為小，而利處較總統制為多，在弊害參酌之間，仍然有可以商量討論之空間的，至於選民似乎無法接受一個「虛位的總統」之揣測之詞，他亦

---

[133]　〈五五內閣制民間推動聯盟〉，http://caps55.pbwiki.com/。

[134]　孫善豪，〈中國時報〉，時論廣場，2004 年 8 月 14 日，A15 版。

同時認為太低估了臺灣真正的輿情，加上臺灣本身的政治環境及將來所推行的「單一選區兩票制」的選舉制度，係只能在「內閣制」的環境下來生存發展，因此，他認為臺灣確實較適合內閣制的中央政府體制。

而有趣的是，有執政民進黨背景的學者陳明通教授等人，對於提倡改為內閣制更是不餘遺力，他們更提出《中華民國第二共和憲法》為藍圖，試圖改革現在憲法的不足之處，他強調，制定第二共和的考量，在於現行憲法面臨種種的困境，無法有效的處理臺灣民主化過程中所涉及的國家與國家機關兩個層次的解構與重建問題，制定第二共和是比較務實的考量。

在《中華民國第二共和憲法》中，陳教授亦強調內閣制的精神，同時規劃將行政院改為國務院，而國務院是最高行政機關，國務院總理由總統提名，經國會全體議員二分之一以上同意任命之。被提名人未獲同意時，總統不再提名，國會應於十四日內自行選舉，以獲得全體議員二分之一以上得票者為當選，提請總統任命為國務院總理。若未有當選者，總統應於七日內解散國會……。

而此部內閣制憲法草案的設計，國會席次增加為兩百席，同時國會享有調查權，可經由全體議員三分之一以上提議，設置由議員組成的特別調查委員會。這種以議會—總統為權力與制衡為架構，企圖改良現行府、會的不良關係，亦是用內閣制為基礎架構來企圖改革目前我國中央政府制度的窘態[135]。

第三項　對總統制的看法與建議

針對以上問題，有若干學者專家認為，朝總統制規劃，是一個

---

[135] 參閱：陳明通等撰著，中華民國第二共和國憲法草案全文，發表於 1997 年 3 月 18 日，中華亞太精英交流協會與臺灣智庫共同主辦之審議式民主：「中華民國第二共和憲法草案」研討會。

值得我們思考的方向。因為自第九任總統由公民直選後，總統應負責任更形重大，例如財經、治安等等問題，皆有賴總統領導政府以結合全民共同解決。尤其是兩岸關係，一直以來存著高度不安的狀況，若能實施總統制以強化政治運作之能力，以適應當前國家面臨的各項改革與挑戰，此乃任何政黨人士當選總統後全國人民的最大期望，否則憲法若無法賦予總統適當的權力，就是請天上神仙來作總統，亦很難推展各項施政。

美國是實施總統制的代表，按美國憲法規定，總統就是國家元首亦是最高行政首長。若我國未能憲改將中央政府體制改為總統制，則有關行政院院長、各部會首長及不管部之政務委員等，均由總統任免之，總統依法公布法律，發布命令，不需行政院長及相關部會人員之副署，總統應隨時向立法院報告國家情勢，並將個人所認為適合國家施政的政策咨送於國會以備審議，以求得國會的配合與支持。如此一來，總統在任命重要官員時，亦需像美國總統一樣，遵照所謂參議員禮貌，充分尊重立法院之意見。立法院對於總統意見不贊同時，得以決議移請總統變更之，但總統對於立法院亦應有覆議權以為制衡。行政院之政務會議改為國務會議，由總統親自主持，其成員包括副總統、行政院長等各部會首長，會議閣員仿造美國總統制，其只對總統負責，不必對國會負責，但總統施政必須依照立法院所定的法律施政。如此一來，行政部門與立法部門則既分權又制衡，方符合總統制的精神。國內亦有許多的學者認為，實施總統制，才能符合臺灣目前的現況及未來的發展。例如臺灣心會副理事長曾肇昌曾於 2004 年 9 月 18 日舉辦的「政府體制：總統制或內閣制？」座談會中指出，總統直接民選後，實權有增無減，如採內閣制，總統變為虛位元首，非國人所能接受，他強調，依國情及人民期望，未來應朝總統制發展，制定完善新憲法，才能立下

長治久安的國家政體。同時召集人陳春生教授更強調，面對中共威脅，強有力的國家領導人才能保障國家安全，如實施內閣制，國家一旦遭受危機，讓人擔心國會與內閣仍將為政策爭辯不休，臺灣民主尚未成熟，如實施內閣制，部會首長由立委兼任，國會選舉競爭激烈，黑金政治將更嚴重，恐步入法國第三、第四共和之覆轍。同時立委黃適卓更進一步的表示，兩岸關係緊張逐年增加，為因應中共可能的威脅，政府政策制定須有效率，在內閣制與總統制相較之下，總統有做出緊急判斷的能力，因此應採總統制，尤其是在野對國家定位仍不清楚，內閣制恐怕會有危險[136]。

　　另外，早於 1997 年 5 月 23 日，自由時報之社論中亦提到，以總統制建構臺灣的中央政府體制，該社論認為總統制比雙首長制更符合權力分立與制衡的原則。在總統制下，總統會更有能力團結國家去處理內外危機，加上我國向來地方政治實務已很接近總統制的運作等等因素，所以建議我國中央政府體制應採總統制。同時更進一步的說明，在實務上，總統制下的行政權較為優越，行政權優越，更可發揮行政效率，一個設計完善運作良好的總統制，不僅行政權強大，立法權也是十分的強大，也就是說，總統制是靠一個強大的行政權與一個強大的立法權——甚至再加上一個強大的司法權——相互對抗、監督與制衡來維持權力平衡。自由時報 2003 年 10 月 7 日的社論中亦指出，目前憲政體制造成政府無效率的原因主要來自代議政治未能真正代表民意、立法與行政權的衝突及總統和行政院長對政府指揮權的混亂。而要解決這個問題，最好的辦法就是三權分立的總統制，目前經常有人指出批判，總統不得干預行政的論點，造成行政院和總統府間運作的困難，從這個角度來看，我們應該建立明確總統制的新憲法，不能再以拼裝車式的雜牌憲法繼續

---

[136] 臺灣心會座談會，〈政府體制：總統制或內閣制？〉，20045 年 9 月 18 日。

亂下去了。

而汪平雲、施正峰等法政專家學者在民主進步黨於 2006 年 9 月 24 日所舉辦的一場座談會中[137]，也是支持總統制的，同時亦對總統制也提出了他們的看法。他們認為由於現行憲政體制國會與總統皆由人民選舉產生，且選舉的時間不同，容易造成民選總統與民選國會的衝突。簡言之，如何由憲政制度上，妥當處理民選總統和民選國會合理關係，就是解決當前憲政困境的關鍵。他們更進一步的闡述，當國內仍有國家認同的分歧時，總統仍然有必要繼續由人民直選，才能確保具有臺灣主體意識的政府產生。在兩岸關係詭譎和全球化競爭激烈的此刻，我們需要的是一個直接面對臺灣人民、向臺灣人民直接負責，並且擁有施政效能、權責相符的憲政體制，那就是總統制。他更進一步說明，從「臺灣主體意識」、「行政民主化」、「權力分立制衡」、「面對中國壓力」等等幾個面向來建立權責相符的總統制，都應該是比較能夠確保臺灣人民權益與主體性的正確方向。他們亦提出廢除五院制、總統與國會任期相同、增加國家行政效能、規定總統為最高行政首長、擴大國會職能、強化對總統的制衡權力、選舉制度的改革等等憲改措施來增加總統制的可行性。陳春生教授亦指出：「主張我國應採行內閣制者，認為世界各國實施內閣制國家，其政治民主且政局穩定；實施總統制國家，除美國外，多走向獨裁，且政局不穩定，吾人認為這是偏見，因為事實上政治民主與否，政局穩定與否，和經濟文化有關，如中南美洲的軍事政變頻仍，並非實施總統制之故，而是沒有民主文化和健全的政黨政治使然，如果有健全的政黨政治與民族文化傳統，不論總統制

---

[137] 民進黨憲政改造系列研討會，〈臺灣憲政的困境與重生──總統制與內閣制的抉擇〉，臺北國際會議中心，2006 年 9 月 24 日。

或內閣制，都能展現民主精神[138]。」李西潭教授亦認為總統制乃是較適合臺灣的政府體制，因為我國政府自退守臺灣後，因實施動員戡亂時期臨時條款與戒嚴統治，以致原具議會色彩的憲政體制並未實行，形成超級總統制；目前我國民眾普遍認知總統既是國家元首，也是最高行政首長，如果總統無法擁有實際的權限，那在政治運作與政務推動上，將會面臨相當程度的困難。目前總統的權力看似很大，但卻只集中在人事任命權上，缺乏行政指揮權，造成行政部門與立法機關之間的制衡失序，且當前我國仍面臨中共嚴重的武力威脅，亟需有一個強而有力的領導中心，以因應國家遭逢各種緊急危機，我國雖已歷經多次的憲改，但政府體制尚未發展成熟，由其行政與立法部門互動欠佳，造成政局不穩與嚴重內耗，因此必須加以解決[139]。

　　但在另一方面，學者盧瑞鍾教授也指出，美國總統制的成功條件有二：其一是關於重要的制度性因素，它包括了開放且向心的政黨制度、選舉制度、聯邦制度、資本主義等等，以上這四種制度對於總統制的維持顯然十分重要，其中頗隱含「權力平衡」、「比例性權力分配」以及「反對中央集權」的實質意義。避免受挫的全國性政黨在政治權力的分配上一無所有，而有「比例性平等」的分配正義。另外自由投票制、國會資深制及遊說制度等，皆是美國總統制在重要制度上的成功因素。而其二之因素，更有地理、歷史、文化、經濟、社會結構、幅員遼闊人口比例較少、深遠及普及的民主精神等等之因素[140]。在如此眾多因素之條件下，方成就了美國實施

---

[138] 陳春生，《憲法》，臺北，翰蘆圖書出版有限公司，2003 年 10 月初版，頁598-599。

[139] 李西潭，《臺灣憲政工程較適當的選擇：總統制》，發表於臺灣新憲法國際研討會，2004 年 11 月 27-28 日，頁 165。

[140] 盧瑞鍾，《內閣制優越論》，臺北，三民，1995 年 6 月，頁 103-109。

總統制的成功。反觀我國的人文、政治環境及地理的各項條件，是
否足以成就總統制實施，實有賴時間的考驗。

　　依筆者之見，自第九任總統改由公民直選之後，總統應負的責
任應行更大，如國內的治安、財經問題等等，皆有待政府結合全民
共同解決，尤其是兩岸關係一直仍在高度的不安定狀況，朝野政黨
此時此刻更應該平心靜氣的恢復對話共商國是，因為沒有溫和與妥
協就沒有真正的政黨政治，在一個民主國家之政治體系中若缺乏良
性的政黨互動關係，很難建立健康的民主政治，有關國是之爭議繫
於朝野皆有相忍為國的胸懷，捐棄政黨成見或僵硬的意識型態，以
國家的利益及臺灣二千三百萬人民之福祉為優先，以協商代替對
抗，在遵守民主憲政的原則下共同謀求問題合理解決，否則我們又
如何能樹立民主憲政秩序，為臺灣人民開創更有希望的美麗願景
呢？[141]

第四節　選舉制度與政黨制度的關係

　　大體而言，影響政黨多寡之因素，主要有二：一是社會分歧的
程度；一是選舉制度。 如果一國社會內部有非常嚴重的種族、語
言、宗教、文化、地域或意識型態等衝突，多黨制是常態；但若分
歧不明顯，在適當的選舉制度下，兩黨制或將出現，但若選舉制度
不適，多黨制仍有可能。按選舉固然促成政黨的產生，而不同的選
舉制度亦可能造成不同的政黨制度，杜瓦傑（Maurice Duverger）對
選舉制度影響政黨制度，這一方的問題有其深入的探討。杜瓦傑並
提出選舉制度影響政黨制度的三大規律。即 A.相對多數選舉制
（relative plurality system）（即單一選區相對多數投票制 Plurality with

---

[141] 見黃炎東〈新世紀臺灣憲政體制發展之研究〉，《通識教育與警察學術研討
　　 會論文集》，中央警察大學通識教育中心，頁 7-8。

Single-Member-District System，Plurality-SMD）B.政黨比例代表制
（proportional representation system, PR）C.絕對多數選舉制（absolute
majority）（即二輪投票制 second ballot system）。

　　茲將杜瓦傑所提的三大規律分析如次：

　　壹、相對多數選舉制與兩黨制：杜氏認為兩者間存在著差不多
一致的共通性，亦就是說採用相對多數選舉制的國家大都是兩黨制
的國家，兩黨制的國家亦大都採用，但愛蘭、奧地利等兩黨制國家
卻非採相對多數決制。相對多數選舉制的國家，如美國、英國、土
耳其等國家屬之，但亦有採用此選舉制卻未能形成兩黨制的例外情
形，如加拿大、丹麥等國。此皆歸因於這些國家特殊的社會與歷史
背景所致，以加拿大為例，加拿大亦實施相對多數選舉制，但卻未
能如英美等國家一樣形成兩黨制，其主要的因素是加拿大這個國家
是一個異質（Heterogeneity）程度很高的國家，國內有不少因歷史傳
統、語言文化不同而相互仇視的地方團體，這些團體就提供了小黨
生存發展的空間。如在魁北克（Quebec）省地區，像社會信用黨
（Social Credit Party）及一些主張分離主義（Separatism）等法語系的
小黨，竟能擊敗自由黨（Liberal Party）、保守黨（Progressive
Conservative Party）等大黨。由此我們亦不難發現，所謂杜瓦傑指稱
的社會真正法則（The true sociological law）其存在之前提就是必須
社會沒有存在嚴重的分歧現象。

　　在採用相對多數選舉制的兩黨制國家，一般而言第三黨很難崛
起。因為這種政黨體制之社會生活與政治生活呈現兩極化現象，這
種社會基礎的選民投票心理總認為在超額獲得席位與超額損失席位
的作用下，將其選票投給無法產生作用的第三黨，無異是一種浪
費，因為在採用本項選舉中，在每一個選區中任何候選人只要票數
超過其他一位候選人（但不須超過半數以上）就可宣告當選。如甲、

乙兩黨之候選人同時在一個選區內競選，那其中一位候選人只要取得五○％加一的選票即可獲勝。如果 甲、乙、丙三黨候選人，雖甲黨候選人只要取得四○％的選票，而乙、丙二黨的候選人各得三○％的選票，則甲黨候選人當選，而乙、丙二黨候選人加起來雖然佔全部得票的六○％，但在這種選舉制度下，多餘的選票無法讓渡，乙、丙的票無異是一種浪費，因此這種選舉制基本上是不利小黨。

　　貳、絕對多數投票制（兩輪投票制）與多黨制：依杜瓦傑的觀察指出，凡是實施絕對多數投票制的國家都是多黨國家，如一九一四年以前的德意志帝國有十二個主要政黨，第三共和國時期的法國約有四個至六個政黨，一九一八年時期的荷蘭二十年來都是七個政黨。因為在這個選舉制下，必須有任何一個候選人在第一次投票時其所獲得的票數能達到絕對數的票數，否則必須稍隔一週或二週之後進行第二次的投票以決定誰能當選。在第一次投票時不會產生兩極化與超額損失席位的現象，各政黨能各自獲得一定選票的機會。各政黨在第二次投票時才進行串連與自己意識型態或利益相同的政黨，以對抗其他相抗的政黨，甚而結合兩個立場不同的政黨聯盟，參加投票的選民亦不會感到在第一次投票時，將選票投給自己中意的一黨是一種浪費的現象，因為在第二次投票時 他所中意支持的政黨，會與其他政黨結合而產生選舉的影響效果，亦就是說選民認為在絕對多數選舉中，選民對其所中意的小黨所投的票是會產生相當效果的，因此從選民投票傾向與實際效用而言，這種選舉制有促成多黨制的效果。

　　參、比例代表制與多黨制：按比例代表制主要是針對選舉缺乏民主多元化代表制的缺失而設計。各政黨按其得票數分配席次，亦就是選票與席次成正比例。而採用本選舉制亦如絕對多數制雷同，

不會發生兩極化與超額損失席位的現象，任何一個政黨只要能獲得相當的選票必能當選相當的議席。在本選舉制下沒有任何力量阻止政黨內部分裂，因此實施比例代表制容易形成多黨制。

以上所論述剖析的杜瓦傑三大規律，雖被西方學者雷伊（Douglas W. Rae）認定是經得起驗證，可稱之為真正社會學法則的公式，由於這三大規律只有統計的關連性，缺乏因果關係的論證，而遭致一些政治學者的批評與修改，如意大利的政治學者沙多里（Givonni Sartori）更為這一規律加入了「穩定政黨結構」與「選區實力平均……」等相關條件，以提高其周延性。因此，儘管杜瓦傑所提的有關選舉制度對政黨制度形成的三大規律有若干政治學者提出修正意見，但基本上是肯定三大規律的正確性。許多政治學者指出，單一選區相對多數決制度與兩黨政治的形成，有著極密切的關係，但這只是存在著正相關關係，而非存在著因果關係。換言之，單一選區相對多數決制不必然會形成兩黨政治；同樣地，比例代表制也不必然會導致多黨政治。法國第五共和採兩輪投票，採取比例代表制的奧地利，長久以來即是社會黨與人民黨對峙的兩黨政治，在此顯然可知，各國政黨政治的發展，除了與選舉制度有關外，仍須視各國的社會 結構及語言、文化、宗教、種族等其他因素而定。故有學者即謂：適合各國國情需要雖 然是非常抽象的辭彙，但在選舉制度的取捨上卻往往是非常值得考慮的因素。

另一個值得注意的現象是，雖然兩輪投票制與比例代表制都有促成多黨制的作用，但這兩種制度主要分別不在於他們所促成的政黨數目，而是在於政黨內部結構的變化。兩輪投票制會造成數目眾多的、個人性質、結構鬆散的政黨，而比例代表制則會造成數目眾多的、思想傾向較重的、結構嚴密的政黨。因此，若從兩輪投票制轉為比例代表制時，個人的、散漫的政黨也就會轉變為結構嚴密的

政黨，一九三六年至一九四五年的法國與一九一三年至一九二〇年的意大利都出現過這種情況。

　　一般而言，在評估各種選舉制度之優劣得失時，往往有兩個標準來衡量，一是比例代表性，一是選舉制度本身對政黨多寡，乃至於政治穩定的影響。而此二者間，又是息息相關，互為因果關係。就理論上來說，比例代表制的比例代表性應較單一選區的多數決制為高。換言之，在比例代表制下，各政黨所獲得的席位率大致應與其得 票率相同，而單一選區制卻是「贏者全拿」（The winner takes all.），很可能造成得票率較高的政黨反而在國會中居少數。因此就比例代表性而言，比例代表制是優於單一選區多數 決制的。然而從另一個角度，就政黨數目多寡乃至於其可能對政局安定所造成的影響這個層面來看，單一選區多數決制則是優於比例代表制的，因為就純理論上言，單一選區多數決制易形成兩黨政治而有利於政治穩定，比例代表制則易導致多黨政治的形成而不利於政局的安定。

　　根據美國學者小鮑爾（G. Bingham Powell, Jr.）所做的經驗研究顯示，兩黨制因較不易出現多數黨，在維持政局穩定（政府更替的頻率小）上確優於常須組成聯合內閣的多黨制；但在疏導民眾情緒，以防止暴亂發生，以及動員選民到投票所投票等問題，卻又往往不及多黨制。因此，如果我們希望維持政局隱定，則採單一選區相對多數決或選區不大且訂有極高門檻的名單比例代表法，或是可行的選擇；但若我們的目的是在維持選舉的公平性，並使社會中各種聲音皆能有其代表，而有疏導不滿情緒，防止暴亂發生的效果，同時能動員選民投票，提高投票率，那麼，他類選舉制度（尤其是大選區，低門檻的名單比例代表法或大選區之單記讓渡投票法）應是較佳的選擇。

　　在政見方面，單一選區多數決制度下兩大黨的候選人如欲獲

勝，那他的政見為獲得絕大多數選民的認同與支持，他的政見就不能太偏激或太保守，因此雖然兩黨存有各自不同的立場，但其候選人在選區內的主張不致於趨向兩極化而會有某種程度的接近。比例代表制因為各政黨只要能獲得一定比率之選票即能獲得席位，故其政見只要獲得部份選民青睞，即可掌握一定比率之票源，故往往各政黨間的政見無奇不有。

在解析了單一選區多數決制與比例代表制對政黨制度影響後，再看看過去我國與日本所採用的單記非讓渡投票法，對政黨又有何影響呢？學者謝復生指出：就比例代表性而言，單記非讓渡投票法應介於單一選區制相對多數決制與比例代表制之間；因此，我們可以預料，政黨與政黨間相互聯合的意願不若單一選區制相對多數決法大，但又不像比例代表制小；同時，選民棄小黨，就大黨的誘因也不會比單一選區制相對多數決法大，但會較比例代表制強。其結果是政黨數字多於二，但小黨林立的現象會較緩和。同時，我們知道，在單記非讓渡投票法下，選區愈大，比例代表性會愈彰顯，所以我們也可預見，選區愈大，小黨生存的空間會愈大；反之，則愈小。在採用單記非讓渡投票法，我國及一九九五年前的日本，每個選區視人口之多寡產生三到五名議員，而我國選區多超過五席以上，由於應選的議員人數少於比例代表制下的全國選區，卻又大於只選一人的英美小選區，許多學者便稱過去日本的選區為「中型選舉區制」（Medium District System）。此種中選區會對政黨造成何種影響呢？以日本為例，它可保持小黨在國會擁有一定的席位，而對獨大的自民黨而言，卻助長了內部派系的形成。茲詳述如次：小黨在三人的選區，若能掌握百分之二十五的選票，五人的選區若能掌握百分之十七的選票，就可以產生一位代表。因此，儘管日本小黨如共產黨、民主社會黨等，在全國的得票率只佔百分之六或百分之

八，但一般來說，因為選票的分布不均，兩黨可以各取得十四至三十席的國會議席。這情況換成在英美的小選區制上，能擁有的席次會更低，甚至連一席也無法獲得。依據李帕特（Arend Lijphart）的觀察，少數黨在日本全國的大選中只獲得百分之六的選票就可以有代表進入國會，此一比例實際上已與我們公認較為公平的比例代表制相去不遠。甚至在某一個選區中，如果大黨有某一位候選人吸引了大部份的選票，小黨甚至不需要百分之五的選票，就可以有代表進入國會，此一代表當選的百分比甚至比一些比例代表制國家還要低。

至於中選區單記非讓渡投票法會使黨紀維持不易，黨內派系林立之因如次：由於選民只能投一票，但一個選區卻可能有數名的同黨候選人。此一情形，很自然地就會造成本黨候選人相互之間的競爭。為了防止因為本黨候選人自相殘殺而失去席次，政黨在一個選區之中，往往不願足額的提名。然而，大黨要想提名不足額以確保提名人選的安全當選，有時卻也很難完全如願。一個選區既可選出數人，而投票者對某一候選人的支持，又無可避免地夾雜者對政黨的支持。為了避免相殘，損及政黨本身形象，政黨往往不希望候選人太過突出自己，有些候選人固然可以仗恃個人的聲望，但他卻也可能因為占掉太多本黨的票源，而造成組織 配票上的困難。因此，候選人的提名就不能完全憑依個人的實力，如此，政黨的提名作業就很自然地受到其他因素的困擾，例如：黨內的大老以私人或派系的考慮，要求增加提名某位候選人等等。如果這些因素無法擺平，大黨就往往冒險超額提名，造成黨籍候選人自相殘殺的惡果。在黨組織的立場上，當然希望候選人個個都能服從黨意，接受黨的全盤考慮與配票安排，使黨能在固定的票源下，獲得最多的席次，但是站在候選人的立場，突出自身形象，甚至以犧牲本黨其他候選

人的得票來穩固自己當選的機會，卻也是一個再重要不過的策略。一旦候選人為了當選不擇手段時，黨的紀律與組織配票就不再受到候選人重視。這時候選人所依恃的，反倒是一些所謂的個人後援會，以及黨內募款能力強，具有全國性聲望領袖的支持與助選。[142]

---

[142] 見黃炎東〈選舉制度對政黨制度發展影響之研究〉，《通識教育與警察倫理學術研討會論文集》，頁 39-43。

第六章 在民主的十字路口

第一節 總統制、內閣制或雙首長制之抉擇

所謂總統制、內閣制或法國式的雙首長制,當各有其制度性的特色,而各國之所以會採用以上任何一種制度,亦皆有其歷史文化背景與民意的需求取向,實在很難武斷地說哪一個制度是最好的,而哪一個制度是最劣的,只能說哪一種制度較適合哪一個國家的國情與民情罷了。

的確,內閣制合乎憲政原理並有不少的實施成功例證。而我國的憲法不但有總統制的精神,也有內閣制之色彩,但在實際運作上,尤其是政府播遷來臺後70年來,總統一直擁有實質上的權力,而修憲後自第九任開始總統改為公民直選後,民意的趨向亦是希望有一個實質的總統,來解決國家所面臨的多項改革或兩岸關係等諸問題,因此若要將現行憲法調整為純內閣制,是否符合我國之政治文化與實際政治之運作方式及臺灣的民意主流趨勢,亦有待商榷。

從憲政原理比較世界各國總統制、內閣制及雙首長制之利弊得失,就我國實施憲政的歷程之經驗及教訓,與未來國家政治發展趨勢,筆者認為朝野雙方應捐棄成見,以臺灣主流民意為規劃方向當

是比較可行的道路。

　　根據憲法本文原來的規定，我國中央政府體制具有較濃厚的內閣制色彩，這主要表現在以下幾點：

　　一、總統雖貴為國家元首，對外代表國家。統率全國陸海空軍。但其所公布的法律、發布之命令，均需經行政院長之副署，或行政院長及有關部會首長之副署。

　　二、憲法第 55 條對於行政院院長之任命，指出「行政院院長，由總統提名，經立法院同意任命之。」

　　三、行政院為國家最高行政機關。各項法案欲送立法院前，必須經行政院會議議決之。（憲法第 58 條）

　　四、行政院有向立法院提出施政方針及施政報告之責。立法委員對行政院長及各部會首長有質詢權。（憲法第 57 條）

　　由上述可知，無論從總統和行政院的行政權劃分，或者行政院與立法院的關係觀察，憲法本文是具有較濃厚的內閣制色彩。另一方面，憲法本文所建立的「責任政府」制度有以下幾個特點：

　　一、不採英國議會內閣制（各部長同時須為國會議員）。

　　二、不要求行政院負連帶責任。

　　三、放棄國會立即倒閣之不信任投票制度。

　　四、總統的覆議權不致引起倒閣風潮。

　　「不要求行政院負連帶責任」使得行政院不必如英國內閣因為一個部長之錯而牽動全部內閣。「放棄國會立即倒閣之不信任投票制度」則可保內閣之穩定，不致影響政局而導致不安。「總統的覆議權不至於引起倒閣風潮」，如覆議的結果得不到立法委員三分之二維持原案，則行政院辭職問題就不致發生。這些特點都與議會內閣制不同。

　　但是，憲法本文中也兼含總統制精神，這主要表現在以下幾

點：

　　一、總統有覆議核可權，行政院對於立法院決議之法律案、預算案、條約案，如認為有窒礙難行時，得經總統之核可，於該決議案送達行政院十日內，移請立法院覆議。……（第 57 條）

　　二、總統有三軍統帥權，第 35 條規定「總統為國家元首，對外代表中華民國。」第 36 條規定「總統統率全國陸海空軍。」

　　三、此外，憲法第 75 條規定「立法委員不得兼任官吏。」

　　是以，我國憲法上總統並非虛位元首，而享有某些政治實權。歷經七次修憲，我國早非當初內閣制傾向的憲政體制，而已朝向類似法國第五共和的雙重行政首長制邁進。雙行政首長制政黨間合縱連橫的關係遠較總統制與內閣制來得複雜，但依法國的行憲經驗，仍有軌跡可循；那就是當總統所屬政黨握有國會多數席次時，朝總統制偏移；但當總統與國會多數分屬不同政黨時，則需「換軌」，朝內閣制偏移。

　　其次，我國中央政府組織部分的最大改變在於延續政府播遷來臺以來「總統—行政院」的雙元行政體制，進一步引入倒閣與解散立法院之被動機制，作為取消立法院閣揆同意權的替代制度。因此，雙首長制其實是以類似內閣制的基礎架構，加上總統享有部分行政權的混合設計，它是一種獨尊總統權，分裂行政權，並且弱化立法權的設計[143]。

　　不過，當今我國憲政體制下雙首長制的運作仍有許多問題尚未釐清，反映在以下幾個方面：行政權無法完全一元化、國會改革、立法權限仍不夠健全、行政與立法部門的協調機制並未完全建立

---

[143] 參見許志雄，〈從比較憲法觀點論「雙首長制」〉，《月旦法學雜誌》，第 26 期，1997 年，頁 30-34。

等[144]，茲敘述如下：

我國當前的確處於憲政改革的十字路口，有關未來憲政體制的選擇或是憲改的時機及民主的深化等諸問題，無論是朝野政黨或是學者專家之意見均頗為分歧。自從 1947 年我國憲法公布實施以來已逾一甲子，而對這個關係著國家民主憲政的發展與民眾自由民主人權的重大課題，仍是困擾且爭論不已。但從世界各民主先進國家實施憲政的歷史沿革或是就比較憲法的觀點而言，他們的憲法都是由其制憲者先行制定，歷經代代相傳的實施後，再就所發生的問題加以改革修正，以符合民意的期待與國家發展的需求。而有關中央政府體制所謂總統制、內閣制、雙首長制（或稱半總統制）、委員制等政府體制之實施亦皆各有其國家政治、歷史、文化背景，以尋求比較能符合該國國情的制度。因此，筆者認為，我們在思考國家未來的憲政體制改革時，亦應以世界民主先進國家實施民主的經驗與教訓，並針對我國當前的政治發展趨勢與民意的需求，能以更理性、客觀、負責的態度來思考這一個關係國家未來民主發展之重大問題。

第二節　透過憲政改革建立中央政府體制

第一項　就事論事地謀求妥適解決

值此國是正處於蝸螗沸羹之際，朝野政黨尤其是居高位者，當更能以天下蒼生為念，千萬不可為了自己黨派之利益而置人民之福祉於不顧，以犧牲國家與民眾的廣大利益，而去成就自己與所屬政黨之利益，這當不是一個負責任的政治家應有的風範。而筆者認為既然朝野政黨皆異口同聲的主張要回歸憲政體制，就表示一切的國

---

[144] 同前註，頁 35。

是要依憲法的法理與規定，就事論事的來解決問題，而不是進行政黨間的惡鬥，所謂黨爭可也，但千萬不可有意氣之爭。而論及現行我國之憲政體制，的確是國、民兩黨透過修憲方式達成的。但問題是目前的所謂雙首長制，在我國已轉型為自由民主開放的政治體系中，為何會出現運作上處處不順暢之境，甚而造成國無寧日呢？而過去同樣是混合制的憲法，雖然就憲政法理而言亦迭遭批判有加，但在實際的運作上各界卻又能順利運作，而同樣的憲政體制現在怎麼又行不通呢？我國未來的中央政府體制之走向，究竟應朝向總統制或內閣制或維持現行體制或就現行體制加以改良，亦是我們必須正視且必須加以從根本上去加以解決的問題。

第二項　博採眾議取精用宏以防止一切流弊

　　記得在進行七次憲改當中，無論是國民黨或民進黨、新黨或各界的法政學者，對我國的中央政府體制之修改意見可說獻言無數，字字珠璣，皆能分別就各種制度的利弊得失加以深入地剖析。在國發會後，國民黨乃依據國發會之共識研擬修憲黨版，提出所謂的雙首長制，認為此乃是根據 50 年憲政的經驗最合理的修憲。而民進黨亦提出雙首長制，認為要吸取內閣制與總統制的優點，以總統作為國家領導中心，而行政院長向國會負責。而在 1997 年 5 月 30 日姚嘉文、張俊宏、林濁水、郭正亮聯合執筆民進黨主席許信良定稿所發表的「不要成為反改革的歷史罪人」憲改萬言書中，民進黨堅決反對內閣制批評總統制，並主張雙首長制才能兼顧國家整合與民主鞏固[145]，而新黨的代表學者周陽山博士則力主採用內閣制。他指出從二次大戰後，在全世界有 23 個國家維持了 50 年的憲政民主，23 個國家中有 20 個國家採取內閣制，而內閣制能夠構成國家的穩定，

---

[145] 參見 1997 年 5 月 20 日自由時報。

憲政的成長。而過去 50 年間，整個拉丁美洲國家都實施總統制，沒有一個國家建立了穩定的民主，但哥斯大黎加是例外。同時從 1988 年解體以後，東歐及以前的蘇聯，絕大多數國家實施雙首長制，半總統制，[146]但沒有一個國家可以建立最基本的民主體制[147]。

　　而林子儀教授則認為「在雙首長制之下，如果總統與國會是屬於多數同一政黨，總統基本上不直接向其政策負責，躲在後面，若總統與國會不屬於同一政黨，會造成行政內政分裂」，因此，總統制是比較適當的選擇而政府要修憲的理由，其重點亦是擔心權責不清，政府無效率[148]。而當時由憲法權威學者臺灣大學法律系教授李鴻禧先生所領導的民間監督憲改聯盟成員顏厥安、金恒煒、黃昭元等先生共同聯合執筆：〈臺灣人民的歷史選擇—我們不要民選皇帝〉乙文中即已明確的指出：當時國、民兩黨的主流憲改方案即所謂的雙首長制不可行，因為這一制度根本無法改變臺灣的惡質政治體質，而且雙首長會是造成行政權分裂的「雙頭馬車制」，有權無責的「藏鏡人」制度，雙首長制可說充滿人治色彩。它會因為選舉結果而改變總統與國會的權力結構，亦就是說在總統與國會之選舉結果若同屬一個政黨勝利，則總統之權利便會超凌一切，成為所謂超級的巨無霸總統。而若總統與國會之選舉分由不同政黨獲勝，則總統的權力必然受到相當節制，雙方若無法妥協難免會成政治僵局，

---

[146] 參見 1997 年 6 月 2 日自由時報二版自由時報主辦 TVBS 協辦的修憲辯論會—何種憲政體制適合臺灣國情及實際需要。

[147] 的確，內閣制合乎憲政原理並有不少實施成功的例證。而我國的憲法不但有總統制的精神，也有內閣制之色彩，但在實際運作上，尤其是在政府播遷來臺 50 年來，總統一直擁有實質上的權力，而修憲後自第九任開始總統改為公民直選後，民意的趨向亦是希望有一個實質的總統，來解決國家所面臨的諸多項改革或兩案等諸問題，因此若要將現行憲法調整為純內閣制是否符合我國之政治文化與實際政治之運作及臺灣的民意主流趨勢亦有待商榷。

[148] 參見自由時報 1997 年 6 月 2 日，二版。

如目前臺灣的政局發展就頗為類似，況且臺灣也沒有實施雙首長制的充分政治社會條件。從 1997 年第四次修憲後，行政院長產生由總統直接任命，毋須立法院同意，造成中央政府體制嚴重失衡的狀況，府院權責不但無法釐清，行政院依憲法第 53 條規定仍為最高行政機關，且依增修條文第 3 條規定仍須向立法院負責，如此一來，擔任行政院長者一方面必須貫徹總統的施政理念，一方面又要向立法院負責，如若總統與議會多數分屬不同政黨，形成朝小野大的政局，加上政黨之間的惡鬥，以致許多法案無法如期完成，甚至連國家總預算案都無法如期審查通過！總統雖掌有政治實權，卻不能像法國總統一樣享有主持部長會議及主動解散國會權；而立法院雖可提出罷免、彈劾案，但門檻偏高，以致造成行政與立法部門嚴重失衡，亦很難有效的打開政治僵局；惟目前我國所實施的乃是偏向總統制的雙首長制，也的確是當年由國民黨與民進黨達成共識，才得以修成，況且目前朝野亦尚未達成再次修憲之共識，因此目前全民亦惟有秉持遵守憲法雙首長制予以運作，惟筆者認為「法與時轉則治」，為使我國未來的政局能達到權責相符的憲政理想境界，我國的中央政府體制當朝向總統制、內閣制或雙首長制，實有賴朝野雙方凝聚主權在民的正確民主觀念，建立符合國家展需要與民意主流趨勢的憲政體制與良性的政黨政治體制[149]。

第三項　憲政改革須符合我國當前的時空及背景

憲法固然有其固定性，且不能動則輕言修法，但當目前的憲政體制之運作若經朝野一再地協商，卻無法有效地去突破政治的瓶頸，甚而繼續造成政治動盪不安，嚴重影響人民安定的生活時，那就必須考慮到修憲的層面了。依筆者長年研究臺灣民主政治的發展

---

[149] 請參見黃炎東，『淺論我國憲法沿革與未來展望』。

及回顧過去我國立國制憲及政府播遷來臺後實施的憲政過程，深深
的感到之所以會形成當前民主的憲政困境，實在是「冰凍三尺，非
一日之寒」。而這一切的問題之癥結，主要乃是出在我國的憲政體
制之設計上，在中央政府體制一直無法真正落實權責相符的問題，
如當前朝野政黨對中央政府的屬性與運作方式存在著嚴重爭議，乃
在於執政的民進黨認為總統既經由公民直選產生，其權力來自人
民，而行政院長直接由總統任命，當然必須向總統負責，貫徹總統
的政策，而在野聯盟則認為目前我國的中央政府體制，依憲法（含
增修條文）乃是屬於改良式的雙首長制，行政院是國家最高行政機
關，行政院必須向立法院負責，因此內閣的組成，執政黨必須正視
在野黨在國會之席次乃是屬於多數之事實，因此閣揆人選必須經由
朝野協商決定。但若經協商產生的內閣，必然無法完全聽命於總
統，反而處處唯在野黨之馬首是瞻，這當然是造成當前朝野政黨爭
議的重大因素。

　　因此要解決今日的政治僵局，除了要進行朝野政黨之協商外，
若欲求得一勞永逸且能為臺灣未來之政局能求得長治久安之計。必
須澈底的從修憲層面著手，同時朝野當局也應以更冷靜、理性、前
瞻、務實的心情，相忍為國，真心誠意的面對這一問題去加以立竿
見影的解決之，否則頭痛醫頭腳痛醫腳，那無論是由何黨來執政都
很難使臺灣政局穩定，並確保民眾安和樂利的生活。

　　按照我國現行憲法（含增修條文）規定之內容看來，我國中央
政府體制的確兼具總統制與內閣制之精神與特質，究竟我國未來中
央政府體制之走向是應採總統制或內閣制或就現制加以改良，一直
是朝野政黨及憲法學者專家們所爭議之議題，同時隨著民主化過程
的演進，社會趨勢向開放式的多元化發展，在實際的運作中，有時
會呈現總統制的特徵，有時會有內閣制的表象，常是困擾不已。甚

至我們自 1991 年至 2005 年間，也進行了七次修憲工程，固然使我們國家的民主開放向前邁進了一個新里程，但至今有關中央政府體制之權責劃分與運作卻仍有未能順暢之處。

當然就民主憲政的原理及西方民主先進國家實施民主化的過程經驗，無論是總統制或內閣制及法國的雙首長制，皆有其自己國家的立憲歷史背景與特色，而政治制度亦沒有絕對的優劣標準，只能說那一種憲政制度比較適合那個國家當時的民意主流趨向與政治發展需要罷了，而為了突破當前憲政瓶頸以落實主權在民的理想，建構真正權責相符的中央政府體制，未來透過修憲無論採總統制、內閣制或雙首長制，惟有朝野達成共識以體現臺灣主流民意之趨勢為要。

第七章　建構符合未來我國發展的中央政府體制

第一節　一致政府與分立政府

第一項　前言

　　2008 年 1 月 12 日，國民黨在立委選舉中贏得了三分之二以上席次[150]，在 3 月 22 日又以 58%的選票，贏得了總統、副總統選舉[151]，

---

[150] 2008 年 1 月 12 日立委選舉結果依中央選舉委員會公布，國民黨在總數 113 席獲得 81 席，民進黨獲得 27 席，無黨籍 1 席，無黨聯盟 3 席，親民黨 1 席。平地原住民立委 3 席中，國民黨獲得 2 席，親民黨 1 席；山地原住民立委 3 席中，國民黨獲得 2 席，無黨籍團結聯盟 1 席。全國不分區及僑居國外國民共 34 席，國民黨獲得 20 席，民進黨 14 席。區域及原住民立委投票率是 58.5%，全國不分區立委投票率是 58.50%，民進黨 13 席占 38.17%；政黨不分區方面，國民黨獲得 20 席占得票率 51.23%，民進黨 14 席占 36.91%。

[151] 中華民國第 12 任總統選舉結果，依中央選舉委員會網站資料指出，國民黨正副總統馬英九、蕭萬長得票數為 765 萬 8,724 票，得票率 58.45%，民進黨正副總統候選人謝長廷、蘇貞昌得票數為 544 萬 5,239 票，得票率為 41.55%。本次投票率為 76.33%，總統選舉符合資格的候選人共 1,732 萬 1,622 人，實際投票人為 1.322 萬 1609 人，有效票為 1,310 萬 3,963 票，無效票 11 萬 7,646 票，馬蕭配領先長昌配 221 萬 3,485 票。

也就是說，人民選擇了行政與立法權「一致政府」，由國民黨完全執政。但民主政治乃是講求權力分立與監督制衡及權責相符的憲政原理，亦即是民意政治、責任政治、政黨政治、法治政治的落實，做得好就獲得人民的支持，繼續執政，做不好就必須下臺負責，所謂「天視自我民視，天聽自我民聽」因為人民才是政府真正的頭家，此乃民主政治之真諦。因此，未來我國政黨輪替之主要因素，端看政黨是否做得好，再由人民決定誰來執政，誰來掌握國是。

　　第 12 任總統選舉，國民黨又以超過對方陣營 221 萬之高票當選，因此難免引起社會大眾聯想到所謂「一致的政府」是否會導致「一黨獨大」而難以制衡的問題。關於這個問題，當然亦引起朝野之間的論辯。如李前總統登輝先生認為，「一黨獨大」原本不是問題，例如實施內閣制的日本，自民黨亦是「一黨獨大」，採取總統制的美國，總統與國會多數黨同屬一黨之時雖相對較少，但並非沒有，然重點在其憲政設計上都有完整的配套，日本有解散國會重新改選的制度，可以打破行政與立法的僵局，美國眾院每兩年改選一次，民意可進行任期間的監督，而目前我們這部憲法卻都盡付闕如，而公投法之門檻又過高，因此亦很難發揮人民最後的制衡武器[152]。又如前中央研究院院長李遠哲先生亦指出：「此次選舉應從三個方向去看，一是立委選舉造成『一黨獨大』問題，……」因此未來的執政黨，不但有需要向全國人民說清楚講明白，更須證明「一致的政府」，不但不會帶來權力的失衡，並會提出具體的方法來自我約束，嚴加防範權力的濫用，讓國人相信「一致政府」能真正達到完全負責的效果，且能提昇服務人民的品質。另一方面，在野黨及其他政黨，對執政黨亦須善盡發揮反對黨的角色功能，對執政黨作有效地監督；同時司法、監察部門與媒體或是學者專家，亦

---

[152] 自由時報，2008 年 3 月 21 日，A2 版。

須共同扮演對政府之制衡角色，作為政治權力的最佳防腐劑，並提出有益國計民生的政綱政策，以獲得人民的信任，為深化與鞏固我國得來不易的民主，立下更為良好的根基。

民主政治無論在制度之設計或權力的運作皆以權力分立與制衡為原理原則，單就憲法的制度層面而言，各種權力之間若缺乏一個協商的力量，那政府之運作是無法順利進行的，政黨無異是民主國家民主憲政運作之樞紐，若無政黨之運作則民主國家非但無法進行選舉工作，就連任何政黨的政綱政策之制定以及議會中多數的形式，並通過各項法案皆無法順遂進行，因此制度完善的選舉法制與建立民主性的政黨競爭制度，定期舉行公平、公正的自由選舉以落實民主憲政，乃是檢驗一個國家是否符合真正現代民主化的重要指標。選舉勝利者就成為執政黨（ruling party），選舉失敗者就成為在野黨或反對黨（opposition party）。一個真正民主政治體系中，執政黨與在野黨是建立在既競爭又合作的基礎上，雖然雙方在政治理念有所不同，但他們對國家社會與人民所做出的之貢獻是一致的，而實現主權在民即是民主政治千古不易之政治哲理，政黨輪替亦是民主政治的正常現象。

第二項　一致政府與分立政府之涵義及形成因素

「一致政府」（Unified Government）與分立政府（Divided Government）是相對的政治名詞，亦是立憲政府組成的類型。立憲意義（Constitutionalism）的主要原則乃是法治政治與民意政治，又是責任政治。亦就是確立一個具有永久性的客觀的法律規範，以限制政府的活動範圍，並保障人民的合法權利[153]，而為落實「主權在民」的憲政主義的理想，透過自由、公平、公正、公開的選舉，來

---

[153] 參閱劉慶瑞，《中華民國憲法要義》，三民，1988 年 3 月，修訂 15 版，頁 1。

決定由誰來執政，無論是實施總統制、內閣制或是雙首長制的民主先進國家，大凡在選舉後，無論是中央政府或是地方政府之組成皆會出現所謂一致政府或是分立政府的組成型態[154]。

　　所謂一致政府就是選舉獲勝的政黨掌握行政權，亦掌握國會多數的席次，使行政權與立法權皆掌握在同一個政黨的手裡。所謂「分立政府」或是分裂政府就是行政權與立法權分別為不同的政黨所掌控。在實施總統制的國家，分立政府又分為兩種類型：一、議會由不同於總統所屬的政黨掌有多數席次；二、在議會中，沒有任何政黨占有過半數之席次。在實施內閣制的國家，如果國會大選後，一黨贏得超過半數以上之席次，就組成內閣制與國會一黨主政的一致政府；若執政黨無法占有議會絕對多數席次，就組成聯合內閣或執政聯盟亦稱為少數政府（minority government）。在雙首長制或是半總統制的國家，如法國，若國會大選的結果，總統所屬的政黨勝選且國會席次超過半數以上，則組成總統、總理、國會皆屬同一政黨掌控的一黨獨大或一黨主政的一致政府，若總統所屬的政黨無法在國會中掌握過半數席次或是由不同於總統之所屬政黨（或政黨聯盟）掌控多數席次，就由總統提名多數黨的領袖組成內閣，實施左右共治（cohabitation），因此在不同憲政體制、政黨制度下，皆有可能分立政府[155]。

　　論及「一致政府」與「分立政府」到底孰優孰劣，依據一般學

---

[154] Matthew Soberg Shugart, "The Electoral Cycle amd Institutional Spurces of Divided Presidential Goverment,"American Political Science Review, Vol, 89, No.2(1995), pp,327-343. Robert Elgie, What is Divided Government ? in Robert Elgie, (ed), Divided Government in Comparative Perspective (New York: Oxford University Press, 2000), pp2-12,轉引自吳重禮，〈憲政設計、政黨政治與權立分立：美國分立政府的運作及啟示〉，《問題與研究》，第45卷第3期，1996年5.6月，頁137-138。

[155] 吳重禮，《政黨與選舉：理論與實務》，臺北，三民，2008，頁233-234。

者研究分析的結果，實在很難遽然下一定論，但吾人可斷言的是，無論是「一致政府」或是「分立政府」，只要在民主政治體系中，透過公平、公正、公開、自由的選舉方式而產生的政府，在正常的民主憲政規範下來運作，皆會受到人民應有的肯定與支持，而在良性的民主協商方式，朝野政黨建立民主的共識，共同樹立競爭又合作的優質政黨政治，以利國政之推動。吾人以實施總統制的美國為例，自 1829 年起至 2008 年，其所組成的政府大都為一致政府，當中只有三次的「分立政府」之組成，第一次的時期為 1843 年至 1861 年，第二次之時期為 1875 年至 1897 年，第三次之時期為 1969 年至 2008 年[156]。以下謹就 1829 至 2008 年美國聯邦政府型態（一致政府或分裂政府）表列如下：

1829 年至 2008 年美國聯邦政府型態

年份	國會屆期	一致政府	分立政府
1829-31	21 st	傑克遜（Andrew Jackson）（D）；參眾議院（D）	
1831-33	22 nd	傑克遜（D）；參眾議院（D）	
1833-35	23 rd	傑克遜（D）；參眾議院（D）	
1835-37	24 th	傑克遜（D）；參眾議院（D）	
1837-39	25 th	范別倫（Martin Van Buren）（D）；參眾議院（D）	
1841-43	27 th	哈里森（William H. Harrison）與泰勒（John Tyler）*（W）；參眾議院（W）	

---

[156] 同前註，頁 236-240。

1843-45	28 th		泰勒（W）；參議院（W）、眾議院（D）
1845-47	29 th	波爾克（James K. Polk）（D）；參眾議院（D）	
1847-49	30 th		波爾克（D）；參議院（D）、眾議院（W）
1849-51	31st		泰勒（Zachary Taylor）與菲爾莫爾（Millard Fillmore）*（W）；參眾議院（D）
1851-53	32nd		菲爾莫爾（W）；參眾議院（D）
1853-55	33rd	皮爾斯（Franklin Pierce）（D）；參眾議院（D）	
1855-57	34th		皮爾斯（D）；參議院（D）、眾議院（R）
1857-59	35th	布坎南（James Buchanan）（D）；參眾議院（D）	
1859-61	36th		布坎南（D）；參議院（D）、眾議院（R）
1861-63	37th	林肯（Abraham Lincoln）（R）；參眾議院（R）	
1863-65	38th	林肯 （R）；參眾議院（R）	
1866-67	39th	林肯與強森（Andrew Johnson）* （R）；參眾議院（U）	
1867-69	40th	林肯（R）；參眾議院（R）	
1869-71	41st	格蘭特（Ulysses S. Grant）（R）；參眾議院（R）	
1871-73	42nd	格蘭特（R）；參眾議院（R）	
1873-75	43rd	格蘭特（R）；參眾議院（R）	

1875-77	44th		格蘭特（R）參議院（R）、眾議院（D）
1877-79	45th		海斯(Rutherford B. Hayes)（R）；參議院（R）、眾議院（D）
1879-81	46th		海斯（R）；參眾議院（D）
1881-83	47th	加菲爾德（James A. Garfield）與亞瑟（Chester A. Arthur）＊（R）；參眾議院（R）	
1883-85	48th		亞瑟（R）；參議院（R）、眾議院（D）
1885-87	49th		克利夫蘭（Grover Cleveland）（D）；參議院（R）、眾議院（D）
1887-89	50th		克利夫蘭（D）；參議院（R）、眾議院（D）
1889-91	51st	哈里森（Benjamin Harrison）（R）；參眾議院（R）	
1891-93	52nd		哈里森（R）；參議院（R）、眾議院（D）
1893-95	53rd	克利夫蘭（D）；參眾議院（D）	
1895-97	54th		克利夫蘭（D）；參眾議院（R）
1897-99	55th	麥金利（William McKinley）（R）；參眾議院（R）	
1899-01	56th	麥金利(R)；參眾議院(R)	

1901-03	57th	麥金利（William McKinley）與羅斯福（Theodore Roosevelt）*（R）；參眾議院（R）	
1903-05	58th	羅斯福（R）；參眾議院（R）	
1905-07	59th	羅斯福（R）；參眾議院（R）	
1907-09	60th	羅斯福（R）；參眾議院（R）	
1909-11	61st	塔虎脫（William H. Taft）（R）；參眾議院（R）	
1911-13	62nd		塔虎脫（R）；參議院（R）、眾議院（D）
1913-15	63rd	威爾遜（Woodrow Wilson）（D）；參眾議院（D）	
1915-17	64th	威爾遜（D）；參眾議院（D）	
1917-19	65th	威爾遜（D）；參眾議院（D）	
1919-21	66th		威爾遜（D）；參眾議院（R）
1921-23	67th	哈定（（Warren G. Harding）（R）；參眾議院（R）	
1923-25	68th	哈定與柯立芝（Calvin Coolidge）*（R）；參眾議院（R）	
1925-27	69th	柯立芝（R）；參眾議院（R）	
1927-29	70th	柯立芝（R）；參眾議院（R）	
1929-31	71st	胡佛（Herbert C. Hoover）（R）；參眾議院（R）	
1931-33	72nd		胡佛（R）；參議院（R）、眾議院（D）
1933-34	73rd	羅斯福（Franklin D. Roosevelt）（D）；參眾議院（D）	
1935-36	74th	羅斯福（D）；參眾議院（D）	

1937-38	75th	羅斯福（D）；參眾議院（D）	
1939-40	76th	羅斯福（D）；參眾議院（D）	
1941-42	77th	羅斯福（D）；參眾議院（D）	
1943-44	78th	羅斯福（D）；參眾議院（D）	
1945-46	79th	羅斯福與杜魯門（Harry S. Truman）＊（D）；參眾議院（D）	
1947-48	80th		杜魯門（D）；參眾議院（R）
1949-50	81st	杜魯門（D）；參眾議院（D）	
1951-52	82nd	杜魯門（D）；參眾議院（D）	
1953-54	83rd	艾森豪（Dwight D. Eisenhower）（R）；參眾議院（R）	
1955-56	84th		艾森豪（R）；參眾議院（D）
1957-58	85th		艾森豪（R）；參眾議院（D）
1959-60	86th		艾森豪（R）；參眾議院（D）
1961-62	87th	甘迺迪（John F. Kennedy）（D）；參眾議院（D）	
1963-64	88th	甘迺迪與詹森（Lyndon B. Johnson）＊（D）；參眾議院（D）	
1965-66	89th	詹森（D）；參眾議院（D）	
1967-68	90th	詹森（D）；參眾議院（D）	
1969-70	91st		尼克森（Richard M. Nixon）（R）；參眾議院（D）
1971-72	92nd		尼克森（R）；參眾議院（D）
1973-74	93rd		尼克森與福特（Gerald R. Ford）＊（R）；參眾議院（D）
1975-76	94th		福特（R）；參眾議院（D）

1977-78	95th	卡特（James E. Carter）（D）；參眾議院（D）	
1979-80	96th	卡特（D）；參眾議院（D）	
1981-82	97th		雷根（Ronald W. Reagan）（R）；參議院（R）、眾議院（D）
1983-84	98th		雷根（R）；參議院（R）、眾議院（D）
1985-86	99th		雷根（R）；參議院（R）、眾議院（D）
1987-88	100th		雷根（R）；參眾議院（D）
1989-90	101st		老布希（George H. W. Bush）（R）；參眾議院（D）
1991-92	102nd		老布希（R）；參眾議院（D）
1993-94	103rd	柯林頓（William J. Clinton）（D）；參眾議院（D）	
1995-96	104th		柯林頓（D）；參眾議院（R）
1997-98	105th		柯林頓（D）；參眾議院（R）
1999-00	106th		柯林頓（D）；參眾議院（R）
2001-02	107th		小布希（George W. Bush）（R）；參議院（D）、眾議院（R）
2003-04	108th	小布希（R）；參眾議院（R）	
2005-06	109th	小布希（R）；參眾議院（R）	
2007-08	110th		小布希（R）；參眾議院（D）

資料來源：1829年至1988年之資料摘自King and Ragsdale（1988：426-429），其餘摘自新聞資料。D代表民主黨（Democratic），R為共和黨（Republican），U為美國南北戰爭時期的聯邦統一黨（Unionist），W為輝格黨（Whigs，其為共和黨前身）。

　　第二次世界大戰後至2008年之間，美國聯邦政府之組成，一致

政府維持了 24 年，而分立政府維持了 36 年，分立政府在這個期間超越了一致政府，成為美國聯邦政府的「制度性規範」（institutional norm）[157]。我國在民國 81 年舉行立法院全面改選的的結果，總統、行政院長及立法院皆由國民黨一黨完全主控組成「一致政府」，直至民國 89 年，由代表民進黨參選的陳水扁先生、呂秀蓮女士當選中華民國第十任正副總統，政黨輪替和平轉移政權，政府的組成由民進黨的總統主導，而立法院卻由國民黨籍占多數席次，因此在陳水扁總統八年的執政期間，所組成的政府可說是典型的「分立政府」或是「分裂政府」，中央政府如此，就是各級的地方政府之組成亦是「一致政府」與「分裂政府」互見，分立政府甚而儼然成為經常發生之現象，因此學者專家對分立政府之形成，影響或改革等方面之研究一時甚為盛行[158]。

黃秀端教授為了研究我國行政與立法部門之互動關係，將其分為三個階段來加以觀察：第一階段為國民黨執政，且擁有國會多數支持的多數政府時期；第二階段為民進黨執政，但是國會多數為國民黨所掌握的少數政府時期；第三階段為民進黨執政，而國會並沒有任何一黨掌握過半數席次時期，民進黨與臺灣團結聯盟黨結盟，仍是無法掌握國會多數[159]。依黃秀端教授之研究指出，從立法院對於行政院所提出的總預算的刪減比例，並未顯示少數政府與多數政府的差異，然而若是從預算主決議的數量與內容，我們確實可以看出少數政府的預算在立法院所遭遇的困難，且其困難並未能因民進黨席次的增加而減少[160]，加上政黨間的惡

---

[157] 吳重禮，前引書 263 頁。
[158] 參閱黃秀端，〈少數政府在國會的困境〉，《臺灣政治學刊》，第七卷第二期，2003，頁 3-7。
[159] 同前註，頁 3。
[160] 同前註，頁 4。

門，行政與立法部門互動關係欠佳，因此在陳水扁總統執政八年間所組成的分立政府，在歷經幾次的立委選舉中，皆希望能在國會獲得過半席次，但幾次立委選舉之結果，泛藍陣營仍居國會多數席次；2008年元月12日立委的選舉與3月22的總統選舉，國民黨皆獲得勝選。2008年5月20日後由國民黨一黨主政，組成「一致政府」完全掌控行政與立法部門。就民主國家政黨政治的運作原理原則而言，任何民主國家的政黨，其成立的目的乃是透過選舉，向選民訴求其政綱政策，博取選民的支持，以取得執政的機會，不但希望能掌控行政權，當然亦希望掌控立法權，而組成一致政府。美國的民主或共和黨，英國的工黨或保守黨，法國、德國或是日本等民主先進國家的政黨在選舉的競爭中莫不希望如此，但畢竟民主國家乃是主權在民，選民往往基於各種投票心理傾向諸如政黨、候選人、政見等之因素而採分裂投票，以致有所謂「分立政府」的現象出現。我國自民國81年國會全面改選後迄今，無論是中央或地方政府之選舉，皆有「一致政府」與「分裂政府」之互見現象，因此我們對所作分立政府或一致政府之組成，亦應了解其肇因、影響與改革之途徑。依筆者之研究，一致政府與分立政府皆各有其特色，我們不能武斷說那一類型的政府是有絕對的優劣，因為他們乃是民主國家人民的選擇而成立的。有關分立政府的肇因，各界學者之研究與詮釋至今尚未有一個周延的學說來加以詮釋，因其並非單一因素所造成，包含「行為因素」（behavioral factors）與制度因素（structural institutional factors）[161]。

　　行為因素之研究，主要在探討分裂投票（split-ticket voting）與

---

[161]　參閱吳重禮、徐英豪、李世宏，2004：Ansolabehere, Brady, and Fiorina, 1992; Beek etal, 1992;Carsey and Layman, 2004; Elgie, 2001:5-7; Fiorina, 1996; 143-156, 177; Garand and Lichtl, 2000; Norpoth, 2001; Sigelman, Wahlbeck and Buel, 1997)（轉引自吳重禮，前引書第242至243頁）。

一致投票（straight-ticket voting）之行為動機，而制度因素乃偏重選民投票行為的外在變數，如憲政架構安排、在職者優勢、選區劃分、選區服務、選舉時機與規則等。所謂「分裂投票」係指於同一次選舉中，有多種類型的選舉合併舉行，選民將選票投給支持不同黨的行政首長與民意代表候選人。所謂一致投票乃是在同時舉行的不同選舉中，選民將選票投給相同政黨的候選人。所以選民選擇一致投票或分裂投票的投票行為，所顯現之集體結果，就決定了府會之成立是否為一致政府或是分立政府之型態。選民為何要採分裂投票心理因素，依據學者之研究又有所謂蓄意說（intentional factor）與非蓄意說（unintentional factor）。其中蓄意說學派認為，選民希望透過整體投票結果塑造分立政府，使行政與立法部門由不同政黨掌握，而達到彼此均衡之效果[162]，而「非蓄意說」學派則主張選民的投票行為乃是受到其他制度因素影響而採取分裂投票，無意間造成分立政府之結果[163]。有關一致政府與分立政府運作之效率與品質向為各界所關注之議題，有部分研究之文獻顯示，由於分立政府缺乏一致的政治領導，因此較易導致政策制訂之滯塞，缺乏效率，其對政府運作之影響約有四項：一、反對黨掌握之國會的委員會時常過度掣肘行政部門，阻礙行政首長所推行之政務。二、重要政策之法律制定由於行政與立法部門分屬不同黨派而遭受擱置。三、無法釐清政策制訂和執行疏失責任之歸屬。四、肇致政策偏失與預算赤字竄升[164]。

---

[162] Alesina and Rosenthal, 1995; Bugarin, 1999; Carsey and Layman, 2004; Fiorina, 1996; Garand and Lichtl, 2000; Ingberman and villani, 1993; Terrance and De Vries with Mosher, 1998），（轉引自吳重禮，前引書頁 245）。

[163] Born, 1994; Jacobson, 1990, 1991; Soss and Canon, 1995（轉引自吳重禮，前引書第 245 頁）。

[164] Alesina and Rosenthal, 1995; McCubbins, 1991.參閱黃紀、吳重禮：〈臺灣地區縣市層級「分立政府」影響之初探〉，《臺灣政治學刊》，第四期，2000

　　但亦有若干學者質疑分立政府會造成政策僵局之論點，反而指出分立政府對憲政體制衡原理與多數選民之預期心理，並無損於政策制訂與執行成效，梅修（David R. Mayhew）亦指出分立政府並不必然使得立法過程產生僵局，依據梅修（David R. Mayhew），分析二次大戰結束後至 1990 年美國府會間之互動，經由國會調查案件、社會福利計畫、政府規範性政策等三個方面之探討，其結論認為分立政府並不必然使得立法過程產生僵局，因為政府首長與議會皆會反映社會需求與選民之期待，即使雙方在立場或意識型態有所不同，但仍會彼此加以協商調和相互之利益，以通過爭議性法案[165]。而吳重禮教授亦認為分立政府並不必然導致與立法院部門的較勁衝突，因為在美國憲政設計重視行政與立法之分立與制衡，總統與參眾議員之任期、選區、選民皆不相同，且總統與國會皆各自有其職掌，在組織鬆懈的政黨架構下，分立性政府與一致性政府的差異甚少，因為美國總統為順利推動其政務，減少國會議員之阻撓，必須運用良好之政治技巧與同黨及反對黨議員保持良好之關係，否則即使在一致政府之政府，總統若沒有做好府會關係，亦難以約束其同黨議員配合貫徹其政策[166]。

第三項　一致政府與分立政府對憲政運作之影響

　　吾人從以上所論述一致政府與分立政府之涵義、形成及其對憲政體制運作之影響，吾人更能瞭解目前無論是實施總統制、內閣制、雙首長制之國家，皆需面對一致政府與分立政府有關行政與立法互動是否良好，發揮憲法權力分立與制衡之良性功能，並能有效

　　年 12 月，頁 118-119。

[165] 參閱吳重禮，〈美國「分立性政府」與「一致性政府」體制運作之比較與評析〉，《政治科學論叢》，第九期，1998 年，頁 81。

[166] 同前註，頁 81-82。

確保人民基本權利等之各種憲政問題。我國自 1987 年解嚴，開放組黨、解除報禁，歷經七次的憲政改革及三次的政黨輪替後，我國之政治環境的確是已由過去威權體制逐漸朝向民主化的方向轉型，近幾十年來，我國中央或是地方政府亦是歷經一致政府與分立政府之運作經驗，有關美國實施一致性政府與分立性政府之民主憲政過程與經驗，當然很值得我國參考借鏡，但畢竟我國與美國的憲政體制、政黨制度、選舉制度及人民的政治文化、國家認同、族群等問題皆有所不同，他山之石固可攻錯，但我們亦不能忘了橘逾淮則枳，政治體制適合甲的未必適合乙，因此我們對所謂「一致政府」與「分立政府」之比較研究與參考，亦當以更為審慎之態度就我國的憲政體制與當前國家政經發展形勢等來加以評估。按在 1987 解嚴開放組黨之前，我國的確是處於由國民黨一黨完全掌控總統、行政院、國民大會、立法院、監察院的一黨威權式之政治體制下，就是地方政府無論是縣市長，或是地方議會亦大皆由國民黨一黨主控的時代，但自 1987 年解嚴，開放組織政黨、解除報禁後，我國的政黨政治展開了一個歷史性的新里程，國民黨亦由支配型的威權政黨轉化為競爭型的民主政黨，尤其在李前總統主政 12 年期間，結合朝野政黨及各界人士進行了六次的憲政改革，完成了國會全面改選，總統的選舉方式亦改為公民直選，在李前總統執政時代，在中央政府乃是由國民黨一黨主政的一致政府，但在地方選舉無論是行政部門與議會兩部門，民進黨之勢力成長迅速，此時期我國地方政府已有逐漸朝向「分立政府」發展之形勢，直到 2000 年發生政黨輪替，因代表民進黨的陳水扁先生、呂秀蓮女士當選中華民國第 10 任正副總統，2004 年又再度當選第 11 任正副總統，但在立法院、國民大會（於 2005 年經修憲後已廢除），卻由泛藍陣營（國民黨、親民黨、新黨所成的政黨聯盟）所掌控，所以在陳總統 8 年的主政時期，中

央政府的組成可說是處於「分立政府」之狀態，而在地方政府亦是處於分立政府較多之現象。所謂的分立政府或是一致政府，在二次大戰後的美國已是一種很平常之情，但其府會關係卻不會像我國這樣，造成行政與立法互動關係欠佳，且加上政黨間的惡鬥，朝野之間經常相互攻擊對方是阻撓法案的始作俑者，使得許多重要法案無法過關，造成立法院嚴重空轉，政府運作癱瘓，甚至在2006年的中央政府總預算案曾遭到否決未能順利過關之憲政困境，其實執政黨未能在國會取得國會多數之時，無論是實施內閣制、總統制，或半總統制的國家，可能面臨的問題是一樣的[167]，但他們皆能透過政黨協商之方式達到共識，最後皆能獲得問題之解決。而同樣的情況在我國為何卻無法獲得有效之解決呢？依筆者之看法，問題不是出在政府的組成是「分立政府」或是「一致政府」，其主要之癥結在於我國的憲政體制在權力分立與制衡之設計，在先天上就有所諸權責未能釐清之問題，加上我國尚未建立良性競爭的政黨制度所致。我國憲法在1947年公布實施後，所實施之中央體制乃是修正式的內閣制，總統的職權是有限的，依憲法本文規定主要的行政大權歸屬行政院，但憲法實施不到一年，我國政府又透過國民大會依據憲法第174條制定了「動員戡亂時期臨時條款」，擴大了總統的職權，因此自1948年至1987年解嚴之前，我國完全處於由國民黨一黨掌控執政的「一致政府」，但自1987年總統經國先生有感於「環境在變、時代潮流在變」之民主潮流趨勢下，順應民意解除戒嚴、開放組黨、解除報禁，我國的政黨政治亦隨之開始逐漸蓬勃發展，在李前總統主政12年間，進行了6次的憲政改革，中央政府無論是行政與國會仍是由國民黨一黨主控，但在1997年第4次修憲後，在憲法增修條文中規定行政院長由總統直接任命，不須經立法院同意，中央

---

[167] 同前註，頁6。

政府體制之運作更形造成「總統有權無責」，而「行政院長有責無權」之情況，在李前總統主政期間，因總統、行政院、立法院、國民大會皆由國民黨掌控，憲政運作尚稱順暢，但自 2000 年政黨輪替迄今，在陳總統主政 8 年期間，行政權雖由民進黨掌握，但立法院由泛藍陣營掌控，就是處於「分立政府」之情況。而此時期總統、行政院與立法院分屬不同政黨掌控之「分立政府」下之不順運作之困境，吾人真可套用一句 Woodrow Wilson 所說的一句話：「你無法在充滿敵意之中成為一個成功的政府」。而 Cheibub Przeworski 與 Saiegh（2002）亦認為：「一旦在總統制之下形成少數政府，當總統期望透過結盟與在野黨合作時，若在野黨基於選舉理由因而拒絕與執政黨進行結盟之後，將會出現少數總統面對一個具有敵意的立法部門，而且沒有任何人可做任何事」[168]。而基氏（Key, V. O., Jr）亦指出「由相同政黨來掌握行政部門和立法部門，並不能保證成為一個有活力的政府，但是由不同政黨所掌握的政府則一定不能達成」[169]何況我國的中央政府體制雖經 1997 年第 4 次修憲後，已屬於偏向總統之雙首長制或半總統制，但又不能像法國的雙首制之總統能享有主動解散國會、主持部長會議（相當我國行政院會議）之權，而立法院對總統與行政院長之罷免案或倒閣案之提出，因憲法所規定之門檻過高，或是基於立法院被解散後所帶來重新選舉之挑戰等問題，有關立法權制衡行政權，諸如罷免總統或對行政院提出不信任案等之機制猶如束之高閣，當中加上朝野政黨之惡鬥，所謂分立政府較易導致的政策滯塞（policy gridlock）停頓（deadlock）與「缺乏效率」（inefficiency）以及行政與立法部門彼此之間的僵局

---

[168] 同前註，第 13 頁。

[169] Key, V.O., Jr., Politics, Parties, and Pressure groups, 5th ed. New York; Thomas Y. Crowell. 1964, P688.

（stalemate），在民進黨執政八年間由於以上筆者所論述之因素可說一一顯現出來[170]，這是有待國人加以深思，同樣在歐美民主先進國家，無論是總統制、內閣制、雙首長制所組成分立政府與一致政府能在既有的憲政體制下順利的運作，但發生在我國就會出現難解的政治習題，實有待朝野全民共同省思，並以宏觀務實的理念，以天下蒼生為念，來予以正視並提出有效的解決方案。

在李前總統登輝時代，由於國民大會、立法院、監察院、行政院等機關皆屬於國民黨一黨控制，所以社會各界對於權力制衡的問題，出現了很大的疑慮。尤其是自 1997 年第四次修憲後，行政院長由總統直接任命而不須經立法院同意，自此之後，形成總統有權無責，而行政院長有責無權的現象，而行政院長頓時間成為總統的幕僚長，但依憲法本文第 53 條之規定，行政院為國家最高行政機關，且依憲法增修條文第 3 條規定，行政院仍須向立法院負責，因此擔任行政院長者實左右為難，所謂兩大之間難為小矣！惟在李前總統執政期間，行政權與立法權之間，由於國民黨一黨優勢，行政權與立法權由同一個政黨掌握，在運作上即使面臨民進黨在立法院之強烈抗爭，但大體上國政之運作尚稱順暢。

在陳水扁總統執政期間，民進黨雖然贏得總統寶座，但國會卻由泛藍陣營掌握優勢，形成朝小野大之局面。非但行政與立法部門之關係欠佳，府院之權責嚴重失衡亦無法釐清，加上政黨之間的惡鬥，造成國政嚴重內耗。因我國的中央政府體制不同於法國的雙首長制，陳總統無法如同法國總統般可以主持行政院會議（相當法國的部長會議），以推動其政策，另一方面在野的國民黨所主導之泛藍陣營立委，亦不願意主動發動倒閣權來作為制衡政府的手段。如此一來，總統就無法依據憲法來行使解散立法院之權以化解僵局，

---

[170] 吳重禮，《政黨與選舉：理論與實務》，臺北，三民，頁 262。

使得政府這部大機器不停地空轉。再者，立法院對總統罷免或彈劾權因發動門檻過高，即使通過立法院那關，仍須再送請公民複決或移請大法官審理，使其在行使制衡時有難上加難的條件，而形同束之高閣。

於此，「一致性政府」，當然比朝小野大的局面，較能帶來更為安定之政局。但為求國家之長治久安，終究不能僅依短暫穩定的時局來確保國家永續的發展，國人當仔細地思量，如何打造一部合宜的中央政府體制，以更能發揮適時適地、權責相符的憲政體制規範，來維持國家未來民主政制永續的發展，而不能端賴選舉的結果來治理國家。

當前世界上民主先進國家憲政體制之運作，無論是實施「一致性政府」或「分立性政府」已是形成司空見慣之事，即使在我國亦是如此，因為在一個民主多元化的政治體系中，選民的投票行為心理傾向是隨著各種因素，諸如政黨傾向、候選人傾向、政見傾向及其他很難預測之變數決定其投票行為，所謂「一致性政府」，就是掌握行政權的執政黨，亦掌握國會多數的席次，使行政與立法權皆掌握在同一個政黨的手裡。而「一致性政府」是否就會帶來政黨與政府的專制濫權呢？

試觀實施內閣制的英、日、德等國家，如國會由同一黨掌握多數席次時，就由該黨負責組閣，閣揆及大部分閣員皆由同黨的議員兼任，形成行政與立法由同一政黨掌握的「一致性政府」；如在國會大選後，沒有任何一黨獲得半數以上的席次，就由獲得較多席次的政黨與其他政黨協商共組所謂聯合內閣或執政聯盟，如最近德國大選，由麥克爾政府所籌組的執政大聯盟，就是所謂的「分立性政府」。

在內閣制的國家，如英國乃是以一黨獨大為執政的主要條件，

因為在每次國會大選獲多數席次的政黨負責組閣，使行政與立法部門連鎖合一，方能有效貫徹執政黨在選舉中對選民所提出的政見，且釐清政治責任，在野黨亦可扮演忠誠反對黨的角色加以監督，因此在內閣制國家的「一致性政府」，乃是貫徹民主政治與責任政治的最有效施政方式。而議會政治就是政黨政治，國會若能選出一個多數席次的政黨，較能有利於議事之運作及議事效能之提升，反而可以增加行政與立法部門之和諧，使政局穩定[171]。

　　而美國自 1946 至 2004 年，58 年期間曾有 36 個年頭處於「分立性政府」，另 22 年處於「一致性政府」之狀態，美國選民不會憂慮行政與立法由同一個政黨掌握，反而經常擔心行政與立法分別由不同政黨控制的分立政府可能引發的紛爭，而一黨主政也不能保證政黨不被輪替，無論是美國或法國，政黨輪替與再輪替的選舉循環，都是民主社會政黨選擇與民主政治偏好的正常現象而已[172]，惟憲政制度之設計的確對政治人物之行為會產生相當程度之影響，以美國的總統制為例，總統乃是導引國會制訂政策並做為政策執行的領導人，然而面對分權制衡之參眾議院，總統往往很難展現施政作為，尤其在國會為反對黨掌握多數席次時，其施政作為受到諸多掣肘[173]。

　　復觀美國、法國、德國、日本等民主先進國家，每次大選後各國所組成的新政府，無論是「一致性政府」或「分立性政府」，由於其人民具高度的政治素養，政治人物皆能遵守憲政的規範，尤其他們皆有良好的中央政府體制的建構，而能發揮權力分立與制衡、

---

[171] 董翔飛，〈總統制衡？愚弄選民陷憲災？〉2008 年 3 月 11 日，聯合報，A15 版。
[172] 廖坤榮，〈人民選擇了一致政府〉，2008 年 3 月 23 日，中國時報，第 22 版。
[173] 吳重禮，《政黨與選舉：理論與實踐》，三民，2008，頁 287。

權責相符的憲政體制之功能，所以國政都能順利推動，並未造成嚴重內耗。因此我們認為政府的組成，無論是「一致性政府」或是「分立性政府」，只要能遵守憲法之規範，不至於有一黨獨大而濫權之問題，因為人民的眼睛是雪亮的，在民主政治的國度裡，人民才是最大的制衡力量。

行政與立法合一對人民負完全責任，乃是實施民主的常軌，因為在民主國家由多數黨執政乃是正常之事，這不能與隱含有專制獨裁意涵的「一黨獨大」劃上等號。惟筆者亦認為我國中央政府在權責方面仍有若干加以釐清之處，如總統與行政院長之權責劃分，總統的選舉方式是否由當前的相對多數更改為絕對多數、政黨法、陽光法案和行政中立法之制定，皆需朝野政黨能以國家的永續發與人民的福祉為前提，共謀國是以解決，而社會上既然有「一黨獨大」濫權的疑慮，府會為多數黨的執政黨，當以更謙卑的心，誠心誠意地傾聽人民的聲音，在權力運作上更要嚴加自我約束，加強行政與立法部門之黨團溝通工作，尤應尊重反對黨的意見，建立良性政黨協商制度，使得政府能夠順利的運作，並為國家的前途與人民的自由民主人權之幸福生活，開創一個美好之新境界。

第二節　一黨獨大與一黨專制之思辨

憲政體制、選舉制度及政黨體制乃是民主政治的三大基石，大凡研究一個國家的政治，除了研究其憲政體制外，尚須對其選舉制度及政黨制度之運作情形有所了解，否則很難窺其國家實際政治之堂奧。自由選舉與建立良性競爭的政黨制度，乃是任何真正自由民主國家不可或缺的條件。按政黨制度與選舉方式是互為關聯的。誠如法國名政黨理論學者杜瓦傑（Maurice Duverger）在其名著《政黨概論》（Political Parties）一書中所指出的，政黨的緣起是與議會政

治及人民選舉權的擴大，有著密不可分的關係[174]。政黨的主要
功能與目的就是取得政權，以實現其所主張的政綱政策，達到為人
民服務的目標。而在一個開放民主政治體系中的任何政黨或政治團
體，若欲取得政權，實現理想，其最主要的方式就是透過選舉的活
動，朝野在一個共同的政治遊戲規則下，以選票決定誰來執政。政
黨固然是應民主政治的選舉而產生，但各式各樣的選舉制度對於該
國的政黨體制之發展，亦產生莫大的影響作用。政黨是代表人民表
達意見的重要政治團體，也是選民與政府間的橋樑，而提名候選人
從事競選活動，以期最終能夠組織政府，實施對政府人事與政策之
控制，乃是政黨在民主政治體系活動中的主要功能。政黨雖然不乏
對私利或權利之追求者，但其最終目的是為集體的利益打算，亦就
是為全體的目的而服務，以謀求國家與人民之幸福。若無政黨之居
中運作，民主政治是很難達到健全發展的。因為政黨可為每個選民
提供決策所需之訊息，降低決策成本，使選民能在瞬息萬變的政治
環境中，輕而易舉地決定其投票行為，以選出其中理想的候選人。
儘管政黨的選舉關係會隨著選民自由意願的高漲，新生代選民的自
我認同，新的社會與環境問題等而式微，但無庸置疑地，在一個民
主政治體系中，直到目前為止，尚無其他組織可以取代政黨去扮演
這一個角色與功能，而唯有透過良好的選舉制度與政黨競爭體系，
才能真正落實國家的民主憲政，以達到政治現代化的境域。

第一項　政黨制度之剖析

　　政黨制度的界說影響一個國家政黨制度發展趨向的因素，除了
其歷史傳統文化、社會經濟背景、意識型態、宗教信仰、選民結構

---

[174] Maurice Duverger, Political Parties: Their Organization and Activity in the Modern State New York: John Wilry & Sons, Inc., 1963) P.103.

等諸因素外，該國所採用的選舉制度往往會促成不同的政黨制度，而不同的選舉制度對該國政黨體系的發展與其人民的生活必然會產生各種不一樣的政治效果與影響。亦就是一個國家未來到底會朝向兩黨制、一黨獨大制或多黨制，以及是否能建立一個良性的政黨競爭體系，其中選舉制度是一個重要因素。為了更進一層探討選舉制度影響政黨制度發展的原理與問題所在，我們擬針對政黨制度（party system）的界說加以解析如次：以政黨的數目來區分政黨制度，可歸納為一黨制、兩黨制與多黨制：

一、一黨制

按一黨制（One-Party System）並非一定是一黨專制或極權政權，亦有符合民主性質者的政黨制，約可區分為以下幾種型態[175]：

（一）一黨極權制（One-Party Totalitarian System）

在這種政黨體系的國家內只允許一個政黨合法存在與獨佔政治權力。這種一黨制，即為極權的一黨制（Totalitarian One-Party System）或稱獨占的一黨制（Monopolistic One-Party System）。在這種政黨體制下，唯一合法的執政黨，就成為國家與社會之領導中心。這種政黨強調意識型態，嚴密控制人民的思想與行動，不允許人民自由組成政黨。依照極權者的政黨概念，政黨由統治階級（Ruling Class）所組成，二者且是合而為一的。黨的使命在實現領袖所宣示的政治理念作為整個社會與個人之最高目的之社會秩序；黨是最高的政治價值，其目標是無可置疑的，政府成為黨的工具[176]。這種一黨極權制之政黨，以二次世界大戰前義大利的法西斯黨（Fascist Party）、德國的納粹黨（Nazi Party），以及過去已瓦解

---

[175] A. Mcdonald, The Study of Political Parties (New York; Doubleday Co., 1955), p.35.

[176] A. Leiserson, Parties ane Politics: An Institution and Behavioral Approach (New York: Knopt Co., 1958), P.210.

之蘇聯與中國共產黨為最具典型的代表。就以過去的蘇聯而言，由於認為政黨是階級利益之代表，因此除了代表無產階級的共產黨一黨之外，根本不容許其他任何黨的存在與發展。黨擁有至高無上的權力與意志，國家政策皆由黨中央制定，所有民間團體與輿論，都只變成為政黨之傳聲筒，一切都須唯黨的旨意馬首是瞻，藉以強固領導階層的力量，以嚴格的手續吸收黨員。每一個入黨成員必須禁得起多次整風整肅之考驗，以堅定其對黨之主義或旨意的信念，博取黨之信任，進而獲得晉身為政治及社會上特權階級之機會。

（二）一黨威權制（One-Party Authoritarian System）

在這種政黨政治制度下，國家以法律規定，只能有一個合法政黨存在，且信奉某種意理或意念。一般的反對份子因不能認同其意識型態，將被視為反革命而遭清除。在新興國家建國初期多採集體領導制，但隨著時間的變遷而漸由一位勢力強大的領袖所取代，此時黨與領袖即成為國家使命的化身，實施這種體制的原理是運用黨政合一的方法，穩定政局，把政黨和國家看成一體，忠於政黨就等於忠於國家，在這種體制下，政府的一切政策也是須經由黨來做議決，但不如一黨極權制那麼有計劃而貫徹到底。而且，任何公民皆可入黨，黨員資格是擔任政府公職之必要條件；但是黨的組織不像一黨極權制的政黨那麼嚴密，黨內會有明顯的派系存在，而依賴黨魁的聲望來維繫黨的團結。在這種政治體制下，其政權無形中潛伏著不穩定性之危機，如黨之領導階級在年歲增高後，往往無法有效控制政局，甚而導致不可預測的情勢[177]。

---

[177] 陳鴻瑜，《政治發展理論》，桂冠，1987 年 10 月 15 日出版，頁 188-189；程全生《政黨與政黨政治》，華新，1988 年 4 月，頁 38-39。葛永光《政黨政治與民主發展》，國立空中大學，2002 年 8 月，頁 109。

（三）一黨多元制（One-Party Pluralistic System）

國家政治權力雖長久為某一大黨所獨占，然該黨內之組織則為多元化，政治理念亦更重視實際，而對其他競爭之政治團體亦採取容忍之態度，並不施以壓迫。例如：墨西哥之革命建制黨（Party of Revolutionary Insititutions, PRI），其黨的組織是依據多元民主的原則建立的，而政黨的公職候選人提名是按競爭結果而作決定；亦有學者將其稱作「變體的一黨制」（呂亞力，1985：262-265）[178]。

（四）一黨優勢制（One Dominant Party System）

這種政黨體系的國家，由一個大的政黨長久把持政權，惟黨內部的組織卻是多元化的，而允許其他政黨合法存在，可是除了此執政的大黨外，其他小黨是政治性組織，無法與執政黨分庭抗禮，以獲得參與制定政策的機會。雖執政黨的政治獨占地位頗為穩固，但與其他政黨關係上，則是循協調與吸收的方式，力求溝通；在政策上，不強調以哲學理念與意識型態作為政策指導原則。這種型態的政黨制度，大多存在新興國家之中，例如南非的國民黨、突尼西亞的社會主義黨，造成此種政黨局勢的因素，如同呂亞力所說：「一為執政黨在群眾中具有極高的聲望，主要是由於它是領導國家獨立，是有開國建國功勳的政黨；二是這些國家的社會情況，還無法使得足以與執政黨抗衡的反對黨建立起來。」[179]這種政黨型態的國家，往往是由一個農業、開發中國家階段過渡到工業、已開發國家階段的進程之中。因為處在這樣一個過渡期間的國家，其思想紛然雜陳，意識型態常較分歧，舊傳統、舊價值標準頗能吸收部分知識份子的思慮與向心，而新的價值標準、新的社會理想亦能激發人的心智而推動國家建設。這種一黨優勢制的長處：一為在黨的大架構

---

[178] 葛永光，同前書，頁 110。
[179] 呂亞力，《政治學》，五南，1978 年 2 月初版，頁 89。

內，可以容納不同意見的存在與競爭。因此，來自不同階層的才俊
之士，仍然可以平等競爭的方式，為國家社會發展其抱負：二為由
於執政黨的強固，可為政治體系帶來極大之穩定作用，減少無謂之
政爭，統合傳統制度與新價值的衝突與代溝，使之成為國家現代化
之輔翼。所以，一黨優勢制，若能運行得法，可以使社會走向民主
式的多元化型態。亦就是說一黨優勢的政黨內形的國家，是只有一
大黨長期贏得國會過半數席位而取得執政，但其它的政黨亦能有同
等的機會與執政黨做合法的競爭，其意識形態或政綱政策，亦不會
受到執政黨官方的壓制，如新加坡的人民行動黨、日本的自民黨執
政期間，除了亞洲國家外，美國在 20 世紀中，有相當長的一段時
期，南方各州是維持一黨優勢制[180]。

二、兩黨制

　　所謂兩黨制（Two-Party System）就是一個國家內有兩個主要政
黨，在每次選舉時，兩黨之選票與席次差距不大，輪替執政，和平
轉移政權，而朝野互相監督與制衡，政治責任分明的政黨制度[181]。
研究政黨制度的學者讚美兩黨制的民主精神，而此種政黨制度的形
式常被各國所仰慕，且希冀引進而特意仿效。但兩黨制的形成，往
往與該國之歷史傳統、政治文化、選舉制度有密不可分之關係，並
非勉強學習所可獲致。例如 1930 年的土耳其，當凱末爾的共和人民
黨執政，此時凱末爾邀其摯友出面另組自由共和黨，企圖為土耳其
引入兩黨制的政黨制度，然其結果是：一些反政府的破壞份子，卻
以新黨為護身符，導致 1931 年自由共和黨的內亂並致解散[182]。由此
可見兩黨制的形成，不是人為勉力可就的，而與該國的歷史傳統及

---

[180] 葛永光，前引書，頁 110-111。
[181] 雲五社會科學大辭典第三冊，〈政治學〉，臺灣商務，1971 年 12 月，頁
　　205-208。
[182] 薩孟武，《政黨政治論集》，中華文化，1956 年 10 月，頁 130-143。

政治文化關係至為密切。以兩黨制之鼻祖國英國為例，其形成乃基於極端相反的兩黨，均同意英國之憲法傳統，並予以尊重，而在此傳統下相互容忍，和平競爭。由此而得以發展成優良的兩黨制。兩黨制的優點，就是能夠維持政治的穩定，因為在一黨失敗而失去政權時，另一政黨就可取而代之。這樣兩黨輪流執政，責任集中，功過分明，監督容易，實在是民主政治的常軌。因為民主政治就是政黨政治，而健全的政黨政治，不但需要強有力的執政黨，更需要強而有力的忠誠反對黨，兩黨的對立可使政界發生新陳代謝作用，一個政黨不致因久握政權而流於腐化。而且各政黨為了爭取民心，亦必施行人民所歡迎的政策。兩黨政治常為人所樂道者，其故在此[183]。談子民認為兩黨制有以下幾項優點：一為兩黨制能使政治責任分明；二為兩黨制分野自然，合於事物天然之性；三為兩黨制之下，乃一多數決法則之政治；四為兩黨制之政府，易趨穩定；五為兩黨制下之政府，易為選民所控制；六為兩黨制下之選民，易於選擇政黨，組織政府；七為兩黨制易使人才輩出，促進政治人才之新陳代謝，獲致賢能政治；八為兩黨制下在野黨，易於發揮監督批評之功能[184]。西方學者紐曼則指出：「兩黨法則是含有最大效能之民主方法。兩黨制是政黨制度中最理想的一種，尤其有反對黨存在，並參與輪流組織政府，能促進政治的進步。又可從監督執政黨政府工作中，充分發揮其效能。」[185]孫中山先生對兩黨制亦頗為讚美。他說：「凡一黨執政，不能事事皆臻完善，必有在野黨從旁觀察以監督其舉動，可以隨時指明。國民見在位黨之政策不利於國家，必

[183] 詹同章，《政治學新義》，黎明，1976 年 11 月，頁 194。

[184] 談子民，〈政黨論〉，正中，1970 年 8 月，頁 50-53。

[185] Sigmund Neuman, "toward a Comparative Study of Political Parties", in Neumann, ed., Modern Political Parties. Chicago: University of Chicago Press, 1956, pp.259-321.

思有改弦更張，因而贊成在野黨之政策者必居多數。在野黨得多數
國民之信仰，即可起而代握政權，變而為在位黨。蓋一黨之精神才
力，必有缺乏之時，而世界狀態，變遷無常，不能以一種政策永久
不變，必須兩黨在位在野互相替代，國家政治方能日有進步。」[186]
綜觀上述幾位中西學者之論述，我們可具體地歸納出兩黨制之優點
約有以下幾項：1.兩個組織健全與人才濟濟的政治團體，皆有能力
組織政府，使政權交替，憲政體制能夠繼續維持。2.兩黨輪流執
政，能夠避免因一黨長期執政而鬆懈或腐敗。3.於反對黨能發揮監
督之功能，足以促進執政黨的政策趨於合理與有效能。4.責任分
明，功過昭然若揭，能促進政治進步。5.因為兩黨彼此競爭，爭取
選民甚力，因此對人民之政治社會化有很大的幫助，能奠定憲政法
治之雄厚基礎。當然世界上沒有一種政治制度是完美無缺的。同樣
地，兩黨制亦有以下幾項缺點存在：1.兩黨制未能代表社會上多方
面之利益與意見。2.兩黨制容易招致多數專制之流弊。3.兩黨制易
使黨爭益加劇烈。4.兩黨制易使政府趨向於保守。儘管兩黨制並非
十全十美，但兩黨制的確是到目前為止，是人類所發展出之政黨制
度中比較理想的一種，它較能具體實現民主精神，這也是為什麼很
多國家，都正在積極朝向兩黨制發展的主要理由[187]。

三、多黨制

　　所謂多黨制（Multi-Party System）就是一個國家內有三個以上政
黨存在，而任何政黨在每次選舉中，皆無法獲得相對多數以單獨組
織政府，而必須與其他政黨聯合組織政府，因此多黨制又稱之為多
黨聯立制，是歐洲各國的政治體制中常見的現象，尤其諸如荷蘭、

---

[186] 孫中山，〈政黨之要義在為國家造幸福為人民謀樂利〉，國父全集，中央文
　　物供應社，1981 年 8 月 1 日出版，第二冊，頁 334。
[187] 同註 198，頁 53-56。

比利時、以色列及北歐諸國更屬此類型政黨制度之代表國家。其形成之因素與其歷史傳統、政治文化，特別是比例代表制的選舉法有很大的關係，其主要特色為政黨林立，從極右到極左，不論黨派大小，同時並存，因此黨派之數量頗為可觀。但是，任何一個政黨均不獲得足夠獨自主政的民意支持，因而必須協調，平衡各黨派以組成聯合內閣。在多黨制國家中，眾多不同之政黨各自代表不同階級之利益與價值，每一政黨對政府政策均有其鮮明立場，或種因於宗教信仰（例如德國基督教民主黨），或出於對環境保護之關切（例如德國綠黨），或基於經濟立場、社會地位等等，不一而足。形成多黨制的因素很多，但其中選舉制度乃是其主要之因素，如比例代表制及兩輪投票制較容易形成多黨制，但如其國家之人民對國家定位、社會、經濟、文化之看法歧異，是造成多黨制之重要原因。

綜觀以上所論述的當前世界上的各國存在的政黨制度，皆有其特色與優劣所在。然而大體上言之，整個國家之政治體系之穩定，要靠各種制度來支持，而政黨制度就是主要的一種。但每一種制度並非可以一成不變的或是十全十美的，政黨制度亦不例外，一個國家究竟要採行何種政黨政度，實在也難找出其絕對的標準，例如：

（一）一黨威權制會在特異的政治菁英引導下，有利突破國家所面對之各種困局逆境，甚而扭轉乾坤，使國家步入現代化國家之林，但如何從威權政治體制轉化為民主政治體制，實在是其面臨的最大課題。

（二）一黨優勢的政治體制由於能有效地穩定政局，是以頗能因應開發中國家，由傳統過渡到現代所產生之社會問題，也能藉擴大參與而導引民主政治之發展，故亦獲部分學者推崇。美國政治學者杭廷頓（S. P. Huntington）曾做了一個統計，發現新興國家中以採

行一黨制或一黨優勢制者受政變與陰謀政變的概率最小[188]。另外，麥克迪斯與布朗（Roy C. Macridis and Bernard E. Brown）在其合著之《比較政治學》（Comparative Politics）乙書中也指出：「一黨優勢的政黨制度具有政治安定、措施迅速、貫徹政策、易於應付危機等四大優點。」[189]

（三）兩黨制既能符合民主政治之精神，又能兼顧效率，確實具有其他制度所不能及之處，故為多數熱愛民主自由人士所嚮往，誠如美國政治學者杭廷頓（Samuel P. Huntington）所說：「兩黨制固然是為熱愛民主人士所追求，其演化乃是社會變遷之結果，而非必然的政黨體制。」[190]所以不可刻意強求。依據我們的研究發現，實施兩黨制度較為成功的國家只有英、美等英語系國家，其他曾仿效實現兩黨制的國家，幾乎沒有一個能達到上述英語系國家那樣成功的範例，甚而發生政治不穩的情勢。

（四）多黨制容易反映社會的多元價值，代表各階段的利益與意見，因此得以使不同的民意，在國會中充分表達，不致受到獨裁專制之強力迫害壓抑。但因議會內小黨林立，意見不一致，在決策上無法做果斷決定，不易貫徹政令之施行，行政首長更迭常較頻繁，在在皆易造成政治中樞軟弱、政局動盪，使政治體系之穩定性與效率性減低，而為國家種下潛伏危機。因此杭廷頓認為多黨制尤其不利正在經歷現代化的開發中國家，因為對這些國家而言，多黨制較兩黨制或一黨優勢制更易遭受軍人之干政（Huntington, 1965:

---

[188] Huntington, Samuel P.: Political Development and Political Decay,,, in Claude E. Welch, ed., Political Moderniziation: A Reader in Comparative Political Change. Ca.: Wadsworth Publishing Company, Inc., 1967. p.245.

[189] Almond, G. A. and G. B. Powell: Comparative Political: System, Process, and Policy: Boston: Little, Brown and Company, 1978. P42.

[190] Samuel P. Huntington, Political Order in Changing Societies. New York: Yale University Press, 1968, p.231.

Chap. 7），但多黨制若在諸如瑞士、奧地利等民主憲政文化較成熟的國家，亦能組成多黨制的聯合內閣，順利的推動國政[191]。

總之，在瞭解了一黨制、兩黨制、多黨制的理論及優缺點後，對於一般民主國家之政治體系中，政黨制度究竟是屬於兩黨制、多黨制、一黨獨大制？而其界定的客觀標準又如何？對於這個問題，我們對於政黨制度這一個名詞需要有一個比較明確的說法。所謂一黨獨大制，意指一個國家在進行大選後，假如有任何一個政黨單獨獲取 70%以上的國家席次，我們稱之為一黨獨大制。所謂兩黨制，意指大選後有兩個大的政黨其獲得的國會議席佔總席次 90%以上稱之為兩黨制。所謂多黨制意指大選後，假設沒有兩大政黨其所獲取的議席合計 90%以上，又沒有任何一個政黨單獨獲取國會席次 70%以上者，則稱之為多黨制。

吾人以上對政黨類型的分類，主要是從政黨的數目來加以分類，同時我們亦可就政黨數目和政黨競爭性質來作政黨分類之標準，將其分為：

（一）非競爭性政黨制度：就是在一個政治體系中，不論政黨數目有多少，只允許一個政黨合法從事政治活動，其他政黨是不能合法從事競爭活動；如實施「一黨極權」、「一黨威權」政黨體制的國家，這些國家除了執政黨主控政治外，其他政黨是不容許向執政黨的權威挑戰，更遑論與執政黨做公平公正的競選活動。

（二）競爭性政黨制度：就是在一個國家的政治運作中，各政黨間的競爭，是透過公平公正公開的選舉來決定由誰來執政，如實施「兩黨制」、「多黨制」或「一黨優勢」的國家皆是[192]。

---

[191] 葛永光，前引書，頁 177。
[192] 參閱葛永光，前引書，頁 106-107。

第二項　一黨獨大與一黨專制或一黨獨裁之思辨

　　當前我們在報章雜誌或其他政治人物或政論性節目所謂「一黨獨大」對其涵意有所曲解與偏離其真正的意涵，甚而將其與一黨專制、一黨獨裁、一黨極權、一黨威權等「不民主的政黨」，含有專制獨裁的不民主之意涵劃成等號，因而引起國人很大的疑慮，實有待加以導正與釐清的必要。誠如筆者從以上所對一黨專制、一黨獨裁、一黨極權、一黨威權等已加以分析，像這樣的政黨是不民主，因為他們不允許其他政黨或政治團體存在，甚至迫害其他政黨合法的活動，遑論與其競爭爭取執政的地位。而所謂「一黨獨大」、「一黨主政」或「一黨執政」乃是指一個政黨無論在國會或是行政部門的選舉中皆獲得人民的支持，而組成一致的政府，即使執政期間多長，亦是經與其他政黨公平競爭來獲得人民同意而取得執政。亦就是說所謂一黨獨大或一黨主政所組成的一致政府，乃是由人民經公平、公正、公開的自由選舉投票而決定的，但一黨專制、一黨極權、一黨威權是不民主的政黨體制，因為它不允許其他政黨合法的存在，亦不可能舉行公平的選舉，它們組成的政府是專制極權的體制，不可能有反對黨的存在，無論是行政、立法或司法等部門皆由專制極權的一黨所主控，人民的基本權是無法獲得保障。我國在 1987 年之前的政黨體制乃是屬於支配型的一黨威權體制，當時總統由國民大會選舉產生，立法院、國民大會、監察院尚未全面改選，但自 1987 年解嚴、解除報禁、開放組黨之後，我國政黨的類型已由支配型的政黨轉為競爭型的政黨，在李前總統執政 12 年期間，歷經 6 次的憲政改革，國會全面改選，尤其 1996 年舉行第一次總統公民直選，我國才被美國「自由之家」及西方媒體宣稱為真正自由民主國家，直至 2000 年發生政黨輪替，和平轉移政權由民進黨籍的陳水扁先生、呂秀蓮女士當選為中華民國第十任正、副總統，並於 2004

年當選為第十一任總統、副總統；2008 年由代表國民黨參選的馬英九、蕭萬長先先當選為中華民國第十二任總統、副總統，到 2016 年民進黨蔡英文女士、陳建仁先生當選為中華民國第十四任總統、副總統，歷經三次政黨輪替，可說我國已成功轉型成為一個主權在民的民主國家，政黨的類型與英美日等先進國家的政黨一樣，人民享有公平、公正、自由民主的選舉，人民有權決定誰來執政，無論是總統、立法委員、縣市長皆需定期改選，而我國的政黨體制已轉型為競爭型的政黨制度。因此未來政黨輪替乃是正常的事，無論由任何政黨執政，只要遵守憲政體制之規定與體察民意的需要，皆不可能發生所謂一黨專制、獨裁濫權之情事，因為人民才是制衡政府的最大之力量與憑藉。但我們亦應瞭解「權力使人腐化，絕對的權力使人絕對的腐化」之政治哲理；因此我們亦應針對當前的憲政體制加以審視是否真正符合權責相符，同時更需體察民意，建立更為公平、公正票票等值的選舉制度並建立良性競爭的政黨政治，提昇我國優質的憲政文化，開創一個和平穩定的新政局。

第三節　各類政府體制皆有特色

　　首先，就我國的制憲歷史而言，中華民國的開國元勳孫中山先生，他所主張的建國理想本來就是提倡建設成一個像美國或法國那樣分權與制衡的政府，來保障人民的基本人權，以落實主權在民的理想。因此在民國初年制定的臨時政府組織大綱，亦就是中華民國開國的第一部成文憲法，係仿效美國總統制，但後來國民黨人為了防止袁世凱的野心，又以臨時約法取代組織大綱，主張責任內閣制及後來的天壇憲法所採用的議會內閣制，均因袁世凱的反對而遭廢棄，另由袁世凱又重新制定中華民國約法——中央政府又改用總統制，後因袁氏心中根本沒有民主憲政之理念終因稱帝自取而敗亡。

至1936年雖有五五憲草之擬訂，但因抗日戰爭而停擺，直至抗戰勝利後國民黨、共產黨、民社黨、青年黨、民主同盟及社會賢達共同舉行政治協商會議，並就「五五憲草」之內容提出修正且據以制定現行中華民國憲法。其中央政府之體制，正如制憲先賢張君勱先生所指出的，我國中央政府體制乃是屬於一種「修正式的內閣制」。

而當前依據憲法及增修條文所規定的中央政府體制之性質究為內閣制、總統制、或混合制？茲分析其特徵如次：

1.總統制之特徵：

（1）總統由人民直接選舉，平時除負法律責任外，立法院可提議罷免總統，並對總統行使彈劾權，總統在政治上對全民負責。

（2）行政院院長由總統直接任命之（憲法增修條文第三條第一項）。

（3）立法權與行政權分明，憲法並有立法委員不得兼任官吏之規定，故行政院長及政務委員，非由立法委員兼任。

（4）立法院對總統、副總統之彈劾案，須經全體立法委員二分之一以上之提議，全體立法委員三分之二以上之決議，向國民大會提出。

（5）行政院對立法院議決之各法案，如認為有窒礙難行時，得經總統之核可，移請立法院覆議。覆議時，立法院更可經出席立法委員二分之一維持原案，以推翻總統的覆議權

2.內閣制之特徵：

（1）行政院對立法院負責，行政權屬於行政院，行政院會議由行政院院長主持。行政院會議有議決法律案、預算案、戒嚴案、大赦案、宣戰案、媾和案、條約案及其他重要事項之權（憲法第五十八條）。

（2）總統公布法律、發布命令，須經行政院院長或行政院院長

及有關部會首長之副署（憲法第三十七條）

　　（3）行政院院長、各部會首長得出席立法院陳述意見，並得提出法案。

　　（4）立法院得經全體立法委員三分之一以上之連署，對行政院長提出不信任案，如經全體立法委員二分之一以上贊成，行政院長應辭職，並得同時呈請總統解散立法院（憲法增修條文第三條第二項第三款）

　　（5）在憲法上，行政院院長並無一定任期，為慣例上應於每屆總統就職或立法院改選時，提出辭職。

　　是以，我國憲法上總統並非虛位元首，而享有某些政治實權，同時，由於過去國民黨一直同時掌握總統府、行政院與立法院，透過黨政運作的結果，政府多數時間偏向總統制。

　　記得在進行六次修憲當中，無論是國民黨、民進黨、新黨或各界的法政學者專家對我國的中央政府體制之修改所提出的意見可說獻言無數，字字珠璣，皆能分別就各種制度的利弊得失加以深入的剖析。在國發會後國民黨乃依據國發會之共識研擬修憲條文，提出所謂的雙首長制，認為此乃根據五十年憲政的經驗最合理的修憲。而民進黨亦提出雙首長制，認為要吸取內閣制與總統制的優點，以總統做為國家領導中心，而行政院長向國會負責。[193]

　　因此要解決當前的政治困境，非從修憲的方式重建中央體制不可，否則任何政黨的人士當選總統或擔任閣揆後皆會遭遇同樣的問題。先前兩位蔣總統因為有動員戡亂時期臨時條款才享有實權，而李前總統主政的時代因身兼國民黨主席，無論是行政院長、立法院、國民大會或其他重要的政治機構，大多數是屬於國

---

[193]　見黃炎東〈新世紀臺灣憲政體制發展之研究〉，通識教育與警察學術研討會論文集，中央警察大學通識教育中心，頁 3-4。

民黨黨員，所謂在「以黨領政」剛性政黨之紀律下，總統怎能說會沒有實權呢？就是憲法沒有明定是總統制，但就政治實況而言，已可說不遜於美國等國家實施總統制下，其總統享有的政治實權。

反觀 2008 年的陳水扁總統之處境，就無法享有像以前的兩位蔣總統及李前總統的政治優勢了，因憲法規定陳總統固然是國家的元首，但當時民進黨並不主張以黨領政，同時在立法院民進黨的立委處於少數，而陳總統又背負實踐對選民的政治承諾，當然熟諳憲法的陳總統瞭解少數政府所面臨的困境。少數政府的組成亦可能是陳總統在政治理念與政治現實之間不得已的抉擇，而歐洲亦有不少民主國家實施少數政府，其政治運作亦能順暢，但在當前的臺灣卻無法如他們一樣，這可能與我們的政治文化有關，因此我們必須深切地體認「法與時轉則治」的道理，因此，筆者認為為求突破當前臺灣民主憲政之困境，我國的中央政府體制已面臨非加以改革不可之時刻。

現行主張憲政改革者，可分為幾派，一派為主張改良的雙首長制，一派為主張改良選舉制度，修正政黨法，一派為主張改成純粹的總統制，而另外一派則建議改革為內閣制。內閣制以英國為首，在世界各國實施多年，均有良好的成效，雙首長制在歐洲的法國、德國威瑪憲法及芬蘭等國均有實施成功的案例，而我國的憲法，有內閣制的精神，也有總統制的雛型，但當前則是雙首長制的制度。

惟目前我國政黨政治的狀況與歐、美、日大不相同，加上民眾對國家的認同、意識型態的對立等等問題，單單採取任何一種制度，而無制衡之配套措施，都有可能會造成重大的憲政危機，使國家整體的進步停滯不前。

第四節　有效的制衡機制

世界上民主先進國家所採用的中央政府體制，大致可分為總統制、內閣制、法國式雙首長制或瑞士的委員制，都有其制度性的特色，而每一個國家之所以採用之任何一種制度，亦皆各有其歷史背景、憲政文化與民意的需求，所以我們很難武斷地說，何種制度是最好的或是最劣的，而只能說哪一種制度較適合哪一個國家之政治運作與發展而已；因為憲法是具有高度政治性之法律，充滿政治力量的妥協與調適，同樣一種體制適合甲者未必適合乙，憲法是隨時代變遷而成長的，不是強行移植而可得的，世界上亦很難找到一個十全十美的憲政體制。雖內閣制合乎憲政原則，實施內閣制也有不少的成功例證，惟我國之憲政實施一向傾向總統制，尤其是自 1996 年總統選舉方式改為公民直選後，總統一向享有高度的行政實權，以目前臺灣的政治生態觀之，若朝向內閣制之方向改革，是否能達到憲政學理與政治實施結合，且能建構出長治久安之憲政體制亦有待加以商榷。

按世界各國無論中央政府體制採用何種制度，均須在權力分立與制衡基礎上，取得合理的平衡點，如此才能真正契合權責相符的憲政原理，使國政得以順暢推動。而最重要者，乃是其國民均能具有守憲、護憲之精神，如此國家的憲政運作才能步上正軌，進而確保國家安全與民眾福祉。關於此點，從歐美先進民主國家實施民主憲政的經驗中，即可得到很好的印證。

我國憲法自 1947 年公布實施以來，中央政府體制原本乃屬於修正式的內閣制，遂於 1948 年，國民政府為了實施戡亂，經由國民大會依據憲法第 174 條之規定，制訂了動員戡亂時期臨時條款，而該臨時條款亦經四次修正，凍結了部分憲法原文之規定，並擴大了總統在行政上的實權，例如總統得連選連任、得依臨時條款之規定調

整中央政府機構及人事、行使緊急處分毋須受憲法原文第43條之限制，並增設國家安全會議，由總統兼國家安全會議主席。且該臨時條款變更了憲法原文第 58 條規定，另訂行政院會議議決之各項法案，必須先送國家安全會議議決後再提出於立法院。如此一來，總統享有之實權，已凌駕原總統制所規範的權限。而在動員戡亂時期，我國憲政體制實際運作，除蔣故總統經國先生擔任行政院院長的期間外，我國總統均享有行政上的實權，當中，又由於該臨時條款之規定及政黨政治運作之關係，加上執政之國民黨長期一黨執政，遂使我國中央政府體制實際運作，係朝著總統制傾斜的。

回顧李前總統登輝先生執政 12 年中，也一直享有政治實權，其在任期內推動了 6 次憲改，改革內容包括中央民意代表全面改選及中央政府體制的變動，尤其在 1997 年第 4 次的憲改，將行政院院長的任命，改成無須立法院同意，如此一來，造成了我國中央政府體制的重大改變，而成為向總統制傾斜的雙首長制（一般學者稱半總統制；semi-presidential system），惟此種雙首長制的設計又與法國雙首長制不盡相同。因法國的雙首長制在制衡方面的設計，確實較為完善，例如法國總統得主動解散國會，我國憲法上的設計，總統只有被動解散權，另外法國的總統得主持部長會議及最高國防會議，而我國憲法在這方面的設計亦付之闕如。法國的總統所新任命的總理，必須到國會做施政計畫報告，再由國會投票通過後予以任命，若由多數黨組閣的總理，在新任命後亦須至國會做施政報告，惟由國會自行決定是否投票。而依我國現行憲法及增修條文之規定，對行政院院長之產生，由總統逕行任命，總統對行政院院長決定，完全掌握主導之優勢，如此一來，國會對於行政權之制衡，更顯得弱勢。

2000 年我國發生首次政黨輪替，陳水扁先生與呂秀蓮女士當選

第十任總統、副總統；2004 年競選連任成功，再次當選中華民國第十一任總統、副總統，但在野的國民黨仍占國會多數，形成朝小野大的政局。雖然我國在現行的憲法體制下，總統仍享有相當的實權，如總統任命行政院院長毋須經由立法院同意，但總統卻不是憲法體制中的最高行政首長，總統如要推動相關的決策，依憲法及增修條文規定，只能透過行政院來實施與執行。審視憲法本文53 條規定，行政院是全國最高行政機關並須向立法院負責，而憲法增修條文第 3 條又規定，實際掌權的總統，卻不必向立法院負責。因此，在目前這種朝小野大的的政局下，行政權和立法權必然容易形成對立陷入僵局，此時總統卻無法像法國總統般可主動解散國會重新改選，以化解憲政僵局，只能被動地啟動這個權力。再者，現行立法部門雖亦有倒閣的制衡方式，然而就我國的現行的憲政體制及政治環境，卻未曾使用該制衡方式過而將其束之高閣，因此似乎難以發揮有效地制衡作用。加上立法權對於行政權所發動制衡門檻又過高，例如立法院對總統罷免權的行使，即使在立法院通過後，更須再經高門檻的公民複決；而如對總統彈劾案的發動，更須經過司法院大法官的審理等等，使得行政及立法的互動欠佳，運作失衡，無法有效協調與制衡。如此一來，容易造成政治上的紛擾不斷及憲政危機的發生，導致國家整體的進步停滯不前，同時也大大妨礙了國家的生存與永續發展。

　　復觀我國憲法自 1947 年公布實施，至 1948 年動員戡亂時期臨時條款制訂及修改，加上 1991 年至 2005 年的七次修憲，至今還未澈底地解決中央政府體制權責失衡的狀況。因此各界又紛紛再提出憲政改革的主張，而我國憲法究竟何去何從，業已成為社會現今各界關切的重要課題。因此我國未來中央政府體制運作如要獲得順暢，必須從憲政原理及臺灣當前的政治現況及國家未來發展的需要

來進行改革，如此才能為國家奠定長治久安之根基。

　　由臺大李鴻禧教授領銜的「新憲工作室」於 2007 年 1 月 27 日公布「臺灣憲法草案」，在政府體制部分，把過去多數人主張的內閣制改為總統制，李教授表示：「他過去長期主張內閣制，但以臺灣目前的選舉文化來看，內閣制未必合適，要從中挑選一個好的制度是一項「痛苦抉擇」，他並強調臺灣過去已習慣總統制的政治文化，總統直接民選是臺灣人民長期努力爭取所獲得成果，倘若驟然取消總統直選，改採內閣制，可能每選完一次國會議員，各黨派為籌組內閣並開始相互挖角，造成選後就是政局動盪的開始，恐與人民期待的民主不符[194]」。因此，筆者認為基於憲法權力分立與制衡原理，及我國實施憲政之歷程來加以衡量其利弊得失，未來我國之中央政府體制，要真正能落實權力分立與制衡之功能，並建立優質的民主政體。無論採行何種體制均應有配套措施，才能達成政治運作之預期效能。

第一項　落實換軌制形成憲政慣例

　　美國制憲先賢摩理斯（Gouverneur Moris）曾指出的「人類的作為不可能是十全十美的[195]」麥迪遜（James Madison）亦強調：「如果有人認為最近被採用的憲法是一部已無缺點的作品，我將不在其列」[196]，因此自美國憲法制定以來就存在以下幾個問題，再三地為各界所討論。即第一、是否有一種選舉制度有利政府控制三個決策核心（總統、參議院及眾議院）使政府更有效能、更有效率？

---

[194] 參見 2007 年 1 月 28 日，中國時報，A4 版。
[195] The Federalist, no.47 (New American Library, 1961), pp.308，轉引自詹姆士・桑奎士著，高朗等譯，賀凌虛審查，美國憲法改革論（James L. Sunquist "Co'nstitutional Reform and Effective Government." The Brooking Insititution Washington D.C. 1986），國民大會憲政研討會，1991 年 6 月，頁 3。
[196] 同前註，頁 3。

第二、是否總統或國會議員的任期延長，或加長兩次選舉的時間，將使政治領袖面臨重大問題時，更有政治家風範，而有利問題解決？第三、對於領導無能或總統與國會之間所造成的死結致使政府沒有動力，是否能設計一套解決的方法？而不必等到下次選舉才能解決？第四、是否能透過政府部門間的相互連結或強化政黨，使行政與立法間的關係和諧？第五、是否能修改行政與立法相互杯葛的憲政制衡，使其中一個部門比較占優勢，以利快速做出解決問題之決策？[197]按美國總統與國會因分權往往有僵局的現象，但是美國人皆能像他們信仰的權力分立與制衡的原理及發揮政治智慧與高品質的民主素養來加以合理的解決。

美國憲法乃是具有雙元性質之憲法，即聯邦憲法與州憲法並存，美國建國初期就有所謂聯邦派與州權派之主張，即國會中的參議院與眾議院其議員之產生方式與名額，參議員由每州選出 2 名，50州共計100名，而眾議院議員乃按各州人口額選出，而各種法案皆須經過兩院通過，總統若認為國會所通過的決議不妥，可以行使否決權（veto），大體上總統有較大的權力，以維持其施政及一貫性，但只要國會兩院皆超過三分之二維持原案時，則總統就必須接受，亦就是說國會兩院有超過三分之二不同意見時，此時國會民意就高過總統而具有決定權，因此我們更清楚美國憲法之設計，是與孟德斯鳩所提倡之權力分立與制衡憲政原則相符合，且確實皆能發揮真正制衡機制之功能。

憲法的解釋有許多見仁見智的方法，但若是因政治人物各自心中已存之定見，透過形式的解釋方式而展現出來，充其量僅是一種包裝和濫用。各憲法條文中皆有其「相互依存性」，在解釋時不能僅藉由個別規範，須從憲法整體秩序原則加以思考，如遇有

---

[197] 同前註，頁 8-9。

條文間的彼此矛盾之時，則須檢驗條文在現實政治運作上。是否可被有效操作，若因條文間的相互扞格，反而造成憲法的窒礙難行，則需透過修憲一途，或政治人物透過自我的權力節制，形成新的憲政慣例加以解決。

在實際憲政運作過程中，若透過比較憲法的觀察，可察知法國的左右共治已提供我們在憲政上一個可操作的絕佳參照途徑。亦即由國會中的多數黨決定總統與行政院長的權力運作關係，當總統屬於多數黨，可以掌控國會中的多數議員意向時，總統自然可以透過其黨政影響力，而享有較多的權力空間；反之，若總統無法透過黨政影響力控制國會中的多數議員時，則應尊重國會多數黨對於政策的決定權力，此即俗稱「換軌」機制。

因此，若欲在採行雙首長制的現制存續下，對憲政制度作漸進改革，最迫切需要的配套措施為換軌度的落實與確立。總統在任命行政院長時，須尊重國會多數黨，以國會多數黨所推舉的人選為閣揆，此制度若無法經修憲予以處理，則有賴政治人物對憲法的忠誠及自我權力節制，逐漸形成憲政慣例。

若要朝總制改變，就須取消閣揆，或是把閣揆對國會負責的條文取消，其政策成敗應由總統負責；若要朝內閣制改進，便應取消總統直選，完全落實內閣制的特徵。不過這兩種方式的制度誘因都不高，想要在現狀下進行憲政改革的可能性較難。

為今之計，似乎只有在目前的體制之下，加入國內學者所主張的，朝法國雙首長制的換軌制加以改革採納，以建立在未來若出現選舉結果是府會不一致的情況下，由國會多數黨組閣的憲政慣例。[198]

美國聯邦論作者漢彌爾頓（Alexander Hamilton）曾引述孟德斯

---

[198] 黃炎東，《憲政論-憲政變遷與體制改革》，商務，2014 年，頁 254-257。

鳩的論點特別指出：審判權若是不和立法與行政權分開時，自由就不可能存在，所以法院的完全獨立性，是一個「有限憲法」所不可缺少之要件。所謂有限憲法，乃是指對立法權予以若干限制，如國會不得通過任何剝奪公權的法案，若沒有法院的作用，則憲法中對權利的保留都會成為具文。假如人是天使，就不需要成立政府，若由天使來統治人民，就不需要對政府內部與外部實施權力分立與制衡之機制。未來我國中央政府體制應該朝何種方向加以規劃改革，強化制衡功能，並建立良性的政黨協商機制與培養理性的政黨政治文化，期能達到權力分立與有效制衡之憲政運作效果，充分保障人民之基本人權，以臻國家之長治久安。

第二項　國內學界對總統選舉制度相關意見

一、政治大學李國雄教授認為我國目前所採相對多數制可能選出「少數總統」，而絕對多數則可促進「政黨聯盟」，所以李國雄教授傾向支持絕對多數制。

二、臺灣大學李炳南教授認為，從制度面來看，若賦予總統有解散國會權，因此總統必須具備相當的民意基礎，而絕對多數制顯然較容易滿足此一需求。從政黨政治來看，絕對多數制提供小黨合理的生存空間。從政策訴求來看，絕對多數制的第二輪投票可促進政黨聯盟，此一制約的機制可使選民向中間靠攏，因此政黨政策訴求將趨於理性務實。故從以上三個面向來看，李炳南教授亦支持「絕對多數制」。

三、前東吳大學郭正亮教授主張我國未來總統宜保持政治中立，可效法芬蘭，總統一旦當選即退出政黨，而所謂「總統選舉方式」也必須與國會選舉制度一併討論為宜。

四、政治大學張臺麟教授認為我國絕對多數制，從技術面來

看，二輪投票難以避免賄選，搓圓仔湯的不法現象。若國會中已有穩定的多數，那麼絕對多數選出的強勢總統，其角色又將如何？以我國目前各政黨黨紀不甚嚴明的情形，若真改採「絕對多數制」，其後果實難以樂觀。張臺麟教授主張應維持現行「相對多數制」。

　　五、政治大學吳東野教授認為芬蘭憲政體制的設計，值得參採。在總統採直接民選的國家中，如西歐九國中有五個國家採直接民選，全部是採「絕對多數制」；東歐十五國中，十個總統直接民選的國家中有七個或八個是採「絕對多數制」；而在北美洲的國家全部是採直接民選，但全部採「相對多數制」；南美洲也是同北美洲一樣。但在亞洲，像總統直選的國家如韓國、菲律賓、新加坡、我國等均採「相對多數制」，而在非洲被評為民主的國家中，也大部分採「相對多數制」。可見憲政設計因各國國情不同而南轅北轍。吳東野教授認為研究此一問題應從總統的職權、可能發生的憲政危機以及行政部門與立法部門之間的關係來分析，方有意義。

　　六、淡江大學施正鋒教授主張總統應與國會配套來選，也同意未來政黨結構是兩大兩小的論證。在十五個總統直選的國家中有九個國家係採「絕對多數制」，顯示大部分直接民選的總統是由絕對多數制產生。惟施教授認為思考此一議題，絕對不能忽略「政黨政治」的因素。

　　七、中央研究院彭錦鵬教授認為從制度面來看，比較可能為各黨派接受的是 40% 或 45% 的門檻。

　　八、中興大學周育仁教授根據與會學者的看法，歸納結論為：（一）總統選舉方式應與「政黨政治」一併考慮，並先釐清我國總統的角色與其職權。（二）與會各位大多數支持「絕對多數

制」，惟第一回合之門檻宜調為 40%或 45%，以調和絕對多數制與相對多數制的優點[199]。

第五節　總統、副總統的產生方式應改為絕對多數

　　國內對總統、副總統的產生辦法，採行絕對多數決制或相對多數決制產生激烈爭議。政治制度的規劃雖說各有其優缺點，但是憲政制度的設計與制定，應以民意需要與國家長治久安為考量，否則很難達到鞏固民主與保障民眾權益的預期目標。考量目前我國所處的環境，筆者認為兩者之間，仍以採絕對多數決制較為符合未來我國政治發展的需要。理由如下：

　　一、我國自第九任總統選舉，實施總統公民直選之結果，顯示多數民意皆希望能產生一個有實權的總統，來適應國內外面臨的各項變局，滿足人民強烈改革需求。若未來總統的選舉不採絕對多數決制，而採相對多數決制，如果選出一個未超過半數的「少數票」總統（以三組正副總統候選人為例，其得票比例若分別為：38%、35%以及27%時），「死票」過多，形成反對者比贊成者多的情形，將缺乏堅實的民意基礎，必然難符合當前民意的要求，其正當性、合法性必遭質疑，甚至造成政局紛擾。

　　二、當前我國政黨政治文化尚未成熟，且各黨派之間意識型態壁壘分明，若不採絕對多數決制，而以相對多數決制產生的總統如果得票未超過半數，將使未能獲致的政黨必然藉民意為由，攻訐得少數票當選的總統或其政黨，使總統在推動政策時，處處受到掣肘，對政局的穩定性造成不利影響。

　　三、依據憲法增修條款第 2 條有關總統、副總統之罷免規定：

---

[199] 中央選舉委員會，〈總統、副總統選舉方式之研究—絕對多數與相對多數制之探討〉，1997 年 6 月，頁 73-77。

總統、副總統之罷免案，須經全體立法委員四分之一之提議，全體
立法委員三分之二之同意後提出，並經中華民國自由地區選舉人總
額過半數之投票，有效票過半數同意罷免時，即為通過。因此，如
以相對多數決制產生總統、副總統，則有隨時被罷免的可能，此對
政局亦會造成不安的情形。

　　四、在新規劃的中央政府體制規定中，將賦予總統有解散立法
院的權力，此解散權必須有強大的民意基礎為後盾，如果採相對多
數決制產生的總統，在民意基礎上恐有不足之嫌，且在理論上將較
無說服力。

　　五、近年來，中共無論在軍事上或國際外交，皆在在對我表現
出不友善態度；尤其，現今面對香港已「回歸」中國大陸，而中共
又大肆宣稱要以所謂的「一國兩制」來解決臺灣問題之情勢下，我
們更需有所因應。未來，中共當局當會更加利用香港「回歸」後的
情勢，大肆在兩岸三地及國際上作統戰工作。因此，未來中華民國
的總統產生之方式，當以「絕對多數」較能適應當前兩岸三地新情
勢的需要。試問若由一個相對多數產生而未過半數選票的總統，要
如何統一國人步調，以迎接國家面臨的各項嚴格挑戰，確保國家安
全與民眾福祉於不墜之地呢？[200]

第六節　建立良好的政黨政治

　　現代民主政治即是政黨政治，我國行憲以來，先有一黨優勢制
度，後進入政黨競爭時期，政黨重組階段。而今儼然形成兩大黨模

---

[200] 見黃炎東，《新世紀臺灣憲政體制與政黨政治發展趨勢》，臺北，正中，
2004 年，頁 370-376。及〈新世紀臺灣憲政體制發展之研究〉，《新世紀智
庫論壇》，28 期，財團法人臺灣新世紀文教基金會，2004 年 12 月 30 日，
頁 100-103。

式，然而關於政黨法的制定，各式對於政黨內部運作、選舉提名、政治獻金流向等至關重大事務，則尚付之闕如。此故，政黨法的制定，應是當務之急。

以法律明確規範政黨運作的空間與作為，將更能夠端正選風，使政黨之間由惡性競爭走向理性合作，如有關政黨財務、補助及政治獻金等規範，以及明定政黨不得干預司法，司法人員應退出政黨活動等，使司法得以保持中立，而杜絕政治力干預司法的可能性，另外，立法院的協商機制應更加透明化、制度化，使得民眾得以與聞得知，監督國會問政。

而憲法增修條文第 3 條之關於解散國會之規定，似可考慮研擬由現制之被動提出，改為賦予總統主動解散國會之權力，使得總統得以權衡社會情勢以及政治現實運作各層面的因素，作出適當的政治抉擇。[201]

為使中央政府體制無論是府院之權責關係，或與立法院的互動獲得更為有效地改善，現行憲法必須加以改革。另外有關考試權與監察權的改革問題，各界皆曾有熱切的討論[202]，且有各種的改革主張，如歐洲各國有關行政監察官（Ombudsman）之創設，以公正的立場充分發揮政府與人民定紛止爭的功能。而日本於 1948 年 7 月 1 日實施之公務員之基本法，規定於中央設立「人事院」，統轄全國的人事行政，有關全國公務員之考試、任免、俸給、效率、銓敘、懲戒、保障、服務、退休等，均由人事院負責[203]。至於將來我國若透過憲政改革無論將中央政府體制修改為何種體制，是否一定要將目前的考試院與監察院予以廢除，筆者認為自 1947 年行憲迄今 70

---

[201] 黃炎東，《憲政論-憲政變遷與體制改革》，商務，2014 年，頁 256。

[202] 2005 年第七次修憲案，已將立委任期改為四年。見憲法增修條文第 4 條第 1 項。

[203] 謝瑞智，《邁向 21 世紀的憲法》，臺北，1966 年，頁 94-116。

年以來，綜合觀之，考試院與監察院無論在為國掄才、監察百官、維護官箴上皆發揮了很大的功能，貢獻至為厥偉；因此考試院與監察院不但應予維持，並為因應世界自由民主人權之潮流，與政治現代化之需要，有關兩院的組織與運作方式等方面，亦需加以改革，以強化其功能，充分發揮我國憲政造福全民的功能。如使監察院能真正享有刑事追訴權，且在監察院下由數名監察委員及若干名檢察官組成「重案調查組」類似之編制，負責重大弊案之調查與追訴，並透過修憲改變監委的任命方式，延攬由超黨派學養卓越、術德兼修之優秀人才擔任，發揮摘奸發伏，重振官箴之監察功能，並增加監察院的人力與有關資源配備[204]；至於考試院之改革，諸如考試院職權與組織編制，將原本不屬於憲法規定其所屬職權釋出，移交行政院人事行政局，修改憲法與有關法規，使屬於人事行政局的人事管理權能回歸至行政體系等[205]；總而言之，筆者認為，基於立憲主義之原理，強化權力分立與制衡功能，以真正落實主權在民的責任政治，未來若我國憲政體制之改革，有關考試權與監察權之功能非但不能因此而萎縮，更應參考歐美日等先進國家憲政體制之優點及臺灣未來政治發展趨勢之需要，以前瞻務實的政治理念加以改革。

　　當然各種政治制度的實施之成功因素，皆有其種種必備的條件，諸如國家的歷史背景、政治文化、選舉制度及政黨體系等，皆是推行民主憲政成功不可或缺的要件，而世界上任何國家實施的中央政府體制，如內閣制、總統制及法國式的雙首長制等皆有其優缺點與獨特之特色，而其中最應考量的乃是哪一種制度較為適合哪一

---

[204] 陳淳文，〈監察院變革方向芻議〉，收錄於葉俊榮等著，行政院研究發展考核委員會主編，憲政方向盤，頁 183-168。

[205] 蔡秀涓，〈考試院存廢問題探討〉，葉俊榮前引書，頁 174-196。

國的需要。

民主政治是民意政治又是政黨政治，沒有建立溫和協商的政黨競爭體系，是很難落實國家的民主憲政，因此朝野政黨更應有寬闊的胸襟，以協商代替對抗之方式解決各項政治紛爭。誠如法國政黨理論權威學者杜瓦傑（Maurice Duverger）所說的「政治本質乃是衝突的」，有衝突就必須透過協商對談去尋求解決。而英國之所以能成為政黨政治濫觴的國家，乃是因為他的國民自 16 世紀以來，就能培養出溫和與妥協的良好政治文化所致，否則徒法亦不足以自行。值此國是政局動盪不安之秋，朝野政治人物應以天下蒼生為念，認真、冷靜的思考這一攸關國家長遠利益與後代子孫幸福生活的憲政體制之改良問題，唯有建立權責相符的憲政體制，才是臺灣走向長治久安與確保 2,300 萬同胞安和樂利生活的最佳保障。無論是從憲政法理，世界各國民主先進國家實施憲政經驗，及我國實施民主憲政的過程及未來民主政治發展之需要，我國的中央政府體制該朝向何種體制，當是從根本上去突破當前的憲政困局，從較為務實穩健的思考方向與努力的重要指標進行，則未來臺灣任何政黨人士當選總統，或任何政黨在國會之席次居多寡，皆可達到權力分立與彼此制衡，從而真正落實權責相符的民主憲政體制！

第七節　建立優質的憲政文化

大凡要研究一個國家的政治，除了探討其憲政體制外，尚須進一步對其選舉制度、政黨制度之運作及其憲政文化發展之風貌加以深入研究，否則是很難窺其國家實際政治之堂奧。誠如法國名政治學者杜瓦傑（Maurice Duverger） 在其政治學名著政黨論（Political Parties）所指出的，政黨的緣起是與議會政治及人民選舉權的擴大，有著密切的關係。儘管政黨的選舉關係會隨著選民自由意願的高

漲，新生代選民的自我認同，新的社會與環境問題等而式微。但無庸置疑地，在一個政治體系中，直到目前為止，尚無其他組織可以取代政黨去扮演這一個角色與功能，而唯有透過良好選舉制度與政黨競爭體系，才能真正落實國家的憲政體制。

第一項　選舉制度攸關政黨發展

依照杜瓦傑所提出的所謂選舉制度對政黨制度發展影響的三大規律（The Duverger's Law） or （The true sociological law），即：

一、單一選區相對多數投票制會導向兩黨制，如英、美國家之政黨制度。

二、政黨比例代表制會導向多數嚴密的獨立和穩定的多黨制，如歐陸的多黨制國家。

三、絕對多數選舉制（即二輪投票制）會導向多數彈性、互為依賴而相當穩定的多黨制。

但杜瓦傑這一個法則雖被西方學者雷伊（Douglas W. Rae）認定是經得起驗證，而稱其為「真正社會學法則的公式」，但由於這三大規律只有設計的關聯性，缺乏因果關係的論證，而遭致若干政治學者如意大利的政治學者沙多里（Giovanni Sartori）（曾任美國哥倫比亞大學教授）之批評與修改，但他們基本上是肯定杜瓦傑的三大規律之正確性[206]。

不同選舉制度對政黨發展會造成不同的影響。就以德、日兩國所採用的單一選區兩票制即一般通稱的混合制（Mixed or Hybrid System）為例，所謂德國制或日本制的計票方式亦皆各有其優缺點，但不可否認的其對各該國家政黨政治發展的影響與憲政體制的運作

---

[206] 參閱：Maurice Duverger, Political Parties: Their organization and activity in the modern state, trans Barbara and Robert North（New Yory John Wiley & Sons, Inc, 1963), pp.217-239。

是有很大的關係的，如前次德國大選結果，不但未能選出一個得票過半的總理，反而引爆組閣過程的困難重重，梅克爾女士領導的基督聯盟以35.2%的得票率，險勝現任總理施若德所屬的社會黨34.3%的得票率，亦就是只以 0.9%稍微的選票差距，贏得本次選舉，最後歷經三個多星期的談判協商，得勝的政黨黨魁梅克爾確定出任德國有史以來第一位女性總理，而其所領導的「基民黨」與「社會民主黨」也決定合組大執政聯盟，實施左右共治。

從這次德國大選所採用的單一選區兩票制產生之各黨席次觀察，的確是容易產生多黨的局面，各黨因不易形成國會多數，而在組閣的過程中，顯現其中組成聯合政府之艱難狀況。不過，畢竟德國乃是一個深具民主素養的國家，其朝野全民亦能深體「沒有溫和與妥協就沒有政黨政治」，而沒有良性的政黨競爭，就沒有健全的民主憲政的政治哲理，朝野最後能以理性冷靜的高度政治智慧，一切以國家與人民的福祉為前提的最高考量原則下，共同克服了這一政治上的難題。

第二項　候選人民主風範是百姓之福

在2000年美國總統大選布希與高爾亦因佛羅里達州計票問題引起了民主與共和黨之間激烈的爭執，最後由最高法院做出布希勝選的判決，高爾立即向布希表達恭賀與支持之意，共同為明日更有美麗願景的美國人民而奮鬥，高爾於2007年榮獲諾貝爾和平獎，其貢獻更是獲得美國及世界人類所推崇與景仰，古人所說：「失之東隅，收之桑榆」，人世間一切之得失實毋須太過於計較，此乃高爾良好的民主風範，更能彰顯美國人民充分尊重民主法治的高尚情操。

因此筆者認為每位候選人，當秉持一切以國家與民眾福祉為前

提，共同塑造一個理性、溫和、安寧、優質而良好的選舉大環境，以爭取為國家與民眾服務的機會，因為「選舉的勝負是一時的，而國家的安康與民眾的幸福生活之維護是永遠的」，畢竟為國家與民眾服務的機會是多方面的。

第三項　形塑優質憲政深化民主根基

不同的選制會產生不同的結果，也可供檢驗選制是否公平。因此，在實施新制選舉後，國人應以更冷靜的心情來思考我們所採用的單一選區兩票制是否能為臺灣帶來更為優質的憲政文化，諸如5%之門檻是否過高，以致扼殺了小黨的生存空間；是否「票票不等值」及未來立法委員的問政品質是否能真正達到我們改革選舉制度的預期效果，而目前憲政體制的運作是否能符合權責相符與人民對民主改革的殷切期盼等等，這些都是朝野上下全民應加以審慎思辨的重要課題，同時我們亦應體認現在雖是一個政黨政治來臨的時代，但「政黨政治」並不是「仇敵」的政治，而是建立在公平公正的既合作又競爭的基礎上，因為執政黨與在野黨雖然在政治理念上有所不同，但他們對國家與人民的貢獻是殊途同歸的，國人若能具有如此包容與溫和理性的理念，則我們的民主政治當能朝向更為健全的方向發展。有關這點，老牌的歐美民主先進國家，其高尚典雅的憲政文化，選舉時各政黨與候選人之間那種良好的君子風範，尤其是一般國民，在選舉時亦皆能秉持高品質的道德情操，以善盡社會責任，共同為維護良好選風而做出最佳表現之精神，殊值我們參考借鏡。

第八節　結論與建議

第一項　有效監督制衡防止獨大濫權

　　所謂民主先進國家，其所建構的民主憲政體制，無論是總統制、內閣制或雙首長制，其目的乃是希望透過制度的建立，使行政、立法、司法三者間得以形成適度的制衡關係[207]，只要能符合權力分立與制衡權責相符的憲政原理，並且能建構良好的選舉制度與良性的政黨競爭制度，如此所成立的政府，無論是「一致政府」或「分立政府」，只要政府能秉持遵守憲法的精神，使憲政體制能發揮權力分立與制衡的功能，同時媒體與司法機關能發揮監督之功能，即無所謂的「一致政府」形成一黨獨大難以制衡而發生濫權之情形。「公民監督國會聯盟」理事長亦是政大社會系教授顧忠華亦曾指出「從民主國家的經驗看『一黨獨大』，似乎不是問題，尤其是內閣制的國家，國會多數黨取得行政權，也是天經地義，沒啥好怕。但在臺灣對於國民黨獨大，很多民眾還存在負面的強烈印象」，他亦指出：就連前任總統李登輝也反對國民黨出現一黨獨大[208]。因此，我們也不能忘了權力的合理分立與監督制衡對一個民主國家之憲政運作的重要性。誠如英國公爵艾克頓（Lord Acton, 1834-1902）所說：「權力使人腐化，絕對的權力，絕對的腐化！（Power tends to corrupt, and absolute power corrupts absolutely.）」[209]之警世名言。美國制憲先賢麥迪遜（James Madison）在「聯邦論」亦

---

[207] 陳慈陽主編，《憲政知多少─新時代新思維》，元照，臺北，2008 年 3 月，頁 9。

[208] 顧忠華，〈一黨獨大寒蟬效應已現〉，自由時報，A8 版，2008 年 3 月 22 日。

[209] Randy E; Barnett 1998. The Structure of Library: Justice and Rule of Law, Oxford, UK: Clarendon Press. P.246.

指出「人類若是天使，就不需要任何政府的統治。而如果是由天使來統治人類，也不需要對政府有任何外在的或內在的控制了[210]。大凡美國的開國制憲先賢皆主張行政、立法、司法三權間的分立與制衡，這我們從 Alexander Hamilton, James Madison, John Jay 等所共同發表的以聯邦論（The Federalist Papers 或 The Federalist）為書名之論述中之內容，即可更加印證，美國的憲政制度乃是以權力分立與制衡為其核心原理原則[211]。

第二項 為中華民國建立長治久安的憲政體制

英國著名的法學家戴雪（A. V. Dicey）在其所著「英憲精義」一書中曾引述英國的一句格言：「憲法不是造成的，而是成長的」（The constitution has not been made but has grown.），因此我們必須深深的體悟到民主憲政的成長是一眠大一吋、循序漸進、因時因地加以改革之道理，以順應世界民主思潮與民主主流民意趨向，尤其是憲法的變遷有其時代之背景與主流民意的需求，而民主是不能走回頭路的，所以凡是真正熱愛臺灣斯土斯民的人當會毫無疑問的去珍惜這幾十年來大家無分朝野、族群、黨派、全民所共同努力打拼所締造的民主成果，筆者在長年的研究歐美先進國家實施民主憲政的歷程與經驗，亦深深體會出當前我們的政局亂象，其主要因素，乃在於我國尚未建立完善的憲政制度與良性的政黨競爭體系及符合臺灣政治發展之選舉制度[212]，不清不楚的憲政體制必然會造成惡質的政黨

---

[210] James Madison, The Federalist No. 51. — "If man were angels, no government would be necessary. If angles were to Goverrn man, neither external nor internal controls on government would be necessary."

[211] 林子儀、葉俊榮、黃昭元、張文貞編著：憲法權力分立，學林出版公司，2006 年 10 月，一版四刷，頁 105-108。

[212] 見黃炎東〈為中華民國建構長治久安的憲政體制〉，人權會訊，123 期，頁 49，2017.01。

競爭體系，因為政黨政治乃是民主政治的基礎，缺乏良性的政黨政治，民主政治無法順暢運作。政黨政治又是依附憲政體制而生存永續成長。因為憲政體制與政黨政治乃是民主政治體系之一體兩面，執政黨與在野黨雖然在政治理念上有所不同，但兩者乃是民主政治體系之一體兩面，其對國家與人民之貢獻乃是殊途同歸，這一正確的民主理念與風度是有待我們國人加以沉思與努力的方向。

一、建立權責相符的憲政體制

　　依照我國憲法第三十五條規定，總統為國家元首，對外代表中華民國。總統又是三軍統帥，依照憲法增修條文第三條規定，總統可以逕行任免行政院院長，不須經立法院同意。依憲法第五十六條規定，行政院副院長、各部會首長及不管部會之政務委員皆由行政院院長提請總統任命。司法院院長、副院長、大法官、考試院院長、副院長、考試委員、監察院院長、副院長、監察委員、審計長皆由總統提名，經立法院同意後任命之。同時，依據法院組織法第六十六條規定，最高法院檢察署檢察總長由總統提名，經立法院同意後任命之。惟民國 86 年第四次修憲後，憲法增修條文第三條規定，行政院院長由總統直接任命，不須要立法院同意，但依同條規定，行政院仍須向立法院負責。立法院雖然可以對總統、副總統提出罷免及彈劾案，但是罷免案由立法院提出、公民複決，其門檻很高。彈劾案也是由立法院提出，交由大法官審理，其門檻亦很高。因此，有人認為第四次修憲後，我國憲政體制變成總統有權無責而行政院院長則是有責無權。惟自民國85年我國總統改為公民直選以來，國內外情勢及兩岸關係發生急劇變化，一般民眾認為我國需要一位強而有力的實權總統來因應這種新局面。惟依據我國憲法第五十三條規定，行政院為最高行政機關，依據憲法增修條文第三條規定，行政院仍須向立法院負責。換言之，行政院院長必須負責政策

的制定與執行以及負完全的政治責任。由以上論述充分顯示，總統與行政院院長的職權應作更精緻的分工，如此才能充分地發揮權責相符的憲政體制功能。

二、恢復憲法對於行政院院長由總統提名經立法院同 意後任命之規定

我國憲法中有關中央政府體制的設計，依制憲先賢張君勱所述，是屬於「修正式的內閣制」，自民國36年這部憲法公布實施迄今70年，歷經憲政變遷，後制定動員戡亂時期臨時條款，宣布戒嚴，民國76年解嚴，民國80年廢除動員戡亂時期臨時條款，民國80年至94年歷經七次修憲、三次政黨輪替，民國86年第四次憲政改革，將行政院院長改成由總統直接任免，不須要立法院同意，但行政院仍須向立法院負責，造成權責失衡的現象。因此，為了建立權責相符的憲政體制，筆者認為應該透過修憲來恢復憲法第五十五條規定：行政院院長雖由總統所提名，然仍須基於立法院之同意後始得任命。[213]

三、修改憲法中對於選舉權和被選舉權行使年齡之規定

朝野共同協商修改憲法將選舉權行使年齡由現行的二十歲降為十八歲，將被選舉權參考民法規定二十歲為完全行為能力人，由二十三歲降為二十歲，此一重大問題應先由朝野充份協商，並凝聚全民共識，因依照我國憲法及憲法增修條文第一條(中華民國自由地區選舉人於立法院提出憲法修正案、領土變更案，經公告半年，應於三個月內投票複決，不適用憲法第四條、第一百七十四條之規定。憲法第二十五條至第三十四條及第一百三十五條之規定，停止適用。)及第十二條(憲法之修改，須經立法院立法委員四分之一之提議，四分之三之出席，及出席委員四分之三之決議，提出憲法修正案，並

---

[213] 見黃炎東〈憲政變遷與體制改革〉，人權會訊，127期，頁49，2018.01。

於公告半年後，經中華民國自由地區選舉人投票複決，有效同意票過選舉人總額之半數，即通過之，不適用憲法第一百七十四條之規定。)規定，憲法修改之門檻特別高，若朝野政黨未能建立共識，並獲得多數人民的協同合作，修憲是很難成功的。

四、順應自由、民主、人權、法治等普世價值之潮流確保國家發展

在中央政府體制權責未能真正的釐清、權責不符之時，如何建立一個真正符合權力分立與制衡，權責相符的臺灣憲政體制，並為國家帶來長治久安的選舉制度與良性政黨競爭之政治體系與優質的民主文化，在在皆是朝野、全民責無旁貸要去加以思考與努力的方向，而筆者認為在我國的中央政府體制已面臨非加以改革不可的時候，要有效的突破當前臺灣民主憲政之困境，就民主憲政的原理及西方民主先進國家實施民主化的過程與經驗，無論是總統制、內閣制或法國的雙首長制，皆有其自己國家的立憲背景與特色，而政治制度亦沒有絕對的優劣標準，只能說那一種憲政政制度比較適合那個國家的憲政文化、民意主流趨向與政治發展需要罷了，從我國的政治文化及臺灣幾十年來實施民主憲政的利弊得失，筆者深深的感受到惟有「以更大的民意以濟民主之窮」的政治哲理，主張未來我國的總統選舉方式亦應朝採用絕對多數制規劃，如此才能達到穩定政局的預期效果。而對一切的憲政改革大業，所有朝野及全民亦應當以天下蒼生為念，徹底摒除自己黨派之私見，將國家與臺灣二千三百萬人民的利益置於自己黨派的利益之上，一切的改革皆須以國家與人民的福祉為優先，將改革求變與安全安定兼容並顧，以生命共同體的情感結合，培育良性競爭的憲政文化，共同為建立一個更為符合公平正義、自由民主與人權，以符合人類普世價值的高品質

民主政治體系而作出更佳的貢獻。[214]

　　誠如美國哥倫比亞大學教授 G. Sartori 所言，「政黨乃是共體的一部分，它是為全體的目的而服務，不像派系僅僅是為自己一部分的利益著想。」按英、美、日等成熟的民主先進國家，無論由任何政黨組成「一致政府」，因為有良好的憲政體制及輿論的監督及屆期的改選制度，故皆能顧及民意，不致濫權，並為人民做出最佳的服務，發揮更高的行政效率。正所謂「民之所欲，長在我心」一切施政皆以國家安全與民眾福祉為前提，「時時以民為念，處處以眾為先。」期能為國家及人民謀求一個得以永續發展的美好未來。

214　見黃炎東〈新世紀臺灣憲政體制發展之研究〉，通識教育與警察學術研討會論文集，中央警察大學通識教育中心，頁 18。

參考書目

1.中文書籍（依筆畫順序）

王育三，《美國政府》，臺灣商務印書局，臺北，1998 年 12 月。

王育三，《美國政府理論與實務》，臺北，三民，2007。

王業立（2001）。〈總統直選與憲政運作〉，《理論與政策》，第 15 卷，第 4 期。

王業立，《比較選舉制度》。臺北：五南圖書公司，2007。

包宗和，《時政導論：內政、外交與兩岸關係》，永然文化出版，1993。

史慶璞，《美國憲法發展》，臺北，五南，1995。

何思因，《美國》，臺北，政治大學國際關係研究中心，2002 年 5 月。

吳玉山、吳重禮等人，《憲政改革—背景、運作與影響》，臺北，五南，2006 年 11 月。

吳重禮，《政黨與選舉：理論與實踐》，三民，臺北，2008 年。

呂亞力，《政治學》，五南，1978 年 2 月，初版。

李建良，憲法理論與實踐（1），臺北，學林，1999 年 7 月。

李炳南，《九七修憲實記》，臺北，世新大學，2001，初版。

李炳南，《二○○○臺灣憲改》，臺北，海峽學術， 2004，初版。

李炳南，《第一階段憲政改革之研究》，揚智文化，1997。

李炳南，《憲政改革與國民大會》，月旦出版社，1994。

李炳南、楊智傑，〈第七次修憲過程瑕疵與正當性〉，《憲政改革—背景、運作與影響》，五南，2006，頁 121-150。

李國雄，《比較政府與政治》，臺北，三民，2006。

李鴻禧，許志雄等人《現代學術研究—制憲與修憲專題》臺北，財團法人現代學術研究基金會，1997 年 7 月。

李鴻禧等合著，憲法教室，臺北，元照出版有限公司，2001。

周繼祥，《中華民國憲法概論》，揚智文化，2000。

周繼祥，《政治學─21 世紀的觀點》，威仕曼文化事業公司，2005 年 10 月。

周繼祥，《憲法與公民教育》，揚智文化，1998 年 10 月。

明居正、高朗，《憲政體制新走向》，臺北，財團法人新臺灣人文教基金會，2001 年 8 月。

林子儀，《權力分力與憲政發展》，臺北，月旦，1993 年 4 月。

林子儀，葉俊榮，黃昭元，張文貞等人《憲法：／權力分立》，臺北，新學林，2006 年 10 月。

林紀東，《中華民國憲法逐條釋義》第一至四冊，臺北，三民書局，1993。

林紀東，《比較憲法》，臺北，五南，1989 年 5 月再版。

林紀東，《憲法論集》，臺北，東大圖書公司，1979 年 12 月。

金恆煒、顧忠華，《憲改大對決─九七修憲的教訓》，臺北，桂冠，2004。

姚志剛、左雅玲、黃峻昇、劉淑惠、江大樹、巴登特、杜哈梅著，《法國第五共和的憲政運作》，臺北，業強，1994 年 11 月。

姚嘉文，《制憲遙遠路─臺灣的制憲與建國》，姚嘉文辦公室，沛來出版社，1999。

胡佛、沈清松、周陽山、石之瑜合著，《中華民國憲法與立國精神》，臺北，三民，1995 年 8 月。

苗永序，《各國政府制度及其類型》，臺北，專上，1997 年 4 月。

孫中山，《三民主義與中國民族之前途》，國父全集，第二冊。

孫中山，《國父全集》，中央文物供應社，1981 年 8 月 1 日出版，第二冊。

栗國成編著，《三民主義與中國現代化》，臺北編譯館，1995 年。

高永光，《修憲手冊》，民主基金會，1997。

涂懷瑩，《中華民國憲法原理》，作者自刊，1977 年 9 月。

涂懷瑩，《現代憲法原理》，臺北；正中，1993 年 1 月。

張臺麟，《法國總統的權力》，臺北，志一，1995。

張君勱，《中華民國民主憲法十講》，臺北，臺灣商務印書局，1971 年 2 月。

張君勱，《中華民國民主憲法十講》，再刷本，臺北，宇宙，（出版

1947），1997。

張亞澐，〈五權憲法與其他憲法之比較研究〉，《比較憲法》，臺北，臺灣商務印書館，1987年二版。

張治安，《中國憲法及政府》，臺北，五南圖書公司，1992年9月。

張治安，中華民國憲法最新釋義，臺北，政大書城，1994年9月。

張金鑑，《美國政府》，臺北，三民，1992年9月。

許世楷編，《世界各國憲法選集》，臺北，前衛出版社，1995年6月。

許志雄，〈權力分立之理論與實現〉，《憲法之理論基礎》，初版，臺北，稻禾，1992b。

許志雄，《憲法秩序之變動》，臺北，元旦出版公司，2000。

許宗力，〈法與國家權力〉，《月旦出版公司》，臺北，1996年2月。

陳水逢，《日本政府與政治》，臺北，黎明文化事業公司，1984年4月再版。

陳春生，《中華民國憲法原理》，臺北，明文書局，1998年。

陳春生，《臺灣憲政與民主發展》，臺北，月旦出版社，1996年9月。

陳春生，《憲法》，翰蘆圖書出版有限公司，2003年10月。

陳隆志主編，《臺灣憲法的文化建立與發展》，臺北：前衛出版社，1996。

陳隆志主編，《新世紀新憲政憲政研討會論文集》，臺灣新世紀文教基金會出版，元照出版股份有限公司總經銷，2002。

陳慈陽主編，《憲法知多少—新時代、新思維》，元照出版有限公司，臺北，2008年3月。

陳慈陽著，《憲法學》，臺北，元照出版有限公司，2004。

陳新民，《中華民國憲法釋論》，臺北，三民，2005年5版。

陳毓鈞，《美國民主的解析》，臺北，允晨，1994年3月。

陳滄海，《憲政改革與政治權力至九七憲改的例證》，臺北，五南，1999年4月。

陳鴻瑜，《政治發展理論》，桂冠，臺北，1987年10月。

陸潤康，《美國聯邦憲法論》，臺北，凱侖，1993年5月，再版。

陶百川，《監察制度新發展》，臺北，三民，1970年10月，再版。

曾繁康，《比較憲法》，臺北，三民書局總經銷，1972年2月。

湯德宗，《美國國會之制度運作》，中研院歐美所出版，1992年6月。

湯德宗著，《權力分立新論》，臺北，元照出版有限公司，2000。

黃秀端，〈美國政治—政府機構—總統〉，何思因主編，《美國》，臺

北，政治大學國際關係研究中心，2002 年 5 月。

黃炎東，《中華民國憲法新論》，五南圖書出版公司，2007，二版三刷。

黃炎東，《中華民國憲政改革之研究》，臺北，五南，1995 年 3 月。

黃炎東，《政黨政治與民主憲政》，臺北，桂冠。1998 年 9 月。

黃炎東，《飛躍民主的迷思》，臺北，辰益，民國 82 年 3 月 12 日初版。

黃炎東，《站在民主十字路口的臺灣》，水牛，2006。

黃炎東，《新世紀臺灣憲政體制與政黨政治發展趨勢》，臺北，正中，2004。

黃炎東，《選舉制度之研究》，臺北，五南，1993 年。

黃炎東，《國父新自由論與約翰穆勒自由論之比較研究》，臺北市，正中書局，民 69。

黃炎東，《中國國民黨與中國政黨政治》，臺北市，中央文物，民 74。

黃炎東，《精神教育補充教材》，臺北市，警察學校，民 76。

黃炎東，《自由民主與政黨政治》，臺北市，聯經出版社，民 76。

黃炎東，《轉型期中政治秩序的重建》，臺北市，正中書局，民 77。

黃炎東，《政黨政治與選舉》，臺北市，五南圖書，民 79。

黃炎東，《我國憲法中央與地方權限劃分之研究》，臺北市，五南圖書，民 81。

黃炎東，《成長於風雨中的見證》，臺北市，中華日報，民 81。

黃炎東，《民主思潮與革新動力：臺灣經驗的再出發》，臺北市，著者，民 84。

黃炎東，《警察百科全書》，警民聯防，第 5 卷第 9 章，桃園縣，中央警察大學出版社，民 87。

黃炎東，《新世紀憲法釋論》，五南圖書，民 92。

黃琛瑜，《英國政府與政治》，五南圖書出版公司，2001 年 5 月。

黃錦堂，〈臺灣雙首長制的內涵─向總統或向內閣制傾斜？〉，收於：明居正、高朗（主編），《憲政體制新走向》，臺北：新臺灣人文教基金會，2001。

葉俊榮等，《憲改方向盤》，臺北，五南，2006 年 4 月。

葛永光，《文化多元主義與國家整合》，臺北，正中，1993 年 2 月。

葛永光，《政黨政治與民主發展》，國立空中大學，2002 年 8 月。

董保城，《教育法與學術自由》，臺北，月旦，1997 年 5 月。

董翔飛，《中國憲法與政府》，臺北，三民，1998 年 3 月。

董翔飛，《中國憲法與政府》，臺北，作者自刊，1992 年 9 月。

詹同章，《政治學新義》，黎明，臺北，1976 年 11 月出版。

詹同章，《政治學新義》，黎明，臺北，1976 年 11 月出版。

雷競旋，選舉制度，臺北：洞察，1989 年 3 月。

漢彌爾頓（Alexander Hamilton）、麥迪遜（James Madison）、傑約翰（John Jay）合著，謝叔斐譯，《聯邦論》（The Federalist Papers），今日世界社，香港，1985 年 6 月。

管歐，《中華民國憲法論》，臺北，三民書局，1992 年 8 月。

趙永茂，《中央與地方權限劃分的理論與實際-兼論臺灣地方政府的變革方向》，臺北，翰蘆，1998 年 9 月。

趙永茂、孫同文、江大樹，《府際關係》，國立暨南國際大學公共行政與政策學系府際關係研究中心，2001。

劉嘉甯，《法國憲政共治之研究》，臺北，臺灣商務印書館，1990 年 12 月，一版。

劉慶瑞，《中華民國憲法要義》，臺北，作者自刊，1992 年 11 月。

劉慶瑞，《比較憲法》，臺北，大中國圖書公司，1961 年 6 月。

劉慶瑞，《比較憲法論文集》，臺北，三民書局總經銷，1962 年 5 月。

談子民，《政黨論》，正中書局，臺北，1970 年 8 月。

盧瑞鍾，《內閣制優越論》，臺北，三民，1995。

戴雪（Albert Venn Dicey）著，雷賓南譯，《英憲精義》，臺北，帕米爾書局，1991 年 10 月初版。

薛化元，《民主憲政與民族主義的辯證發展—張君勱思想研究》，臺北，稻禾，1993。

謝瑞智，《中華民國憲法精義與立國精神》，臺北，文笙書局，1993 年 11 月。

謝瑞智，《比較憲法》，臺北，地球出版社，1992。

謝瑞智，《修憲春秋》，臺北，文笙書局，1994 年 6 月。

謝瑞智，《修憲春秋》，臺北，文笙書局總經銷，1994 年 11 月。

謝瑞智，《憲法新論》，臺北，正中書局，2000 年 2 月。

謝瑞智，《憲政改革》，臺北，文笙書局，1998。

謝瑞智，《憲政新世界》，臺北，文笙書局，2001。

謝瑞智，《憲政體制與民主政治》，臺北，文笙書局，2007 年 7 月。

謝瑞智，《邁向 21 世紀的憲法》，臺北：學英文化事業有限公司，1996。

謝瑞智編，《世界憲法事典》，臺北，正中書局，2001 年 6 月。

謝瀛洲，《中華民國憲法論》，臺北，米劍豪發行，1976 年 10 月，十五版。

薩孟武，《中國憲法新論》，臺北，三民書局，1974 年 9 月。

薩孟武，《政治學》，臺北，三民書局，1993 年 8 月增訂五版。

薩孟武，《政黨政治之論集》，中華文化出版事業委員會，臺北，1956 年 10 月出版。

羅志淵，《政治學（雲五社會科學大辭典第三冊）》，臺灣商務印書館，臺北，1971 年 12 月。

羅志淵編著，《美國政府及政治》，正中書局印行，國立編譯館出版，2001 年 1 月第二版，第二次印行。

蘆部信喜著，李鴻禧譯，《憲法》，臺北，月旦出版社，1995 年 12 月。

蘇永欽，《走入新世紀的憲政主義》，臺北，元照出版有限公司，2002。

顧忠華，金恆煒，《憲改大對決—九七修憲的教訓》，新店，桂冠，2004 年 5 月。

Georg Brunner 著，鄒忠科、黃松榮譯，《比較政府》，臺北：五南出版社，1995 年，初版。

M. J. C. 維爾，《憲政與分權》，香港，三聯，1997 年 10 月初版。

Rod Hague、葛永光，《比較政府與政治導論》，國民大會憲政研討委員會，國民大會憲政研討委員會出版，1987。

Walter J. Oleszek 著，湯德宗譯，《國會程序與政策過程》，立法院秘書處發行，1992 年。

2.中文期刊論文

吳玉山，〈制度、結構與政治穩定〉，《政治學報》，第三十二期，2001。

吳重禮，〈美國「分立性政府」與「一政性政府」體制運作之比較與評析〉，《政治科學論叢》，第九期，1998 年。

吳重禮，〈憲政設計、政黨政治與權立分立：美國分立政府的運作及啟示〉，《問題與研究》，第 45 卷第 3 期，1996 年 5 月。

李建良，〈民主原則與國會議員任期的延長〉，《臺灣本土法學雜誌》，第三期，1999 年 8 月。

林繼文，〈單一選區兩票制與選舉制度改革〉，《新世紀智庫論壇》，第六期，1999。

法治斌，〈修憲問題研討會（引言）〉，《憲政時代》，19 卷 4 期，1994

年。

法治斌、董保城著，〈憲法第五次增修條文評釋〉，《臺灣本土法學雜誌》，第四期，1999 年 10 月。

桂宏誠，〈美國司法審查權之探討〉、《國改研究報告》、2003 年 8 月 21 日，國家政策研究基金會。

許志雄，〈修憲之界限〉，《月旦法學雜誌》，第五四期，1999 年 11 月。

許志雄，〈從比較憲法觀點論「雙首長制」〉，《月旦法學雜誌》，第二十六期，1997。

郭應哲，〈簡介英國內閣制及其憲政精神〉，《新聞深度分析簡訊》第 29 期，靜宜大學，1997 年 6 月 14 日，通識教育中心編印。

陳慈陽，〈憲改工程的另類思考：由準總統制邁向內閣制的制度安排〉，《國家政策季刊》，第四卷，第二期，2005 年 06 月。

黃秀端，〈少數政府在國會的困境〉，《臺灣政治學刊》，第七卷第二期，2003 年 12 月。

黃炎東，〈新世紀臺灣憲政體制發展之研究〉，《新世紀智庫論壇》，28 期，財團法人臺灣新世紀文教基金會，2004 年 12 月 30 日。

黃建輝，〈憲法第五次增修條文評釋〉，《臺灣本土法學雜誌》，第四期，1999 年 10 月。

黃昭元，〈九七修憲後我國中央政府體制的評估〉，《臺大法學論叢》，第二十七卷第二期，社論，1998。

黃昭元，〈儘速釐清中央政府組織的憲法解釋爭議〉，《律師雜誌》，第二一五期，社論，1997b。

黃紀、吳重禮，〈臺灣地區縣市層級「分立政府」影響之初探〉，《臺灣政治學刊》，第四期，2000 年 12 月

葉俊榮，〈憲政體制與政黨輪替〉，《月旦法學》，61 期，2000 年 6 月，頁 36。

趙昌平，〈審計權的歸屬與範圍〉，《憲政時代》，第十九卷第四期，1994。

蔡宗珍，〈論國民大會虛級化後立法院之憲政地位〉，《月旦法學》，61 期，2000 年 6 月，頁 60。

3.其他文章

中央選舉委員會,〈總統、副總統選舉方式之研究—絕對多數與相對多數制之探討〉,民國 86 年 6 月,頁 73-77。

王國璋,〈當代美國國會的運作〉,何思因主編,《美國》,政治大學國際關係研究中心,臺北,2002 年 5 月。

王業立,〈再造憲政運作的理想環境:選舉制度、國會運作與政黨協商機制的改革芻議〉,收錄於陳隆志主編,《新世紀新憲政研討會論文集》,新世紀智庫叢書(3),臺北,元照出版公司,2002 年 8 月,頁 331-349。

王精誠,〈修憲的套裝改革方案—實施上下議院總統五院制〉,《旋風雜誌》,第十二期,2008 年 1 月。

民進黨憲政改造系列研討會,〈臺灣憲政的困境與重生—總統制與內閣制的抉擇〉,臺北國際會議中心,2006 年 9 月 24 日。

吳烟村,2001,總統直選後我國中央政制修憲方向;高永光(總編輯),許源派、張祐齊(執行編輯),民主與憲政論文彙編。臺北,國立政治大學社會科學研究所。

李西潭,《臺灣憲政工程較適當的選擇-總統制》,臺灣新憲法國際研討會,2004 年 11 月 27-28 日。

李登輝,〈親臨國民大會第二次臨時會閉會典禮致詞〉,《李總統登輝先生八十年言論選集》,臺北,行政院新聞局編印,1992 年 8 月,一版,頁 45。

李總統登輝先生八十年言論選集,臺北,行政院新聞局編印,1992 年 8 月,一版。

李鴻禧教授祝壽論文集編輯委員會,現代國家與憲法至李鴻禧教授祝壽論文集,臺北:月旦。

周育仁,〈少數政府對行政立法互動之影響〉,內政(研)091-071 號,2002 年 6 月 24 日。

周育仁,〈建構多數政府的憲政基礎〉,《國政研究報告》,憲政(研)094-15 號,2005 年 7 月 11 日。

周育仁,2001 年,《憲政體制何去何從?建構總統制與內閣制換軌機制》,明居正、高朝(主編),憲政體制新走向,頁 7-20。臺北,新臺灣人文教基金會。

周育仁、葉俊榮、石之瑜、陳愛鵝、吳之山、駱錦鵬、黃錦堂、林佳

龍、明居正、高朗主編《憲政判例新走向》，財團法人新臺灣人文基金會，2001 年 8 月。

周繼祥，文官制度與國家發展研討會：民主先進國家文官甄選制度之比較─以英美日三國為例，考試院，1998。

財團法人現代學術研究基金會，《現代學術研究 制憲與修憲專題》，臺北，稻香，1997 年 7 月。

張文貞，〈憲政主義與選舉制度：「新國會」選制改革芻議〉，《新世紀、新憲政憲政研討會論文集》，陳隆志主編，臺灣新世紀文教基金會，2002 年 3 月，臺北，頁 492-497。

張文貞，〈憲政主義與選舉制度：新國會選制改革芻議〉，《新世紀智庫論壇第十七期》，頁 26-27，財團法人臺灣新世紀文教基金會，2002。

張臺麟，《政黨的結盟與重組》：法國經驗，收錄於蘇永欽（主編），《政黨重組─臺灣民主政治的再出發，頁 86，新臺灣人文教基金會，2000。

張亞澐，〈五權憲法與其他憲法之比較研究〉，《比較憲法》，臺北，臺灣商務印書館，1987 年二版。

許志雄，《權力分立之理論與現實至其構造與動態之分析》，臺大法研所碩士論文，民國 71 年。

許志雄，政黨輪替在我國憲政上的意義─從統治機構論的角度分析，收錄於陳隆志（主編）《新世紀新憲政─憲政研討會論文集，頁 173，臺灣新世紀文教基金會，臺北，元照出版有限公司，2002。

許宗力，〈發現雙首長制〉，收錄於陳隆志（主編）《新世紀新憲政─憲政研討會論文集，頁 194-196，臺灣新世紀文教基金會，臺北，元照出版有限公司，2002。

郭應哲，〈簡介英國內閣制及其憲政精神〉，《新聞深度分析簡訊第 29 期》，靜宜大學，1997 年 6 月 14 日，通識教育中心編印。

陳惠芩著，張君勘憲政思想之研究，國立臺灣大學三民主義研究所碩士論文，1991 年。

陳隆志主編，《新世紀新憲政研討會論文集》，新世紀智庫叢書（3），臺北，元照出版公司，2002 年 8 月。

陳愛娥，《憲政體制下政黨與政府組成的關係》，收錄於明居正、高朗（主編），《憲政體制新走向》，頁 145-147，新臺灣人文教基金會，2000。

黃秀端，〈中央政府體制改革的選擇（政治篇）〉，葉俊榮等，行政院研究發展考核委員會主編，《憲改方向盤》，臺北，五南，2006，頁128-132。

黃秀端，〈我國未來中央政府體制何去何從〉，《新世紀臺灣憲政研討會論文集》，臺北，行政院研究發展考核委員會，2004年10月31日。

黃秀端，〈美國政治—政府機構—總統〉，何思恩主編，《美國》，臺北，政治大學國際關係研究中心，2002年5月。

黃錦堂，〈臺灣雙首長制的內涵—向總統制或內閣制傾斜？〉發表於臺灣憲政體制與政黨政治的新走向研討會，臺大政治學系、財團法人新臺灣人文教基金會共同主辦，2000年。

楊光中，美國選舉人制度之研究—制憲原因之探討，中央研究院美國文化研究所（收編），《美國總統選舉論文集》，頁41，臺北，編者自刊，1984。

詹姆士‧桑奎士著，高朗等譯，《美國憲法改革論》，國民大會憲政研討會編，臺北，國民大會憲政研討會，民80年。

蔣總統經國先生73年言論集，臺北，行政院新開局輯印，1986年5月，一版。

蕭全政主編，〈民間國建會總結報告〉，臺北，國家政策研究中心，1990年4月，初版。

4.中文報紙

李鴻禧主持，顏厥安、金恆煒、黃昭元共同聯合執筆，1997，臺灣人民的歷史選擇—我們不要民選皇帝，自由時報，5月23日，第6頁。

林子儀，1994年，自由時報，6月2日，版2。

周陽山，1994年。論多數總統產生的條件與利弊得失，聯合報，1月29日，版11。

周陽山，1997，何種憲政體制適合臺灣國情急實際需要，自由時報主辦，TVBS協辦的修憲辯論會，自由時報，6月2日，版2。

胡佛，《政治學的科學探究（五）—憲政結構與政府體制》，臺北，三民，2003，初版。

胡佛，政治問題與政治改造，《中國時報》，2000。

《聯合報》，〈總統直選對政治生態影響與衝擊〉，楊順泰，1994年6

月 14 日。

楊泰順，總統直選對政治生態與衝擊，《聯合報》1994 年 6 月 14 日版十一。

姚嘉文、張俊宏、林濁水、郭正亮聯合執筆，民進黨黨主席許信良定稿，不要成為反改革的歷史罪人之憲政萬言書，《聯合報》，1997 年 5 月 30 日版四。

《自由時報》，林子儀，自由時報，1997 年 6 月 2 日，二版。

《自由時報》，自由時報主辦，TVBS 協辦的修憲辯論會─〈何種憲政體制適合臺灣國情及實際需要〉，周陽山，1997 年 6 月 3 日，二版。

《中國時報》，1999 年 9 月 9 日，焦點新聞。

《新黨電子報》，〈國大自肥、總統包庇─司法權該出來制服國大了〉，傅崑成，1999 年 9 月 10 日。

《臺灣日報》，〈聯合內閣不是萬靈丹〉，黃炎東，2000 年 1 月 3 日，十版。

《聯合報》，社論，〈且聽李鴻禧與謝瑞智怎麼說〉，2000 年 4 月 20 日。

胡佛、吳庚、蘇永欽、沈富雄，中央憲政體制的抉擇與配套─中國時報與范馨香法學基金會合辦研討會，《中國時報》，2004 年 2 月 16 日版六。

朱雲鵬。重新檢討總統制以挽回競爭力與信心，中國時報，2004 年 4 月 26 日，版 2。

《中國時報》，孫善豪，時論廣場，2004 年 8 月 14 日，A15 版。

《中國時報》，〈第六共和憲改　新瓶舊酒不討好〉，蔡筱穎，2007 年 4 月 21 日，A11 國際新聞版。

《聯合報》，社論，〈從「法國病」看「臺灣病」：改變的動力何在？〉，A2 版，2007 年 5 月 8 日。

董翔飛，〈總統制衡？愚弄選民陷憲災？〉，《聯合報》，A15 版，2008 年 3 月 11 日。

顧忠華，〈一黨獨大寒蟬效應已現〉，《自由時報》，A8 版，2008 年 3 月 22 日。

廖坤榮，〈人民選擇了一致政府〉，中國時報，第 22 版，2008 年 3 月 23 日。

5.外文書籍

A. McDonald, 1955. The Study of Political Parties, New York: Doubleday Co.

Ackerman, Bruce, We The People: Foundations, Cambridge, MA: Harvard University Press, 1991.

Almond G. A. and G. B. Powell: 1978. Comparative Politics: A Developmental Approach, Little, Brown Company.

Almond, G. A. and G. B. Powell: Comparative Politics: System, Process, and Policy: BostonL Little, Brown and Company1 1978.

Archer, Ronald P., and Matthew Soberg Shugart, 1997, "The Unrealized Potential of Presidential Dominance in Colombia", In Scott Mainwaring, and Matthew Sorberg Shugart, eds., Presidentialism and Democracy in Latin America, New York, NY: Cambridge University Press.

Arend Lijphart. 1984, Democracies: Patterns of Majoritarian and Consensus Government in Twenty One Countries, "New Haven, Conn., Yale University Press."

Asher, Herbert, 1980, Presidential Elections and American Politics, Homewood, IL: Dorsey Press.

Avely. Leiserson, Parties and Politics: An Institution and Behavioral Approach, New York: Knopf Co., 1958, P.210.

Avery Leiserson, 1958, Parties and Politics: An Insthution and Behavioral Approach, New York: Knopf Co.

Barnett, Randy E., 1998. The Structure of Liberty: Justice and Rule of Law, Oxford, UK: Clarendon Press.

Barnett, Randy E., The Structure of Liberty: Justice and Rule of Law, Oxford, UK: Clarendon Press,1998.

Blais, Andre, Louis Massicotte, and Agnieszka Dobrzynska, 1997, "Direct Presidential Elections: A World Summary", Electoral Study. Vol. 16, No.4.

Bogdanor, V., and D. Bulter, eds., 1983, Democracy and Elections: Electoral Systems and Their Political Consequences, Cambridge: Cambridge University Press.

Bryce James, 1924. Modern Democracies. New York: The Macmillan Co.

Bryce, James. 1931, Morden Democracies. Vol.I, "New York: The Macmillan Company."

Christopher H. Pyle and Richard M. Pious, 1984, The President, Congress and the Constitution （New York: Free Press）.

Dicey, A.V., Introduction to the Study of the Constitution, London: Macmillan （1st ed.1885;10th ed.1959）.

Durbin, Thomas M.1980. Nomination and Election of the President and Vice President of the United States. Washington, D.C.: Government Printing Office.

Duverger, Maurice, 1954, Political Parties, Trans. Barbara and Robert North. London: Methuen.

Giovanni Sartori: Parties and Party Systems, Cambridge University Press, 1976.

Hamilton, Alexander, Madison, James & Jay, John, The Federalist Papers, （Clinton Rossiter ed.）, New York, NY: Penguin Group, 1961.

Huntington, Samuel P. 1967, Political Development and Political Decay, "in Claude B. Welch, ed., Political Modernization: A Reader in Comparative Political Change, Ca.: Wadsworth Publishing Company, In.

Huntington, Samuel P. 1968, Political Order in Changing Societies, Yale University Press.

James Madison, The Federalist No. 51.

Key, V.O., Jr., Politics, Parties, and Pressure Group, 5th ed. New YorkL Thomas T. Crowell, 1964.

King, Gary, and Lyn Ragsdale. 1988. The Elusive Executive: Discovering Statistical Patlerns in the Presidency. Washington, DC: Congressional Quarterly Press.

King. Gary. And Lyn Ragsdale. The Elusive Excessive: Discovering Statistical Patterns in the Presidency. Washington, DC: Congressional Quarterly Press 1988.

Lijphart, Arend. 1984. Democracies Patterns of Majoritarian and Consensus Government in Twenty-one Countries, New Heaven: Yale University Press.

Lijphart, Arend. 1999.Patterns of Democrary: Government Forms and Performance in Thirty-Six Countries. New Haven: Yale University

Press.

Linz, Juan J.: Opposition in and under and Authoritarian Regime. in Robert Dahl, ed. Regimes and Oppositions, New Haven, 1973.

Massicotte, Louis and Andre Blais（1999）"Mixed Electoral Systems: A Conceptual and Empirical Survey," Electoral Studies, Vol.18, No. 341-366.

Massicotte, Louis and Andre Blais,1999. "Mixed Electoral Systems: A Conceptual and Empirical Survey." Electoral Studies. 18.

Matthew Soberg Shugart, "The Electoral Cycle and Institutional Sources of Divided Presidential Government," American Political Science Review, Vol, 89, No.2（1995）, pp, 327-343. Robert Elgie, What is Divided Government? in Robert Elgie,（ed）, Divided Government in Comparative Perspective（New York: Oxford University Press, 2000）.

Maurice Duverger, 1963, Political Parties: Their Organization and Activity in the Modern State, trans Barbara and Robert North, New York:John Wiley & Sons, Inc.

McDonald, The Study of Political Parties, New York: Doubleday Co., 1955.

Norris, Pippa, 1997, "Choosing Election System :Proportional, Majoritarian and Mixed Systems," International Political Science Review, Vol, 18, No.3: 297-312

Samuel P. Huntington, Political Order in Changing Societies. New Haven, CT: Yale University Press, 1968.

Sartori, Giovanni, 1976. Parties and Party Systems, Cambridge: Cambridge University Press.

Schattschneider, E. E., 1942, Party Government, New York: Holt, Rinehart and Winston.

Shea, John C., 1987, American Government and Politics, New York: St.Martin's Press.

Shugart, Matthew S.,and John Carey, 1992, Presidents and Assemblies: Constitutional Design and Electoral Dynamics, New York: Cambridge University Press.

Sigmund Neumann, "Toward a Comparative Study of Political Parties", in Neumann, ed., Modern Political Parties. Chicago University Press, 1956.

Snugart, Matthew Soberg & Carey, John M.,Presidents and Assembles,

Cambrige, UK: Cambridge University Press.

Stepan, Alfred and Cindy Skach. 1993. "Constitutional Frameworks and Democratic Consolidation: Parliamentarianism versus Presidentialism."World Politics, Vol. 46, No. 1.

Taagepera Rein, and Matthew Scobert Shugart, 1989. Seats & Votes : The Effects & Determinants of Electoral Systems. New Haven :Yale University Press.

The Constitution of the United States of America and the Declarations of Independence. "Produced by the United States Information Service."

Vile, M. J. C. Constitutionalism and the Separation of Powers, New York, NY: Liberty Fund, Oxford University Press （2nd ed: 1st ed. 1967）, 1998.

Von Kurt Mettenheim, ed., 1997, Presidential Instititions and Democratic Politics: Comparing Regional and National Contexts, Baltimore, MD: The Johns Hopkins University Press.

Ward, Robert E., Authoritarianism as a Factor in Japanese Modernization, in Jason L. Finkle & Richard W. Gable, Political Development and Social Change, 1966.

Weaver, R. Kent, and Bert A. Rockman.eds., 1993, Do Institutions Matter?, Government Capabilities in the United States and Abroad, Washington, D.C.: The Brookings Institution.

6.網路資料來源

中國大百科智慧藏，〈http://wordpedia.pidc.org.tw/〉
五五內閣制民間推動聯盟，〈http://caps55.pbwiki.com/〉
維基百科，〈http://zh.wikipedia.org/wiki/〉
憲政改造，〈http://constitution.president.gov.tw/law/law.htm〉
中央選舉委員會，〈http://www.cec.gov.tw/〉

附錄一 新世紀臺灣憲政體制發展之研究

摘要

　　政黨輪替後帶領新世紀臺灣憲政體制的到來，值此國家社會急遽轉型中，有關制憲與修憲的爭論、三權憲法與五權憲法的問題、中央政府體制、國會改革、立法委員之任期、選舉制度之改革、公民投票、兩岸關係、行政與立法部門之互動、中央與地方權限之劃分及族群融合等問題接踵而來，而朝野互信不足所引發的政黨間之惡鬥不已，造成政局動盪不安，人民對未來產生一定程度的「不安定感」與「不確定感」，令各界對我國政經發展與民眾生活感到憂心，因而引發朝野要求改革憲政體制的主張層出不窮。

　　本文試圖提出我國未來的中央政府體制之走向，究竟應朝向總統制、內閣制、維持現行體制或就現行體制加以改良之論述，因為一個國家的憲政體制的良窳，關係其政黨政治良性發展與否，而選舉制度對政黨政治與民主憲政的落實又有密不可分的關係。因此，筆者乃就憲政原理與西方民主國家實施憲政體制與政黨政治的經驗及我國多年來實施民主改革的歷程，參酌國內外憲政名家有關憲政

上之讜論，衡量其利弊得失，取精用宏，為我國未來政府體制之改革與政黨政治之發展方向，尋求更能凝聚朝野全民的憲政共識，從根本上徹底化解我國當前的憲政危機，期盼能建立一個真正符合權力分立與制衡、權責相符的新世紀臺灣憲政體制，並為國家帶來長治久安的選舉制度與良性政黨競爭之政治體系及優質的民主文化，作為朝野全民責無旁貸地去加以思考與努力的方向。

關鍵字：1.總統制；2.內閣制；3.雙首長制；4.左右共治；5.單一選區相對多數投票制；6.單一選區兩票制；7.複數選區單記非讓渡投票制。

壹、前言

值此國是正處急遽轉型，而兩岸關係又面臨頗為詭譎多變的局面，且行政與立法部門互動不良，朝野互信不足，以致造成政局動盪不安，令各界對國內政經發展與民眾生活感到憂心不已。為求解決此一政治僵局，朝野皆高呼要改革憲政體制，但同樣的口號與主張卻有著不同的意旨與內涵，如同是一部中華民國憲法卻有不同的解讀，而對國家定位與兩岸關係亦皆各有不同的主張與定見。

最近有關公民投票問題亦是引發各種見仁見智之爭論，而第十一屆正副總統選舉結果，陳總統水扁先生、呂副總統秀蓮女士雖以50.11%的得票率再度蟬連正副總統，惟亦因泛藍陣營因計票疑義所引起的問題，紛爭不已，修訂總統、副總統選罷法以建立行政驗票的機制，或是透過司法機制，以謀求公平正義的解決，但這並不能完全建構長治久安之憲政體制，更重要者乃是如何重新定位我國憲政正確之道路，頗令國人對我國之憲政體制走向，何去何從？莫衷一是；惟筆者認為既然朝野政黨皆異口同聲的主張要改革憲政體制，就表示一切的國是要以憲法的法理與規定，就事論事的來解決

問題，而不是進行政黨間的惡鬥，所謂黨爭可也，但千萬不可有意氣之爭。

　　而論及我國當前所實施的憲政體制，的確是國、民兩黨於民國79年召開國是會議起至89年間，透過政黨協商修憲方式而歷經六次修訂的（謝瑞智，1998：229-233；蘇永欽，2002：237-249；許志雄，2000：253-267）。但問題是目前所謂的雙首長制亦有學者稱為半總統制（semi-presidential system）在我國已轉型為自由民主的政治體系中，為何會出現運作上處處不順暢之境，甚而造成國無寧日呢？而過去同樣是混合制的憲法雖然就憲政法理而言亦迭遭批判，諸如前最高法院院長謝瀛洲先生、憲法教授管歐先生、臺大教授薩孟武先生、前大法官林紀東先生等憲法名家對中華民國憲法的批評亦頗為激烈，而各人又都有他們修改的主張。

　　按對於我國現行憲法向來提出批評的，大致有三種不同的觀點，第一，是說現行憲法與孫中山先生的五權憲法的精神大有出入，如謝瀛洲博士、管歐教授皆持此觀點加以批評；林紀東大法官也說現行憲法之精神與五五憲草大有不同。第二，是認為現行憲法與英美三權分立憲法有所不合，難以促成民主政治。第三，是認為情勢變更，非制憲當時所能料及，因此必須加以修改……薩孟武教授亦說：吾國各種新制度方在草創之時，其不完備，勢所難免，至於因為情勢變遷而對現行憲法加以批評者，更為常見，我們只要提出幾項動員戡亂臨時條款制定的理由，即可看出我們的憲法並不是十全十美的（姚嘉文，1999：20-25；李鴻禧，2001：201-247；李鴻禧等合著，2002年：1-26；胡佛，中國時報，2000年）。

　　的確，世上難有百代不衰之思想，亦不容易找到完美無缺的政治制度，而中華民國憲法之制定乃是經過各黨各派政治協商之結果，亦因中央權責劃分不清致而種下了爾後各界爭論不已之根源，但由於當時之執政黨，充分掌握黨政軍警媒體與財經等部門，且透

過政黨政治之運作，因此在實際的運作上行政權方面卻仍能發揮相當的效率與功能，而同樣的憲政體制現在怎會變成所謂「朝小野大」，即使此次總統大選，陳總統水扁先生已獲50.11%超過半數得票率，但泛藍陣營在國會仍居多數，且立法與行政互動關係欠佳，甚而多次造成僵局，我國未來的中央政府體制之走向，究竟應朝向總統制或內閣制或維持現行體制或就現行體制加以改良，亦在在皆是我們必須加以正視並從根本上去加以解決的問題。

貳、當前政府體制乃是經朝野協商的結果，但在運作上仍有其無法突破之瓶頸

我國的中央政府體制依照憲法原文規定原屬修正式的內閣制（張君勱，1947：71）總統並非虛位元首，且享有相當政治實權，同時，由於過去國民黨一直同時掌握總統府、行政院與立法院，透過黨政運作的結果，政府多數時間偏向總統制（周育仁，2001：7）。

記得在進行六次修憲當中，無論是國民黨、民進黨、新黨或各界的法政學者專家對我國的中央政府體制之修改所提出的意見可說獻言無數，字字珠璣，皆能分別就各種制度的利弊得失加以深入的剖析。在國發會後國民黨乃依據國發會之共識研擬修憲條文，提出所謂的雙首長制，認為此乃根據五十年憲政的經驗最合理的修憲。而民進黨亦提出雙首長制，認為要吸取內閣制與總統制的優點，以總統做為國家領導中心，而行政院長向國會負責（姚嘉文、張俊宏、林濁水、郭正亮聯合執筆，聯合報，1997年5月30日）。

而新黨的學者周陽山教授則力主採用內閣制，因為二次大戰後，在全世界有二十三個國家維持了五十年的憲政民主，二十三個國家中有二十個國家採取內閣制，而內閣制能夠構成國家的穩定，

憲政的成長。過去五十年間，整個拉丁美洲國家都實施總統制，沒有一個國家建立了穩定的民主，但哥斯大黎加則為例外。同時從1988 年蘇聯解體後，東歐以及前蘇聯，絕大多數國家實施雙首長制，但沒有一個國家可以建立最基本的民主體制（周陽山，自由時報，1997 年 6 月 2 日）。

　　的確，內閣制合乎憲政原理並有不少的實施成功例證，而我國的憲法不但有總統制的精神，也有內閣制之色彩，但在實際運作上，尤其是政府播遷來臺後五十多年來，總統一直擁有實質上的權力，這是制訂動員戡亂時期臨時條款及透過政黨政治運作的結果。修憲後總統自第九任開始改為公民直選，民意的趨向亦是希望有一個實權的總統，來解決國家所面臨的多項改革或兩岸關係等諸問題。因此若要將現行憲法調整為純內閣制，是否符合近幾年來我國之政治文化與實際政治之運作及臺灣的民意主流趨勢，亦有待商榷。林子儀教授認為在雙首長制之下，如果總統與國會是屬於多數同一政黨，總統基本上不直接向其政策負責，躲在後面；若總統與國會不屬於同一政黨，會造成行政內政分裂；因此，總統制是比較適當的選擇。而政府要修憲的理由，其重點亦是擔心權責不清，政府無效率（林子儀，自由時報，1997 年 6 月 2 日）。

　　而由李鴻禧教授所領導的民間監督憲改聯盟成員顏厥安、金恒煒、黃昭元等共同聯合執筆－「臺灣人民的歷史選擇－我們不要民選皇帝」一文中即已明確的指出：當時國、民兩黨的主流憲改方案即所謂的雙首長制不可行，因為這一制度根本無法改變臺灣的惡質政治體質，而且雙首長會造成行政權分裂的「雙頭馬車制」，有權無責的「藏鏡人」制度，雙首長制可說充滿人治色彩。它會因為選舉結果而改變總統與國會的權力結構，亦就是說在總統與國會之選舉結果若同屬一個政黨勝利，則總統之權力便會超凌一切，成為所

謂超級的巨無霸總統。若總統與國會之選舉分由不同政黨獲勝，則總統的權力必然受到相當節制，雙方若無法妥協難免會成為政治僵局，如目前臺灣的政局發展就頗為類似，況且臺灣也沒有實施雙首長制的充分政治社會條件。因此，主張建構總統制的中央政府體制。因為總統制比雙首長制更符合權力分立與制衡的原則，總統比較有能力團結國家處理內外的危機，且我國的地方政治的實施已有很接近總統制運作的經驗（李鴻禧主持，顏厥安、金恆煒、黃昭元共同聯合執筆，自由時報，1997 年 5 月 23 日）。

綜觀以上所述，我們可以明確的得知，當前的中央政府體制在修訂之前，乃是經過朝野政黨多次的協商談判，而各界的學者專家雖亦難能可貴的再三的提出很多寶貴意見以供朝野政黨參考。但朝野當局最後仍修出了較為接近法國第五共和國的雙首長制，而雙首長制也無法真正的解決長久以來困惑著我們的問題，甚而種下了當前種種憲政難題之重要因素（李鴻禧等合著，2002：294-300。）。亦就是說，修憲後我國現行的憲法體制定位為雙首長制，但在實際上的運作卻有向總統制傾斜之現象，很難落實雙首長制的精神。現行的憲政體制雖稱為雙首長制但卻又與法國第五共和的雙首長制有別，在實際運作上缺乏重要的調適機制，如總統任命閣揆必須考量國會之政治生態，始能獲得立法院之信任投票，總統主動解散國會權，總統公民直選的絕對多數制（兩輪投票制）等機制之運作，這些問題都是值得朝野政黨有待加以反省，並應記取種瓜得瓜、種豆得豆之歷史教訓，因為政治是不能任意實驗的，其所付出的代價實在太大了。胡佛教授認為中華民國憲法經過六次修訂，已將政體的結構弄亂，他認為能將統與治分開的內閣制，較適合臺灣，而這種體制就是原本憲法體制的設計，因此要檢討當前的中央憲政體制，最好的方法就是回歸憲法本文，才能讓憲政體制發展。蘇永欽教授

主張全面移植法國雙首長制，才不會產生模糊的空間，因為從現行憲政體制衍生的問題，加上臺灣人民長期的認知，以為行政權是來自於定期投票的看法，也即是多元、民粹、多數的看法已形成，所以內閣制已經是不可能的選擇，但總統制似乎離臺灣太遙遠，在考量不大幅進行變動之下，全面填補雙首長制不足的缺口，才是正途。大法官吳庚則認為憲法是成長的，不是創造的，要成長出優質的民主憲政，經濟條件及政治領導分子的態度非常重要。甚至比憲法設計是否完備還要緊，基於總統已經直接民選，要採內閣制是有困難，似乎總統制較符合臺灣人民的味口，但現實上，臺灣又無法達到美國總統制條件，因此主張採法式雙首長制。沈富雄立委則主張採「總統總理合一制」，他認為憲法已去內閣制化，不可能再走回內閣制的回頭路，而美式的總統制，在臺灣又行不通，因此才主張「總統總理合一制」，也就是總統直選，政府首長向國會負責，總統和國會各有任期保障，互不解職，亦就是說，一個民選的總理，他的名字叫總統，如此才能讓總統與國會各自代表的民意融合在一起（中國時報，2004 年 2 月 16 日）。而周育仁教授指出：「政府體制貴在明確，應儘量減低政黨政治運作負面影響，或其他因素對政府體制定位之影響。由於過去五十多年來，我國政府體制多偏向總統制特徵，致使民眾、政治人物與政黨多認為總統民選後，應具實權，是以未來政府體制如完全調整為內閣制，恐怕不符眾人之期盼，至於往總統制方向調整，也未必合適」（周育仁，2001：20）。湯德宗教授指出我國中央政府體制之更迭，於憲法本文之規定是修正式內閣制，實施臨時條款時代是屬於總統制，而於九七憲改後為貌似總統制的總統制（湯德宗，2000：75-127）；吳烟村教授亦認為我國究應採那一種制度，本應依我國實際狀況及社會背景和需要詳細比較，在取得共識後，再選擇之，尤其總統既由人民直接

選舉產生，因而應採總統制，以建構中央政府體制，將是比較實際的選擇（吳烟村，2001：150-151）。

陳愛娥教授則指出，依我國憲法的規定而論，總統任命不同政黨之人擔任行政院院長的「左右共治」，在複數政黨才能握有國會多數席次時，則可能是「左右共治」結合「聯合政府」的情形，乃至由總統任命未獲國會中占多數席次政黨支持者為行政院院長的少數政府，都是可能的選擇，憲法就此並未預為規定（陳愛娥，2000：145-147）。許志雄教授認為雙首長制有權責不符或權責不明的問題，顯然違背責任政府原理，有關缺失，在我國體制的運作上早已陸續出現，此次總統大選後的政權輪替過程中，更加暴露無遺（許志雄，2002：173）。

陳隆志教授指出憲政文化的建立在於權責分明合一的政府體制。政治權力與控制須適當分配，權責必須分明合一，有權力就有責任，有責任的政府才能尊重民意，為人民真正的福祉努力，也才能避免長期混亂政爭的現象（陳隆志，1996：16）。而美國憲法以制衡為原理原則，亦是逐漸孕育成長，以維護基本人權，自農業社會經工業社會，至太空資訊的社會，憲法條文隨時代環境的變遷而富有新意義與人民意志，生活保持密切關聯。在司法審查權（Judicial Review）的運用與輿論的監督下，人權的切實保障，連總統也無法超越憲法、法律之上，此種憲法文化使人民尊重憲法，珍惜憲法，依賴憲法，保護憲法，這是憲法文化的真諦（陳隆志，1996：12）。

由以上筆者所舉例的學者論述之觀點，我們當可更加體認到我國憲政體制，的確有必要加以作一番徹底的改革不可，而就整體的論點而言，每一位學者對我國未來的中央政府體制之改革皆有其獨特的見解，而對內閣制、總統制或法式的雙首長制，亦皆各有其獨

鍾嚮往。惟筆者更深深體會到任何憲政體制的建構，皆必需符合權責相符之原則，誠如法國人權宣言第十六條所標示的「權利之保障未能確實，權力分立制度無法確立釐清的社會，不能稱為有憲法的社會」，亦正如陳慈陽教授所指出的「法國人權宣言，不僅是人權保障的綱領，還納入了國家權力及組成的正當性，如第六條提及法律是一般共同意志的表達，以及第十六條宣示了孟德斯鳩三權分立原理，是不可放棄的立憲國家基礎」（陳慈陽，2004：19）。

　　惟政府理想與實際運作往往是有其時空與現實環境的制約與限制，如內閣制固然有其獨特的優點，但以臺灣人民長期的認知與當前憲政體制產生之現實問題，以及臺灣的憲政體制面而論，內閣制似乎有其很難達成的目標，雙首長制亦有其缺口所在，甚至造成行政權割裂，行政與立法互動不良的後果，而採用總統制是否適合臺灣的政治土壤，亦遭到不少人士的疑惑，正如朱雲鵬教授指出我國現行的制度對立法院負責的是行政院長，不是總統，所以總統有權無責，形成所謂「超級總統制」，而不是美式的「三權分立」總統制。美國雷格（F.W.Riggs）在「第三世界政權的脆弱性」一文中，統計四十個國家實施內閣制，二十七國成功，而總統制十國，成功率為零。因為「總統制有贏則全贏、輸者全輸、零和競局、濫權，常導致內戰紛擾，政治暗殺等亂局」（朱雲鵬，中國時報，2004 年 4 月 26 日）。然依據許宗力教授所指出的：「雖有人批評總統制成功例子少，失敗例子多，並質疑臺灣引進總統制的可行性，不過中南美洲國家政局動盪不安，因素很多，很難歸咎於總統制，與其說政局之不安是總統制所引發，倒不如說是民主文化的欠缺所致，南亞國家如泰國、印度與巴基斯坦等國，同樣採用內閣制，政局同樣動盪不安，更可見總統制等於不安，內閣制代表安定的說法沒有根據」（許宗力，2002：194-196）。

　　就我國實施憲政長期的經驗與總統民選後，總統制似乎較符合臺灣大多數人之期望。惟美式的總統制如何能夠在臺灣未來憲政體制順利地移植生根發展，其應有的配套措施，如總統的選舉制度與立法委員的選舉制度改革等問題，亦有賴朝野政黨與全體國人共同協商，形成共同的憲政共識，才能達到憲改的預期理想指標。因為臺灣已歷經了三次總統直接公民選舉的民主洗禮，臺灣大多數人民對民選總統的期待當不會希望他只是一個虛位的國家元首，因此未來的憲政改革朝向總統制方向規劃應是合乎主流民意趨勢。雖然依現行憲法規定「行政院是國家最高行政機關」，但就臺灣實施五十多年的憲政體制的實際運作狀況，總統在我國的憲政體系運作中所扮演的地位，他不但是國家元首，亦是行政權的最高主導者，無論是修憲前或是修憲後的實際運作的確是如此，就是前司法院大法官林紀東先生在其所著「中華民國憲法釋論」及「中華民國憲法逐條釋義」之大作中，亦就憲法第五十三條所規定的「行政院是國家最高的行政機關」，作出了很合乎憲法本文之真正法理與實際之闡釋。林紀東大法官認為本條規定，表面上似僅為關於行政院地位之規定，實際上則兼具規定行政院職權之意義，必須注意及此方不至誤解法意，乃至執此一端，誤解整個中央政府之構造。我國總統具有過問行政事務的權力，以國家元首兼具行政首長之地位，非內閣制國家統而不治之元首之比，似無疑義，總統既兼具行政首長之地位，對於行政院有相當指揮之權（林紀東，1980：212-213；1992：186）。而現行憲法經六次的修改後早已實質的偏向總統制的雙首長制方向發展，尤其 2004 年 3 月 20 日總統選舉，陳水扁總統、呂秀蓮副總統以 50.11% 超過半數的得票率當選第十一任正副總統，由所謂少數總統變成多數總統，若說未來的憲政改革有關政府體制要向內閣制傾斜，幾乎違反政治生態的現實性。

的確一個國家的中央政府體制之走向必須針對其歷史文化、法律、政治社會背景等因素加以考量，評估其利弊得失與國家之長治久安及永續發展，否則是很難達到民主改革之預期指標的，且嚴重影響政局之穩定。我國已進行了三次總統民選而當前行政與立法部門互動不良，府院權責有待釐清，為打開這一政治僵局，未來中央政府體制應朝總統制方向規劃，當更能符合權力分立與制衡之憲政原理，而在實施總統制下使總統更有能力去處理當前臺灣所面臨得各項國內外危機，何況多年來我國實施的地方自治選舉已有接近總統制運作之經驗（陳水扁總統競選指揮中心、國家藍圖委員會，新世紀新出路，陳水扁國家藍圖 2，國家體制改造，1999：62-65），誠如葉俊榮教授所指出的「至於政制問題，從理論上總統制與內閣制各有利弊，抽象上甚至內閣制更有好處，但往往在臺灣不是如此，如果要改為內閣制，便要檢視臺灣的條件，例如國會作為政治中心是否適合？是否會出現調適問題？制度清楚最重要，但在臺灣朝總統制變動成本確實較低」（葉俊榮，自由時報，2004 年 7 月 19日）。

參、總統制較符合我國的憲政文化

首先，就我國的制憲歷史而言，中華民國的開國元勳孫中山先生所主張的建國理想，本來就是提倡建設一個像美國或法國那樣分權與制衡的政府，來保障人民的基本人權，以落實主權在民的理想。因此在民國初年制定的臨時政府組織大綱，亦就是中華民國開國的第一部成文憲法，乃仿效美國總統制。但後來國民黨人為了防止袁世凱的野心，又以臨時約法取代組織大綱，主張責任內閣制及後來的天壇憲法所採用的議會內閣制，均因袁世凱的反對而遭廢棄，另由袁世凱又重新制定中華民國約法，中央政府又改用總統

制，後因袁氏心中根本沒有民主憲政之理念因稱帝自為而敗亡。

至民國25年雖有五五憲草之擬定，就其內容而言亦是偏向總統制，但因抗日戰爭而停擺。直至抗戰勝利後國民黨、共產黨、民社黨、青年黨、民主同盟及社會賢達共同舉行政治協商會議，並就「五五憲草」之內容提出修正且據以制定現行中華民國憲法。其中央政府之體制，正如制憲先賢張君勱先生所指出的我國中央政府體制乃是屬於一種「修正式的內閣制」。這可說已遠離了孫中山先生制憲的理想，且更是世界上絕無僅有的中央政府體制，而依據這部新創的憲法，就憲政原理而言卻種下了各界解說紛爭不已的根源，且在運作上往往又與實際政治環境扞格不入。先總統蔣中正先生亦發現若依照這部憲法之規定，總統在憲法上之權力是有限的，而真正的實權乃在行政院院長，因此有意敦請胡適之先生出來競選總統。後來國民大會因國共戰爭關係，制定了一部動員戡亂時期臨時條款，凍結了部分的憲法條文，使總統真正享有政治的實權，而至李前總統登輝先生雖然廢除了動員戡亂時期臨時條款，凍結了部分的憲法條文，但因總統與國民大會及立法院隸屬同一政黨，因此中央政府體制有如總統制，而李前總統登輝先生可以在其任內進行了六次憲政改革，經過修憲後的憲法實際上是變相的雙首長制。改制後總統雖由公民直選，除非總統與立法院多數黨是同黨，否則總統亦會遭遇立法院杯葛很難施展其實權。

2000年3月18日由陳水扁先生、呂秀蓮女士當選為中華民國第十任正副總統，在臺灣正式開創了政黨輪替的時代，而社會大眾對此一政治新局懷有熱切無比的新希望，不覺新政府執政未至六個月竟然因核四之停建，導致行政與立法發生始料未及之衝突，而這一國人所不願意見到的政治紛爭，其所引發之因素當然有見仁見智的看法，但筆者認為其中最重要的根源乃是在於中央政府體制權責劃

分不清，運作不良所致。因此，要解決當前的政治困境非從根本上重新建構中央體制不可，否則任何政黨的人士當選總統或擔任閣揆後亦會遭遇同樣的問題。

民國初年孫中山先生主張總統制當有其先見之明，而先前兩位蔣總統因為有動員戡亂時期臨時條款及政黨政治之巧妙運作，總統才享有實權，而李前總統主政的時代因身兼國民黨主席，無論是行政院、立法院、國民大會或其他重要的政治機構，大多數成員是屬於國民黨黨員，所謂「以黨領政」剛性政黨之紀律下，總統怎能說會沒有實權呢？就是憲法沒有明定是總統制，但就政治實況而言，已可說不遜於美國等國家實施總統制下，其總統享有的政治實權。

反觀現任陳水扁總統之處境就無法享有像以前的兩位蔣總統及李前總統的政治優勢了，憲法規定陳總統固然是國家的元首，但目前民進黨在立法院席次仍未過半數的情況下，行政部門的各項施政往往受制於在立法院之席次仍操控多數的泛藍陣營，而陳總統又背負實踐對選民的政治承諾，當然熟諳憲法的陳總統了解少數政府所面臨的困境。少數政府的組成亦可能是陳總統在政治理念與政治現實之間不得已的抉擇，2004年3月20日我國舉行總統大選，陳總統水扁先生、呂副總統秀蓮女士以50.11%之得票率，當選連任第十一任正副總統，陳總統由原來得票率39.3%的「少數總統」變成「多數總統」。惟泛綠陣營在立法院當前的政治生態下，仍維持未超過半數以上席次，而且又因選舉糾紛更引發藍綠陣營之間的政黨緊張關係，加上對岸中共當局的干涉我國內政及國際友邦的關切臺灣政局等，在在皆是陳總統主政下的政府當局必須面對的嚴厲考驗。

雖然歐洲亦有不少民主國家實施少數政府，其政治運作亦能順暢，但在當前的臺灣卻無法如他們一樣，這可能與我們的政治文化有關，因此我們必須深切的體認「法與時轉則治」的道理，有鑒於

此，筆者認為為求突破當前臺灣民主憲政之困境，我國的中央政府體制已面臨非加以改革不可之時刻，朝向總統制規劃當是一個值得我們思考的方向，以求名實相符，權責釐清，有效打破當前的政治僵局。

肆、實施總統制才能突破憲政瓶頸，帶來長治久安

　　自從第九任總統改由公民直選之後，總統應負的責任應行更大，如國內的治安、財經問題等等皆有待政府結合全民共同解決，尤其是兩岸關係一直仍在高度不安定的狀況，而實施總統制以強化其政治運作之能力，來肆應當前國家面臨的各項改革，此乃任何政黨的人士當選總統後，全國人民對其最大的期望，否則憲法無法賦予適當權力的總統，就是請天上神仙來做總統，亦很難推展各項施政。因此要突破我國當前實施的民主憲政之困境，使中央政府體制無論是府院之權責關係，或與立法院互動更為獲得有效改善，現行憲法必須加以改革。

　　按美國憲法規定，總統就是國家元首亦是最高行政首長。因此我國未來憲法之探討，有關各部會首長及不管部之政務委員之產生，均由總統任免之；總統依法公布法律，發布命令，不須行政院長及有關部會首長之副署；總統應隨時向立法院報告國家情勢，並將個人所認為適合國家施政的政策咨送於國會，以備審議，來求得國會的配合與支持；總統在任命重要官員，亦須如美國總統一樣，遵照所謂參議員禮貌，充分尊重立法院之意見。立法院對於總統之重要政策不贊同時，得以決議移請總統變更之，但總統對於立法院亦應有覆議權以為制衡。

　　行政院之行政會議改為國務會議，由總統親自主持國務會議，其成員包含副總統、國務總理、國務副總理、各部會首長、政務委

員或基於政治事實需要所指定的人員組成之。國務會議的閣員仿效美國總統制，其只對總統負責，不必向國會負責。但總統的施政，必須依立法院所訂的法律施政。行政部門與立法部門既分權又制衡，若有任何紛爭，除了重大的政治問題由國會與總統透過協商解決外，皆可提請最高法院的大法官運用違憲審查權（Judicial Review）加以審理，則一切國是自然能獲得公平正義的解決。同時立法委員任期亦應由現在的三年改為四年，以更能培育國會議員的議事經驗及提升議事的效能（謝瑞智，1996：94-116）。

　　若將來朝總統制規定，總統不但是國家元首，亦如美國總統一樣，成為我國最高行政首長，對實際施政負完全之責任，而現行憲法增修條文規定之倒閣權與解散權必須取消，立法院的正、副總統罷免權也應考慮取消，對於總統所要否決的法案，立法院的覆議門檻應提高為三分之二，如此更能落實權力分立與制衡功能，有關人事同意權、調查權、聽證權、彈劾權應更加充實，但質詢權則應考慮取消（王業立，2001：10）。

伍、總統選舉方式改為絕對多數決制，較有利於政局穩定之發展

　　自兩次世界大戰以後，有關民主改革運動所呈現出的一項特色，便是大部分的國家都以總統直選為整個改變的樞紐與焦點（楊泰順，聯合報，1994 年 6 月 14 日）。我國在六次憲改以來，已確立總統公民直選的原則。惟產生方式是採相對多數或者絕對多數仍有許多爭議，世界各國總統選舉的方式，亦多有大同小異之處，有採絕對多數，亦有採相對多數，例如「總統制」國家－美國係由選民投給選舉人，再由選舉人投給總統採絕對多數方式，第二輪以後投票則由國會議員進行之；法國－「半總統制」則由全民直選，亦採

絕對多數當選，第二輪以後之得勝者當能獲得超過有效票半數以上（周陽山，聯合報，1994 年 1 月 29 日）。

美國總統之選舉制度乃是經過激辯與調整，加上美國人民對於憲法與歷史傳統的尊重與珍惜而樹立的，這是我們應該學習者，而至於採行「絕對多數」或「相對多數」之制度，則應視國人的共識建立而定，無絕對的優劣，在研擬法制時，則應廣泛討論與考慮，吾人可就其中之優缺點先行了解、分析。

就「絕對多數」的產生而論，其優點至少有下列幾項：

（一）有強勢的民意基礎，利於總統日後的權力運作，足以與立法權、司法權相互制衡。如 1932 年美國總統大選，羅斯福以懸殊的票數差異打敗對手，在強大的民意基礎支持下，順勢推出「新政」，使美國聯邦政府權的大幅提昇，影響至今，即為一顯著例子。

（二）有助於凝聚國民意識，形成「生命共同體」意識，透過此種方式產生的總統能夠進一步強化「民主國家主義」。

（三）有助於強化政府的效能，甚至造成萬能政府的出現。

至於其缺失，則包括：

（一）如果第一輪選舉時未能產生絕對多數的總統當選人勢需進行第二輪選舉，如果第二輪選舉時仍採全民直選的方式，則選舉情勢將更為緊張，甚至可能出現暴亂危機，其代價甚高。

（二）如果總統挾其強大的民意基礎，要求大幅度修憲擴權，則憲政主義所強調的「有限政府」、「權責合一」等制衡理念，將面臨嚴重威脅，對憲政民主的穩定成長，是十分不利的（周陽山，聯合報，1994 年元月 29 日）。

（三）領先者為了求取勝利即可能採取不當手段與其他黨進行利益交換，助長分贓政治與導致政局之不穩。

（四）導致零碎化的政黨體系，不利於國會的穩定運作及總統的有效統治（陳水扁總統競選指揮中心、國家藍圖委員會，新世紀、新出路，陳水扁國家藍圖 2，國家體制改造，1999：85-86）。

另一方面，「相對多數」的總統選舉方式，也各有其利弊，就優點而言，有下列數項：

（一）選務單純，一次選舉即可決定勝負，全民所付出的成本與代價，都要少的多。

（二）比較當前憲政體制的規範，我國自民國 36 年開始實行的憲政制度，原本即為一種「修正式的內閣制」（張君勱，1947：71）。現在所採相對多數之總統直選方式，可以免除總統擴權太多，造成憲政體制的巨幅變動的流弊。

（三）有助於國會形成兩大政黨集團競爭之面向。

（四）促進行政立法關係之穩定發展。

（五）減低分贓政治的機會，於當選後亦比較不會爆發政爭（陳水扁總統競選指揮中心、國家藍圖委員會，新世紀新出路，陳水扁國家藍圖 2，國家體制改造，1999：85-86）。

但就其缺點而言，由相對多數產生的總統，有可能只具備「小部份」的民意基礎，甚至可能與其主要的對手差異十分有限（周陽山，前引文）。

另就綜合國內學界對總統選舉制度相關意見：

（一）李國雄教授認為我國目前所採相對多數制可能選出「少數總統」，而絕對多數則可促進「政黨聯盟」，所以傾向支持絕對多數制。

（二）李炳南教授認為，從制度面來看，總統有權解散國會，因此總統必須具備相當的民意基礎，而絕對多數制顯然較容易滿足此一需求。從政黨政治來看，絕對多數制提供小黨合理的生存空

間。從政策訴求來看，絕對多數制的第二輪投票可促進政黨聯盟，此一制約的機制可使選民向中間靠攏，因此政黨政策訴求將趨於理性務實。故從以上三個面向來看，李炳南教授亦支持「絕對多數制」。

（三）東吳大學郭正亮教授主張我國未來總統宜保持政治中立，可效法芬蘭，總統一但當選立即退出政黨，而所謂「總統選舉方式」也必須與國會選舉制度一併討論為宜。

（四）張臺麟教授認為從技術面來看，二輪投票難以避免賄選、搓圓仔湯的不法現象。若國會中已有穩定的多數，那麼絕對多數選出的強勢總統，其角色又將如何？以我國目前各政黨黨紀不甚嚴明的情形，若真改採「絕對多數制」，其後果實難以樂觀。因此主張應維持現行「相對多數制」。

（五）吳東野教授認為芬蘭憲政體制的設計，值得參採。在總統採直接民選的國家中，如西歐九國中有五個國家採直接民選，全部是採「絕對多數制」；東歐十五國中，十個總統直接民選的國家中有七個或八個是採「絕對多數制」，但在亞洲，像總統直選的國家如韓國、菲律賓、新加坡、我國等均採「相對多數制」，而在非洲被評為民主的國家中，也大部分採「相對多數制」。可見憲政設計因各國國情不同而南轅北轍。

（六）施正鋒教授指出在十五個總統直選的國家中有九個國家係採「絕對多數制」，顯示大部分直接民選的總統是由絕對多數制產生。惟施教授認為思考此一議題，絕對不能忽略「政黨政治」的因素。

（七）彭錦鵬教授認為從制度面來看，比較可能為各黨派接受的是百分之四十或四十五的門檻。而鄭又平教授亦認為百分之四十或四十五是最可行的門檻標準。

　　（八）周育仁教授指出：1.總統選舉方式應與「政黨政治」一併考慮，並先釐清我國總統的角色與其職權。2.國內學術界對總統選舉制度有研究的學者專家於民國87年3月6日所舉辦的座談會中，多數支持「絕對多數制」，惟第一回合之門檻宜調為百分之四十或四十五，以調和絕對多數制與相對多數制的優點（中央選舉委員會，1999：73-77），而根據 Andre Blais, Louis Massicotte and Agnieszka Dobrzynska 的研究（1997:441-445）指出，當前在全世界一百七十個直選產生國會的國家中，有九十二個國家（54.12％）的元首也是由人民直接選舉產生，而在這些直選的的國家元首當中，有十九個國家（20.65％）採用相對多數決制（Plurality system），而採取絕對多數制（Majority）的國家有六十四國（69.57％）（王業立，2001：14-16）。尤其是在第三波民主化的浪潮下絕對多數制更是成為有舉行總統直選的新興民主國家的多數選擇，而在選擇總統制的國家中，為使民選總統的民意基礎具有較高的正當性，絕對多數制就成為這些國家較優先選項（王業立，2001：3-4）。而總統制之改革，亦必須與國會的改革加以配合，依筆者的看法，立法委員的選舉制度如果仍維持目前的複數選區單記非讓渡投票制（single nontransferable vote under multimember districts，SNTV-MMD），基本上因採大選舉區，每位候選人除了要與他黨之候選人競爭外，同時亦必需與同黨之候選人相互競爭，同黨操戈競爭，致黑金派系及賄選盛行，而且目前立委的職權既無調查權，且罷免與彈劾權之門檻甚高，很難通過，故實際上制衡功能不彰，縱使可對行政院提不信任案，但總統任命行政院長不須立法院同意，而且總統又可利用立法院之倒閣權，乘機解散立法院，因此立法院始終不敢提不信任案，這種情形當無法從根本上消除且來改善行政與立法的互動關係，立法委員的選舉制度應改為單一選區兩票制，而採日本的並立

制，不分區的名額最好能少一點，因為採用日本並立制比較容易導向兩黨政治，從根本上突破臺灣當前的憲政瓶頸，並修改對總統之制衡機制，朝向長治久安的憲政里程奮進。

誠如以上所述我國對總統、副總統的產生辦法，究採行絕對多數決制或相對多數決制朝野各界曾產生激烈爭議。而政治制度的規劃雖說各有其優缺點，但是憲政制度的設計與制定，應以民意需要與國家長治久安為考量，否則很難達到鞏固民主與保障民眾權益的預期目標。考量目前我國所處的環境，筆者認為兩者之間，仍以採絕對多數決制較為符合未來我國政治發展的需要。因為：

（一）我國自第九任總統選舉，實施總統公民直選之結果，顯示多數民意皆希望能產生一個有實權的總統，來適應國內外面臨的各項變局，滿足人民強烈改革需求。若未來總統的選舉不採絕對多數決制，而仍採現在的相對多數決制，如果一旦選出一個未超過半數的「少數票」總統（以三組正副總統候選人為例，其得票比例若分別為：38%、35%以及 27%時），「死票」過多，形成反對者比贊成者多的情形，將缺乏堅實的民意基礎，其正當性、合法性必遭質疑，甚至造成政局紛擾。

（二）當前我國政黨政治文化尚未成熟，且各黨派之間意識形態壁壘分明，若不採絕對多數決制，而以相對多數決制產生出的總統如果得票未超過半數，將使未能獲勝的政黨必然藉民意為由，對獲得少數票當選的總統或其政黨攻訐，使總統在推動政策時，處處受到掣肘，對政局的穩定性造成不利影響。

（三）依據憲法增修條文第二條有關總統、副總統之罷免規定：總統、副總統之罷免案，須經全體立法委員四分之一之提議，全體立法委員三分之二之同意後提出，並經中華民國自由地區選舉人總額過半數之投票，有效票過半數同意罷免時，即為通過。因

此，如以相對多數決制產生總統、副總統，則有隨時被罷免的可能，此對政局亦會造成不安的情形。

（四）依憲法增修條文規定於立法院對行政院提出的不信任案通過後，行政院得同時呈請總統解散立法院，而此解散權依照法理必須有強大的民意基礎為後盾，如果採相對多數決制產生的總統，在民意基礎上恐有不足之嫌，而有可能造成政局之紛擾。

（五）近年來，中共無論在軍事上或國際外交，皆在在對我表現出不友善態度，尤其現今面對香港已「回歸」中國大陸，而中共又大肆宣稱要以「香港模式」，所謂「一國兩制」解決臺灣問題之情勢下，我們更需有所因應。未來，中共當局當會更加利用香港「回歸」後的情勢，大肆在兩岸三地及國際上作統戰工作。因此，未來中華民國的總統產生之方式，當以「絕對多數」較能適應當前兩岸三地新情勢的需要。試問若由一個相對多數而產生未過半數選票的總統，又如何統一國人步調，以迎接國家面臨的各項嚴格挑戰，確保國家安全與民眾福祉於不墜之地呢？筆者亦認為世界上很難找到百代不衰的思想與政治制度，因此未來我國在進行總統選舉制度之改革，朝野全民應以更前瞻、務實、公平、公正的理念思考這個問題，因為公平公正的選舉方是檢驗一個國家是否真正民主的重要指標。

陸、力行國會全面改革，建構優質的國會文化與議事品質

一個國家的憲政體制之制定或改革如果只針對行政權的改革，沒有與國會及選舉制度、政黨制度一併考量規劃，那是很難達成全盤憲政改革之預期目標。尤其當前我國國會的改革，乃是國人無分朝野共同期盼、刻不容緩的要事。立法院臨時會已通過的國會改革

修憲案中包含「國會席次減半」和「單一選區兩票制」，並採單一選區兩票制的方向，來推動國會改革。因為國會議員的良窳，往往代表該國民主政治的成熟穩健程度，因此國會選舉制度的改革刻不容緩。目前世界上各主要民主國家的選舉制度，大致可區分為(1)多數決制（Plurality and Majority system），(2)比例代表制（Proportional Representation system），(3)混合制（Mixed or Hybrid system），而一般所通稱的單一選區兩票制即為混合式，其以兩票分別選出單一選區議員及政黨比例代表議員，此制又可分為日本制及德國制二種。

一、日本制：又稱為「並立制」，乃將每個單一選區直選的結果和第二張票投政黨的結果分開計算。假設立法院共一百席，其中直選的單一選區劃分八十席，另外二十席是政黨比例，如甲黨在八十個單一選區贏得四十六席，在圈選政黨部份獲得百分之三十的選票，可獲得政黨比例代表二十乘以百分之三十即六席，合計五十二席，贏得絕對多數，可以單獨掌控國會，在內閣制國家中即獲得執政權。

二、德國制：又稱為「補償制」，是完全以第二張票(圈選政黨)決定每一政黨最終在國會中的總席次，其理念在於各政黨在民間有多少支持率，其在國會席次所佔的比率也應恰恰反應這個支持率，如此才是最公平的選舉制度。假設甲黨在第二張票中獲得百分之三十，即有三十席名額，如甲黨在八十個單一選區中獲得二十五席，則可由甲黨政黨比例代表名單中再補上五人，合計仍為三十席，如甲黨在八十個單一選區中超過三十席，如四十五席，則無法由政黨比例代表名單中遞補。

以上所述德、日兩制各有其優缺點，我國未來選制之改革究竟採用那一種方式，曾引起朝野政黨及各界學者專家之廣泛討論，至今尚未有定論。目前我國各級民意代表選舉採複數選區單記非讓渡

投票制（SNTV-MMD），即同一選舉區內同時選舉出數席國會議員，但這種選舉制度長期來為國人所詬病，因為這種選舉制度容易誘使選舉人「選人不選黨」，不利政黨政治的發展，同時亦容易使當選的民意代表只偏重服務選民，卻忽視了議事品質與效率（張文貞，2002：26-27）。依據統計，當前世界一百五十個有選舉資料的國家中，有四十三個國家採用單一選區相對多數決之選舉制度選出國會議員（係指下議院或眾議院）（Norris，1997：299）；而在九十一個國家元首由人民直接選舉產生的國家中，則有十九個國家（含我國的總統、直轄市市長、縣、市長等的政府首長之選舉）採相對多數決制（Blais, Massicotte & Dobrzynska 1997：441-445：王業立，2003：3-4；王業立，2003：13-14）。而目前全世界大概已有超過三十個國家在其下議院、上議院或地方選舉中使用各式各樣不同搭配比例的混合制。（王業立，2003：42）。單一選區制及複數選區制各有優劣。單一選區制除可使當選的候選人得到該選區最高民意的認同，以提升問政品質外，亦可促進政黨政治之良性發展，惟無法選出代表少數民意之代表，是為其缺點。

　　至於有關立委席次的改革是否一定要將二百二十五席次減至一百一十三席，而如果將席次減至一百一十三席，是否就可立竿見影地提昇立委問政的品質與效率，亦有待加以商榷之必要。首先我們可就政治學理論中所謂的「議會規模立法方根法則」（The Cube Root Law of Assembly Sizes）來加以參考（Rein Taagepera & Matthew Soberg Shugart, 1989: 173-183），該法則根據對於各國國會的經驗性研究與所建構之理性模型加以驗證，指出「各國的實際國會議員數目傾向接近各國人口的立方根」（Ibid., 173），如果依據此公式計算，則我國立法院的立法委員總額應為二百八十二位（王業立，2003：345）。而依據中央通訊社 2001 年出版的世界年鑑，所提出的世界

主要民主國家國會議員數目與人口數的比例，亦明確的顯示出許多
人口比臺灣少的國家（如希臘、瑞典、葡萄牙等國），其國會議員
數目多過臺灣，如果以國會議員數目與人口的比例來衡量，目前臺
灣每一位國會議員代表近十萬人口，除了少數人口逾億的國家外
（如美、日、印度），實際上已經比大多數的民主國家來得多（如
下附表）。

世界各主要民主國家國會議員數

國家	國會議員數 （眾議院）	人口（萬人） （2000 年）	人口/議員數 （萬人）	國土面積 （平方公里）
澳大利亞	148	1917	13.0	7686850
奧地利	183	813	4.4	83858
比利時	150	1024	6.8	30510
加拿大	301	3066	10.2	9976140
丹麥	179	533	3.0	43094
芬蘭	200	516	2.6	337030
法國	577	5932	10.3	547030
德國	656	8210	12.5	356910
希臘	300	1060	3.5	131940
冰島	63	27	0.4	103000
愛爾蘭	166	379	2.3	70280
以色列	120	584	4.9	20770
義大利	630	5763	9.1	301230
日本	480	12607	26.3	377835
盧森堡	60	44	0.7	2586
馬爾他	65	39	0.6	320
荷蘭	150	1586	10.6	41532
紐西蘭	120	383	3.2	268680
挪威	165	448	2.7	324220
葡萄牙	230	1004	4.4	92391

西班牙	350	3999	11.4	504750
瑞典	349	887	2.5	449964
瑞士	200	726	3.6	41290
英國	659	5951	9.0	244820
美國	435	27400	63.0	9629091
臺灣	225	2228	9.9	36152

資料來源：2000，世界年鑑，臺北：中央通訊社。
http://www.mai.gov.tw/w3/stat/

　　因此，部份人士認為臺灣立法委員的數目已經太多，這個論點並無法找到太多的客觀數據資料來加以佐證與支持（王業立，2003：345）。依筆者的觀點，政治的學理與外國實施民主的經驗，固然值得做為我們國會改革的參考，但制度的改革亦必須能符合我國政治發展的需要，且當前朝野各界亦已有達成未來規畫立委席次有必要予以減少之共識，因此筆者認為未來立委數額如果因朝野達成決議要進行減少至合理的席次，亦必需考量到諸如強化委員會功能、改革黨團制度等配套措施、且諸如立委任期延為四年、單一選區兩票制及是否廢除任務型國大等重要修憲提案，亦應考慮到其改革之時效，充分表現民主憲政改革的毅力與決心，並培養良性政黨競爭與國會優質文化，如此才能真正達到節省公帑，提昇國會議事品質與效率，從根本上來改善國會在臺灣人民心目中之良好形象，凡此在在皆有待朝野全民，尤其是負責憲改籌劃的朝野政黨及立法院修憲委員會，能以更負責、審慎、前瞻又宏觀務實的思惟去加以考量。

柒、結論

　　誠如英國的名法學著戴雪（A. V. Dicey）在其所著「英憲精義」一書中曾引述英國的一句格言「憲法不是造成的，而是成長的（The constitution has not been made but has grown）」（戴雪 A.V.Dicey 著，雷賓南譯述，1991：108-109），而日本當代憲法大師小林直樹亦指出「憲法既然是屬於法律之類，就如其他法律會隨社會變遷而變遷」（李鴻禧，臺灣日報，2004 年 6 月 21 日）因此我們必須深深的體悟到民主憲政的成長是一眠大一吋循序漸進。因時因地加以改革之道理，以順應世界民主思潮與民主主流民意趨向，尤其是憲法的變遷有其時代之背景與主流民意的需求，而民主的道路是不能走回頭路的，所以凡是真正熱愛臺灣斯土斯民的人，當會毫無疑問的去珍惜這幾十年來大家無分朝野、族群、黨派、全民所共同努力打拚所締造的民主成果，筆者在長年的研究歐美先進國家實施民主憲政的歷程與經驗，亦深深體會出當前我們的政局亂象，其主要因素，乃在於我國尚未建立完善的憲政制度與良性的政黨競爭體系及符合臺灣政治發展之選舉制度，尤其是中央政府體制權責未能真正的釐清，權責不符之所致，因此如何建立一個真正符合權力分立與制衡，權責相符的新世紀臺灣憲政體制，並能為國家帶來長治久安的選舉制度與良性政黨競爭之政治體系與優質的民主文化，在在皆是朝野、全民責無旁貸地去加以思考與努力的方向，筆者認為要有效的突破當前臺灣民主憲政之困境，我國的中央政府體制已面臨非加以改革不可的時候，而朝向總統制規劃，當是一個值得我們思考的方向（黃炎東，立法院國會圖書館編，憲改與修憲，2001 年 8 月，頁152-155）。

當然就民主憲政的原理及西方民主先進國家實施民主化的過程與經驗，無論是總統制、內閣制或法國的雙首長制，皆有其自己國家的立憲背景與特色，而政治制度亦沒有絕對的優劣標準，只能說那一種憲政政制度比較適合那個國家的憲政文化、民意主流趨向與政治發展需要罷了，而從我國的政治文化及臺灣幾十年來實施民主

憲政的利弊得失加以評估衡量，筆者確信未來我國的憲政改革在有關中央政府體制方面似應朝向總統制規劃，使臺灣之民主政治朝向更良性的方向發展。而筆者亦深深的感受到憲政體制乃是規範行政、立法、政黨之間的分權與制衡之互動，同時亦影響人民之政治態度和行為模式的最重要因素，而總統制、內閣制、雙首長制皆有其利弊得失所在，英美等先進國家實施內閣制或總統制亦有發生行政與立法部門互動嚴重對峙或一黨長期獨大之僵局，但他們之所以能保持憲政制度運作順暢，其主要因素不在其制度本身是有多麼完美無缺，其關鍵點乃在於其國人早已培育出高品質的民主憲政文化，而朝野政黨對憲政制度皆能予以充分的尊重與維護。

因此，筆者認為國人一切的憲政改革大業，所有朝野及全民亦應當以天下蒼生為念，徹底摒除自己黨派之私見，將國家與臺灣二千三百萬人民的利益置於自己黨派的利益之上，一切的改革皆須以國家與人民的福祉為優先，將改革求變與安全安定兼容並顧，以生命共同體的情感結合，培育良性競爭的憲政文化，共同為建立一個更為符合公平正義、自由民主與人權，以符合人類普世價值的高品質民主政治體系而作出更佳的貢獻。

（本文作者黃炎東教授，已於財團法人臺灣新世紀文教基金會─新世紀智庫論壇第 28 期，2004 年 12 月 30 日發表。）

附錄一《參考文獻》（依姓氏筆畫順序排列）

一、中文部分

1.中央選舉委員會編印（1999）。《總統、副總統選舉方式之研究－絕對多數制與相對多數制之探討，中央選舉委員會》。臺北：中央選舉委員會。

2.王業立（2001）。總統直選與憲政運作，《理論與政策》，第 15 卷，

第4期。

3.王業立（2003）。《比較選舉制度》。臺北：五南圖書公司。

4.王業立(2003)。〈再造憲政運作的理想環境-選舉制度、國會運作與政黨協商機制的改革芻議〉，陳隆志(主編)，《新憲政新世紀憲政研討會論文集》，頁345。臺北：臺灣新世紀文教基金會。

5.朱雲鵬（2004）。重新檢討總統制以挽回競爭力與信心，《中國時報》，4月26日，版二。

6.吳烟村（2001）。總統直選後我國中央政制修憲方向；高永光(總編輯)，許源派、張祐齊(執行編輯)，《民主與憲政論文彙編》，頁150-151。臺北：國立政治大學社會科學研究所。

7.李鴻禧等合著（2002）。《臺灣憲法之縱剖橫切》。臺北：元照出版有限公司。

8.李鴻禧著（2001）。《憲法教室》。臺北：元照出版有限公司。

9.李鴻禧主持，顏厥安、金恆煒、黃昭元共同聯合執筆（1997）。臺灣人民的歷史選擇－我們不要民選皇帝，《自由時報》，5月23日，第6頁。

10.周育仁（2001）。憲政體制何去何從？建構總統制與內閣制換軌機制，明居正、高朗（主編），《憲政體制新走向》，頁7，頁20。臺北：新臺灣人文教基金會。

11.周陽山（1997）。何種憲政體制適合臺灣國情及實際需要，自由時報主辦，TVBS協辦的修憲辯論會，《自由時報》，6月2日，版二。

12.周陽山（1994）。論多數總統產生的條件與利弊得失，《聯合報》，1月29日，版十一。

13.林子儀，（1994）。《自由時報》，6月2日，版二。

14.林紀東（1980）。《中華民國憲法釋論》。臺北：大中國圖書公司；林紀東（1992）。《中華民國憲法逐條釋義第二冊》。臺北：大中國圖書公司。

15.胡佛(2000)。政治問題與政治改造，《中國時報》，4月30日，版十四。

16.胡佛、吳庚、蘇永欽、沈富雄（2004）。中央憲政體制的抉擇與配套——中國時報與范馨香法學基金會合辦研討會，《中國時報》，2月16日，版六。

17.姚嘉文（1999）。《制憲遙遠路臺灣的制憲與建國》。姚嘉文辦公室：沛來出版社。

18.姚嘉文、張俊宏、林濁水、郭正亮聯合執筆，民進黨主席許信良(定稿)，（1997）。不要成為反改革的歷史罪人之憲政萬言書，《聯合報》，5月30日，版四。

19.張君勱（1947）。《中華民國憲政十講》。上海：商務印書館。

20.張臺麟（2000）。《政黨的結盟與重組：法國經驗》，收錄於蘇永欽（主編），《政黨重組--臺灣民主政治的再出發》，頁86，新臺灣人文教基金會。

21.張文貞（2002）。〈憲政主義與選舉制度：新國會選制改革芻議〉，《新世紀智庫論壇第十七期》，頁26-27，財團法人臺灣新世紀文教基金會。

22.許志雄（2000）。《憲法秩序之變動》。臺北：元旦出版公司。

23.許志雄（2002）。政黨輪替在我國憲政發展上的意義—從統治機構論的角度分析，收錄於陳隆志（主編），《新世紀新憲政—憲政研討會論文集》，頁173，臺灣新世紀文教基金會。臺北：元照出版有限公司。

24.許宗力（2002）。〈發現雙首長制〉，收錄於陳隆志（主編），《新世紀新憲政—憲政研討會論文集》，頁194-196，臺灣新世紀文教基金會。臺北：元照出版有限公司。

25.陳隆志主編（1996）。《臺灣憲法文化的建立與發展》。臺北：前衛出版社。

26.陳隆志主編（1996）。《臺灣憲法文化的建立與發展》。臺北：前衛出版社。

27.陳慈陽著（2004）。《憲法學》。臺北：元照出版有限公司。

28.陳毓鈞（1994）。《美國民主的解析》。臺北：允晨。

29.陳愛娥（2000）。《憲政體制下政黨與政府組成的關係》，收錄於明居正、高朗（主編），《憲政體制新走向》，頁145-147，新臺灣人文教基金會。

30.湯德宗著（2000）。《權力分立新論》。臺北：元照出版有限公司。

31.楊光中（1984）。美國選舉人制度之研究—制憲原因之探討，中央研究院美國文化研究所（收編），《美國總統選舉論文集》，頁41。臺北：編者自刊。

32.楊泰順（1994）。總統直選對政治生態影響與衝擊，《聯合報》6月14日，版十一。

33.謝瑞智（1998）。《憲政改革》。臺北：文笙書局。

34.謝瑞智（2001）。《憲政新視界》。臺北：文笙書局。

35.謝瑞智（2002）。《憲政體制與民主政治》。臺北：文笙書局。

36.謝瑞智（1996）。《邁向 21 世紀的憲法》。臺北：學英文化事業有限公司。

37.謝瑞智（1992）。《比較憲法》。臺北：地球出版社。

38.蘇永欽（2002）。《走入新世紀的憲政主義》。臺北：元照出版有限公司。

二、西文部分

1. Blais, Andre, Louis Massicotte, and Agnieszka Dobrzynska (1997). "Direct Presidential Elections: A World Summary," ElectoralStudies, Vol. 16, No. 4:.441-455.

2. Derbyshire, J. Denis and Ian Derbyshire (1989). Political Systems of the World. Edinburgh:W & R Chambers.

3. Massicotte, Louis and Andre Blais (1999). "Mixed Electoral Systems: A Conceptual and Empirical Survey," Electoral Studies. Vol. 18, 341-366.

4. Norris, Pippa (1997), "Choosing Electoral Systems: Proportional, Majoritarian and Mixed System," International Political Science Review, Vol.18, No. 3: 297-312.

5. Taagepera Rein, and Matthew Sobert Shugart (1989). Seats & Votes: The Effects & Determinants of Electoral Systems. New Haven: YaleUniversity Press.

附錄二　憲政變遷與體制改革

壹、前言

英國名法學者戴雪〈A. V. Dicey〉在其所著《英憲精義》一書中即開宗明義地指出：「憲法不是造成的，而是成長的。」（The constitution has not been made but has grown.）誠哉斯言。考諸歐美民主憲政國家其實施民主憲政的經驗皆各有其獨有的特色與風格，亦就是各國皆有不同的歷史背景、社會文化、制度演變，因此，研究任何一個民主憲政的發展模式，絕不可忽視其各自具有不同之主客觀條件，而適合甲國的制度未必適合乙國，否則，強行移植是很難達成塑造優質的憲政文化與建立良好的憲政制度。

我國憲法自民國 36 年公布施行以來，至今已屆 70 載，歷經動員戡亂時期臨時條款及戒嚴法的實施，直至民國 76 年解除戒嚴、黨禁、報禁、開放大陸探親，民國 80 年廢除動員戡亂時期臨時條款，並歷經七次憲法修改（民國 80 年至 94 年），以及二次政黨輪替、實施國會全面改選、總統直選等一連串國內政治環境的急遽變遷，在這段過程中，為因應這些大環境的重大發展，憲法的因時損益所彰顯之風貌已別具一番特色，尤其關係我國憲政運作至為重大的中

央政府體制與總統在憲政上所扮演的角色。

　　尤其自民國 85 年總統改為公民直選，民國 86 年行政院長改由總統提名，不須經立法院同意即可逕行任命。司法院正、副院長、大法官、考試院正、副院長、考試委員、監察院正、副院長、監察委員、以及審計長皆由總統提名，經立法院同意任命。而依憲法第 36 條規定，總統為三軍統帥；法院組織法第 66 條規定，最高法院檢察署檢察總長由總統提名，經立法院同意任命之，任期四年，不得連任；依憲法第 56 條規定，行政院副院長及各部會首長及不管部會之政務委員，由行政院院長提請總統任命之。

　　從以上的諸多變革中，我們可以從憲法之本文、增修條文及有關法律之規定中，充分了解總統的確是擁有很大的權力，正如林紀東大法官在其《中華民國憲法逐條釋義》一書中就很明確的指出：「中華民國的總統絕不是虛位的總統」。而依筆者多年來研究我國憲政制度變遷的過程中，無論是在實施動員戡亂時期臨時條款或戒嚴時期甚至是經過七次修憲後，總統的確一向掌握行政實權。無論是任何政黨人士擔任總統之職務，除了掌有憲法及增修條文及有關法律的法定職權外，尚可透過直接或間接任命政府文武官員的權力，或透過政黨政治的運作，發揮實質的影響權力。

　　從蔣中正總統、蔣經國總統時期起，總統在憲政運作上，因動員戡亂時期臨時條款之制定及戒嚴之實施，而擁有很大的權力；到了李登輝總統執政期間，即使在 80 年間廢除了動員戡亂時期臨時條款，且實施六次的憲政改革，同樣享有很大的權力。而在 2000 年我國發生第一次政黨輪替，直至 2008 年的 8 年間，由民進黨籍的陳水扁總統執政時期，雖然在野的泛藍陣營掌握了國會多數席次，形成所謂「朝小野大」的政局，但組成少數政府的陳水扁總統在行政上仍享有很大的權力；不過，由於藍綠政黨間彼此之惡鬥，讓國力嚴

重內耗。

　　2008 年政黨再度輪替，由國民黨重新取得政權，馬英九總統不但在憲法上是國家的元首，亦享有國家最高行政首長之權力。在2012 年所舉行的總統、立法委員選舉，國民黨不但贏得了總統的選舉，而且在立法院 113 位立委的席次中，中國國民黨就擁有 64 席的絕對多數席次，形成政治學上所謂「一致政府」的局面，亦就是〔完全執政完全負責〕。在 2016 年的總統與立委選舉中發生了第三次政黨輪替，由民進黨籍的蔡英文、陳建仁以高票當選為中華民國第 14 任正、副總統，民進黨在立法院又贏得了 68 個立委席次，形成了由民進黨掌握政府行政與立法〔完全執政完全負責〕的「一致政府」之新政局。因此，我們回顧自民國 36 年中華民國憲法公布施行迄今70 年期間，我國總統的職權，無論是採法定職務說或是實質影響說，無論是任何政黨的人士擔任總統這個職位，總統皆能享有相當大的行政實權，這是不可否認之事實。

　　在歷經數次修憲後，的確我國政府體制雖已轉變為雙首長制或半總統制，總統在憲政上所扮演之角色，大多數民意也都傾向期望一個權能兼備的總統，為人民解決國內外種種問題。因此，當前我國的總統在憲政體制與實際政治運作中，除了要遵守雙首長制的憲法規定，更需發揮溝通協調與領導能力，嚴守憲政體制之制約、府院分工合作外，更需運用靈活的政治智慧，去解決各項政經問題，這對總統來說，實在是一項嚴厲之考驗。因此，身為國家的最高主政者，處在國家最艱困的局勢中，更應該發揮說服、領導執政團隊、國會與在野黨的能力，否則，即使擁有憲法與增修條文的正式法制權力及國會絕對優勢的席次，亦難保證總統之權力能有效發揮。以美國這個民主先進國家為例，無論政府之組成是「一致政府」或「分立政府」，總統總是盡量做好政黨間及國會之溝通說服工作。

如美國小羅斯福總統在任內一共舉行了 988 次記者會，並且不斷以爐邊談話（Fireside Chat）之方式，向社會大眾說明其所推動之各項政策，因而獲得美國不分朝野全民之全力支持。

　　本論文即為釐清憲政體制之下，總統及行政院、立法院等機關所擔當的角色與權責問題，從歷史文化、國際因素、實務運作、比較政治等各角度切入，輔以各家學者理論與司法解釋、判決的見解，提出來供社會共同思考，我國的憲政體制究竟應走向何方。

　　英國的憲法之所以實施成功，乃是因為英國自上到下無論是君主或是人民百姓間，均謹守憲法所賦予的義務，尊重憲法的精神；美國總統制之所以成功，則是因為其國內政治上無分先來後到，無論是黑人或白人，或其他族群，均可在政府中任居國務卿或眾議院議長等要職。在臺灣，因為過去臺灣人民受日本殖民統治及第二次世界大戰後早期威權統治的陰霾仍未消除，因此至今仍尚未建立真正的民主憲政的核心價值，凝聚主權在民的正確民主觀念，建立符合國家發展需要與民意主流趨勢的憲政體制與良性的政黨政治體制。

　　依據筆者的觀點，當前我國的中央政府體制究竟應改為內閣制或總統制、或就現在所實施的雙首長制加以改良，如恢復憲法本文第 55 條之規定：總統任命行政院長須經立法院之同意，總統解散國會的權力由被動權改為主動權，以因應立法與行政部門發生僵局時能予以有效的解套，總統選制是否改為絕對多數制？而徹底從制度上根本防止政黨間的惡鬥，國會的選舉制度採取日本單一選區二票制後，經第七、八屆立法委員選舉後的結果是否票票不等值、選區是否有待加以重新劃分調整，其他諸如 18 歲公民權、人權條款等問題，尤其修憲的門檻是否過高、如何重新建立權責相符的中央政府體制、建立民主多元化協商的制度，從根本上徹底解決臺灣人民的

國家認同與族群和諧問題，是否制定政黨法使各黨能導入政黨政治運作之常軌，以建立良好的選舉制度與良性的政黨競爭體系，消除朝野對抗、化解行政與立法的僵局、避免權力惡性的互相牽制等等問題，均是我們全民應該加以面對及思考的方向，並有賴國人來加以關注，共同為我國的民主與現代化做出最大的貢獻。

貳、各界對我國憲政體制改革之看法與建議

一、對雙首長制的看法與建議

王業立教授認為，國內部分支持「總統制」的人士在思考如何擴充總統行政權的同時有無樂見到一個健全的國會也能在臺灣出現？他進一步闡釋說到，國內支持「總統制」的人士，如果只是意在總統如何擺脫國會的掣肘，而不願意賦予立法院完整的國會權力，諸如「人事同意權」、「調查權」、「彈劾權」、「聽證權」……，則我國的中央政府體制，將不可能走向真正的總統制。另外對於走向「內閣制」的困難部分，他也認為，如果臺灣要走向「內閣制」，則我們社會首先會遇到一個難題，我們還要不要直選總統呢？當前的政治文化是否容許我們選出來的國家元首是一個虛位的總統呢？如果這個問題沒有取得共職，則議會內閣制將只是不切實際的空談。

他更進一步提出對於現行雙首長制可行性的看法，他認為，2005 年 6 月 7 日任務型國大所完成的第七次修憲，替未來修憲樹立了非常高的門檻，因此未來進行任何的憲改，雖非完全不可能，但也是十分的困難。如此一來，欲進行憲政改革使我國成為「總統制」或走向「內閣制」，都將變成空談。較務實的作法，應在現行的「半總統制」憲政運作下，在不修憲的前提，透過憲政的慣例之建立而進一步落實憲改的理想。他同時相信，除非未來出現重大的關鍵轉

折，我國的憲政改革，仍將可能只是「半總統制」的各種次類型之間進行微調而已[215]。

　　王教授的理論，國內亦有多位學者贊同，如周育仁教授即認為國內的政治環境及現有憲政體制，實施「內閣制」並不可行，而若實施「總統制」則又比現行體制缺乏化解僵局的機制。透過強制換軌的機制，讓行政、立法由同一政黨或聯盟掌握，一方面能澈底解決現有的政治僵局，另一方面應也能有效提升政府與國會之效能。

　　周育仁教授強調，透過強制換軌的機制，確保多數政府乃是當前憲政改革的最佳選擇。他提到，要化解現行行政立法衝突與對立的困境，根本之計是讓相同的政黨或聯盟同時掌握行政與立法。為落實貫徹此一目標，解決之道是透過建立換軌的機制，讓我國的政府體制在「總統制」與「雙首長制」之間換軌，確保行政立法由同一政黨或聯盟掌握，而其對策是建議未來憲法修改時，應在憲法中明定行政院長由總統任命國會之多數黨推薦者出任，其次憲法要賦予總統有一次主動解散立法院的權力，使其有機會化解府會不一致的情況。

　　再者，為避免換軌成內閣制時，民選總統淪為虛位總統，應於憲法中明確賦予總統國防、外交及兩岸事務的專屬權，最後總統的選舉制度可改為絕對多數當選制，俾使總統能有充分的民意基礎，強化其解散國會的正當性。如此一來，在政府換軌的過程中，無論是內閣制也好，總統制也好，皆能呈現多數政府的結構，而現在的行政立法分立、對立的困境，也絕對不會出現[216]。

　　黃秀端教授亦認為，從過去的幾次修憲歷程來看，我國的政治

---

[215] 王業立，2002 年 8 月，〈再造憲政運作的理想環境：選舉制度、國會運作與政黨協商機制的改革芻議〉，收錄於陳隆志主編，《新世紀新憲政研討會論文集》，新世紀智庫叢書(3)，臺北，元照出版公司，頁 331-349。

[216] 周育仁，〈建構多數政府的憲政基礎〉，《國政研究報告》，憲政(研)094-15號，2005 年 7 月 11 日。

體制逐漸在遠離內閣制，1991 年第一次修憲將原先於動員戡亂時期臨時條款賦予總統的緊急命令權以及總統府所屬的國家安全會議、國家安全局正式合憲化。使得原本在憲法上並無真正權力的總統，至少可以於國家安全及兩岸關係中使力。接下來的第四次修憲的結果，法國的雙首長制是我國模仿學習的對象，然 1997 年的修憲，卻與法國第五共和所設計之削減國會權力有所不同，似乎有意往總統制的國會方向前進。2000 年政黨輪替後，面對國會在野黨的勢力還是遠勝於執政黨的局面，鑑於總統無主動權解散國會，而國會又因選舉的代價太高，不願意倒閣，以致於衝突不斷。在檢視了我國中央政府改革的不同走向，以及不同走向所遇到的問題，黃教授認為未來中央政府體制要往純內閣制走，恐怕不太容易，而最簡單的就是將目前的雙首長制加以修正，然而雙首長制是否能夠建構有效的政府，黃教授認為應該在現行的憲政體制下修正下列事項：1.總統主持部長會議，2.總統擁有主動解散立法院的權限，3.將公民投票法制化[217]。

　　在另一方面，李鴻禧教授及黃昭元教授等二人對目前我國的「雙首長制」有不同的見解，他們說：現在我國所謂的「雙首長制」，並不是總統「擴權」，而是總統「有權無責」，他們指出，總統已經直選的今日，我們不怕也不反對給總統權力，我們反對的是總統「有權力而沒有責任」、「有權力不受制衡」，基於這樣的堅持，他們認為現行我國的所謂「雙首長制」，絕對不可行。

　　此外，他們更進一步的提出，對於目前我國中央政府體制採行的「雙首長制」，乃不是一個良善制度的看法，他們認為「雙首長制」不但會造成行政權內在的分裂，形成政爭的溫床；又會造成「有

---

[217] 黃秀端，〈我國未來中央政府體制何去何從〉，《新世紀臺灣憲政研討會論文集》，頁 11 以下。

權無責」的現象[218]。

二、對內閣制的看法與建議

　　學者陳慈陽認為，美國式的總統制有優良的憲政運作基礎，它內涵了英式優良的民主傳統，但這美國的總統制是幾乎近於「獨裁」，雖有憲法或是憲政慣例上之制衡，但如無優良民主傳統的背景，總統之統治權將無所節制，例如菲律賓在第二次世界大戰後逐漸走向獨裁及中南美洲各國等等，就是最好的例子。

　　他認為西歐普遍適用的國會內閣制的優點，可避免上述總統制的缺失，雖然行政與立法之制衡作用喪失，但國內許多學者針對此缺點亦提出許多種類型權力制衡的模式，使得內閣制出現的缺點逐漸填平。故他認為未來政府體制，應朝將現有之憲政體制改成內閣制之方向[219]。

　　另外亦有《世代論壇》執行長周奕成等 55 名法政學者所發起的「五五內閣制民間推動聯盟」（Alliance for Parliamentalism: 5 YES and 5 NO）亦認為，我國中央政府體制未來應修正為內閣制，他們更提出口號說明內閣制的優點，例如「要權責分明！不要有權無責！我們主張議會內閣制」等等。這些學者主張：中央政府應採取議會內閣制，因為議會內閣制擁有許多解決政治僵局的機制，現制則不斷出現行政立法對立的困境；議會內閣制強調和解共治，現制則是勝者全拿，鼓勵相互對立；議會內閣制虛位元首為社會超然領袖，現制實權總統則帶頭進行政黨鬥爭；議會內閣制公職與人民權力距離較小，現制沿襲帝王獨裁概念，形成宮廷政治；議會內閣制講求團隊，形成集體共議領導，現制講究個人，形成強人政治；議會內閣

---

[218] 參閱民間監督憲政聯盟，〈臺灣人民的歷史選擇，我們不要[民選皇帝]〉第三部份，李鴻禧、黃昭元聯合執筆《所謂雙首長制為何不可行》，自由時報，1997 年 5 月 23 日，第 6 頁。

[219] 陳慈陽，〈憲改工程另類思考：由準總統制向內閣制的制度安排〉，《國家政策季刊》，第四卷，第二期，2005 年 6 月，頁 104 以下。

制政黨必須重視其團體形象，政黨紀律性高，現制只需突顯個人，導致譁眾取寵、爭相作秀；議會內閣制採內閣團體領導，個別領導人配偶較難干政影響，現制獨尊總統，親信家人容易介入；議會內閣制行政首長失去執政正當性則立即下臺，現制總統獲得任期保障，即使貪污濫權也能作滿任期。以上種種的優缺之比較，內閣制顯然勝出，較有利於國家未來的生存與發展。

另外，此派連署的學者，同時進一步建議主張以聯立式兩票制及降低修憲門檻等等措施，革除我們憲法中不合法理的問題與現象，並有效的促進內閣制的運作，以革除我國政黨政治的亂象[220]。

此派學者認為，在國會改造部分，採用單一選區兩票聯立制，也就是當政黨獲得某比例的選票，也將獲得同樣比例的國會席次。現時的制度抹殺所有弱小政黨或新興勢力生存的可能性，也就是保障現有兩大黨瓜分政治資源的畸形體制。新的世代、新的社會力量沒有辦法進入國會，鼓勵兩大黨繼續升高對抗，讓人民對政治疏離，也將嚴重危害臺灣的民主政治。聯立式兩票制將讓社會各種多元聲音在國會中獲得代表，創造多元合作政治，讓人民重拾對民主政治的信心與熱情。

對於憲法修改門檻過高問題，他們也提出看法，他們認為，第七次修憲訂下了舉世無雙的不合理超高修憲門檻，幾乎剝奪了人民行使修憲權的基本權力，憲法若無法與時俱進，變成為一灘死水，也將成為後代子孫的負擔。因此主張將憲法修訂的立法院門檻改為三分之二立法委員出席、三分之二同意，將公民投票門檻改為超過選舉人總數的二分之一有效票，其中過半數以上同意，使得未來的世代也有機會依照他們的意志來修改憲法，以確保憲法能夠適時的順應世界的潮流及人民的需求。

---

[220] 〈五五內閣制民間推動聯盟〉，http://caps55.pbwiki.com/。

　　此外，學者孫善豪亦有見解認為，臺灣確實較適合內閣制[221]，他駁斥陳一新教授對於：「相信總統制一定能為臺灣帶來政治安定，固然不正確，但相信內閣制就必能為臺灣帶來長治久安，也不切實際」的說法。他指出，內閣制雖然不能說是百利而無一害，但是相較於總統制來說，內閣制的弊害較總統制為小，而利處較總統制為多，在弊害參酌之間，仍然有可以商量討論之空間的，至於選民似乎無法接受一個「虛位的總統」之揣測之詞，他亦同時認為太低估了臺灣真正的輿情，加上臺灣本身的政治環境及將來所推行的「單一選區兩票制」的選舉制度，係只能在「內閣制」的環境下來生存發展，因此，他認為臺灣確實較適合內閣制的中央政府體制。

　　值得一提的是，有執政民進黨背景的學者陳明通教授等人，對於提倡改為內閣制更是不餘遺力，他們更提出《中華民國第二共和憲法》為藍圖，試圖改革現在憲法的不足之處，他強調，制定第二共和的考量，在於現行憲法面臨種種的困境，無法有效的處理臺灣民主化過程中所涉及的國家與國家機關兩個層次的解構與重建問題，制定第二共和是比較務實的考量。

　　在《中華民國第二共和憲法》中，陳教授亦強調內閣制的精神，同時規劃將行政院改為國務院，而國務院是最高行政機關，國務院總理由總統提名，經國會全體議員二分之一以上同意任命之。被提名人未獲同意時，總統不再提名，國會應於十四日內自行選舉，以獲得全體議員二分之一以上得票者為當選，提請總統任命為國務院總理。若未有當選者，總統應於七日內解散國會……。

　　而此部內閣制憲法草案的設計，國會席次增加為兩百席，同時國會享有調查權，可經由全體議員三分之一以上提議，設置由議員組成的特別調查委員會。這種以議會─總統為權力與制衡為架構，

---

[221] 孫善豪，〈時論廣場〉，中國時報，2004 年 8 月 14 日，A15 版。

企圖改良現行府、會的不良關係，亦是用內閣制為基礎架構來企圖改革目前我國中央政府制度的窘態[222]。

三、對總統制的看法與建議

針對以上問題，有若干學者專家認為，朝總統制規劃，是一個值得我們思考的方向。因為自第九任總統由公民直選後，總統應負責任更形重大，例如財經、治安等等問題，皆有賴總統領導政府以結合全民共同解決。尤其是兩岸關係，一直以來存著高度不安的狀況，若能實施總統制以強化政治運作之能力，以適應當前國家面臨的各項改革與挑戰，此乃任何政黨人士當選總統後全國人民的最大期望，否則憲法若無法賦予總統適當的權力，就是請天上神仙來作總統，亦很難推展各項施政。

美國是實施總統制的代表，按美國憲法規定，總統就是國家元首亦是最高行政首長。若我國憲改未能將中央政府體制改為總統制，則有關行政院院長、各部會首長及不管部之政務委員等，均由總統任免之，總統依法公布法律，發布命令，不需行政院長及相關部會人員之副署，總統應隨時向立法院報告國家情勢，並將個人所認為適合國家施政的政策咨送於國會以備審議，以求得國會的配合與支持。如此一來，總統在任命重要官員時，亦需像美國總統一樣，遵照所謂參議員禮貌，充分尊重立法院之意見。立法院對於總統意見不贊同時，得以決議移請總統變更之，但總統對於立法院亦應有覆議權以為制衡。行政院之政務會議改為國務會議，由總統親自主持，其成員包括副總統、行政院長等各部會首長，會議閣員仿造美國總統制，其只對總統負責，不必對國會負責，但總統施政必須依照立法院所定的法律施政。

222　參閱：陳明通等撰著，〈中華民國第二共和國憲法草案全文〉，發表於1997年3月18日，中華亞太菁英交流協會與臺灣智庫共同主辦之審議式民主：[中華民國第二共和憲法草案]研討會。

　　如此一來，行政部門與立法部門則既分權又制衡，方符合總統制的精神。國內亦有許多的學者認為，實施總統制，才能符合臺灣目前的現況及未來的發展。亦有論者指出，總統直接民選後，實權有增無減，如採內閣制，總統變為虛位元首，非國人所能接受，他強調，依國情及人民期望，未來應朝總統制發展，制定完善新憲法，才能立下長治久安的國家政體。學者陳春生更強調，面對中共威脅，強有力的國家領導人才能保障國家安全，如實施內閣制，國家一旦遭受危機，讓人擔心國會與內閣仍將為政策爭辯不休，臺灣民主尚未成熟，如實施內閣制，部會首長由立委兼任，國會選舉競爭激烈，黑金政治將更嚴重，恐步入法國第三、第四共和之覆轍。同時立委黃適卓更進一步的表示，兩岸關係緊張逐年增加，為因應中共可能的威脅，政府政策制定須有效率，在內閣制與總統制相較之下，總統有做出緊急判斷的能力，因此應採總統制，尤其是在野對國家定位仍不清楚，內閣制恐怕會有危險。

　　另外，以總統制建構臺灣的中央政府體制，論者認為總統制比雙首長制更符合權力分立與制衡的原則。在總統制下，總統會更有能力團結國家去處理內外危機，加上我國向來地方政治實務已很接近總統制的運作等等因素，所以建議我國中央政府體制應採總統制。同時更進一步的說明，在實務上，總統制下的行政權較為優越，行政權優越，更可發揮行政效率，一個設計完善運作良好的總統制，不僅行政權強大，立法權也是十分的強大，也就是說，總統制是靠一個強大的行政權與一個強大的立法權—甚至再加上一個強大的司法權——相互對抗、監督與制衡來維持權力平衡。論者以為，目前憲政體制造成政府無效率的原因主要來自代議政治未能真正代表民意、立法與行政權的衝突及總統和行政院長對政府指揮權的混亂。而要解決這個問題，最好的辦法就是三權分立的總統制，目前經常有人指出批判，總統不得干預行政的論點，造成行政院和

總統府間運作的困難，從這個角度來看，我們似應該建立明確總統制的新憲法，不能再以各式他國經驗拼裝而成，卻隨著政局變化而屢屢有因人設事的修憲倡議。

　而汪平雲、施正峰等法政專家學者在民主進步黨於 2006 年 9 月 24 日所舉辦的一場座談會中[223]，也是支持總統制的，同時亦對總統制也提出了他們的看法。他們認為由於現行憲政體制國會與總統皆由人民選舉產生，且選舉的時間不同，容易造成民選總統與民選國會的衝突。簡言之，如何由憲政制度上，妥當處理民選總統和民選國會合理關係，就是解決當前憲政困境的關鍵。他們更進一步的闡述，當國內仍有國家認同的分歧時，總統仍然有必要繼續由人民直選，才能確保具有臺灣主體意識的政府產生。

　在兩岸關係詭譎和全球化競爭激烈的此刻，我們需要的是一個直接面對臺灣人民、向臺灣人民直接負責，並且擁有施政效能、權責相符的憲政體制，那就是總統制。他更進一步說明，從「臺灣主體意識」、「行政民主化」、「權力分立制衡」、「面對中國壓力」等等幾個面向來建立權責相符的總統制，都應該是比較能夠確保臺灣人民權益與主體性的正確方向。他們亦提出廢除五院制、總統與國會任期相同、增加國家行政效能、規定總統為最高行政首長、擴大國會職能、強化對總統的制衡權力、選舉制度的改革等等憲改措施來增加總統制的可行性。

　陳春生教授亦指出：「主張我國應採行內閣制者，認為世界各國實施內閣制國家，其政治民主且政局穩定；實施總統制國家，除美國外，多走向獨裁，且政局不穩定，吾人認為這是偏見，因為事實上政治民主與否，政局穩定與否，和經濟文化有關，如中南美洲的軍事政變頻仍，並非實施總統制之故，而是沒有民主文化和健全

---

[223] 民進黨憲政改造系列研討會，〈臺灣憲政的困境與重生－總統制與內閣制的抉擇〉，臺北國際會議中心，2006 年 9 月 24 日。

的政黨政治使然，如果有健全的政黨政治與民族文化傳統，不論總統制或內閣制，都能展現民主精神[224]」。李西潭教授亦認為總統制乃是較適合臺灣的政府體制，因為我國政府自退守臺灣後，因實施動員戡亂時期臨時條款與戒嚴統治，以致原具議會色彩的憲政體制並未實行，形成超級總統制；目前我國民眾普遍認知總統既是國家元首，也是最高行政首長，如果總統無法擁有實際的權限，那在政治運作與政務推動上，將會面臨相當程度的困難。

目前總統的權力看似很大，但卻只集中在人事任命權上，缺乏行政指揮權，造成行政部門與立法機關之間的制衡失序，且當前我國仍面臨中共嚴重的武力威脅，亟需有一個強而有力的領導中心，以因應國家遭逢各種緊急危機，我國雖已歷經多次的憲改，但政府體制尚未發展成熟，由其行政與立法部門互動欠佳，造成政局不穩與嚴重內耗，因此必須加以解決[225]。

但在另一方面，學者盧瑞鍾教授也指出，美國總統制的成功條件有二：其一是關於重要的制度性因素，它包括了開放且向心的政黨制度、選舉制度、聯邦制度、資本主義等等，以上這四種制度對於總統制的維持顯然十分重要，其中頗隱含「權力平衡」、「比例性權力分配」以及「反對中央集權」的實質意義。避免受挫的全國性政黨在政治權力的分配上一無所有，而有「比例性平等」的分配正義。另外自由投票制、國會資深制及遊說制度等，皆是美國總統制在重要制度上的成功因素。而其二之因素，更有地理、歷史、文化、經濟、社會結構、幅員遼闊人口比例較少、深遠及普及的民主精神等等之因素[226]。在如此眾多因素之條件下，方成就了美國實施

---

[224] 陳春生，《憲法》，臺北，翰蘆圖書出版有限公司，2003 年 10 月初版，頁 598-599。

[225] 李西潭，〈臺灣憲政工程較適當的選擇：總統制〉，發表於臺灣新憲法國際研討會，2004 年 2 月 27-28 日，頁 165。

[226] 盧瑞鍾，《內閣制優越論》，臺北，三民，1995 年 6 月，頁 103-109。

總統制的成功。反觀我國的人文、政治環境及歷史演變的各項條件，是否已成熟至足以成就總統制實施，實有賴時間的考驗。

參、當前我國憲政體制改革之途徑

若僅以各自所屬政黨利益來看待中央政府體制的改良芻議，或在每次選舉結果產生之後再依照當時的政治現實來考量，決定應該採取什麼制度才符合執政者的最高利益，對國家的長遠發展都有不利的因素。制度並沒有優劣之分，往往在制度成為個人權位的絆腳石時，政黨才會以改革之名，行擴權之實。

憲法的解釋有許多見仁見智的方法，但若是因政治人物各自心中已存之定見，透過形式的解釋方式而展現出來，充其量僅是一種包裝和濫用。各憲法條文中皆有其「相互依存性」[227]，在解釋時不能僅藉由個別規範，須從憲法整體秩序原則加以思考，如遇有條文間的彼此矛盾之時，則須檢驗條文在現實政治運作上，是否可被有效操作，若因條文間的相互扞格，反而造成憲法的窒礙難行，則須透過修憲一途，或政治人物透過自我的權力節制，形成新的憲政慣例加以解決。

在實際憲政運作過程中，若透過比較憲法的觀察，可察知法國的左右共治已提供我們在憲政上一個可操作的絕佳參照途徑。亦即由國會中的多數黨決定總統與行政院院長的權力運作關係，當總統屬於多數黨，可以掌控國會中的多數議員意向時，總統自然可以透過其黨政影響力，而享有較多的權力空間；反之，若總統無法透過黨政影響力控制國會中的多數議員時，則應尊重國會多數黨對於政策的決定權力，此即俗稱「換軌」[228]機制。

---

227 李惠宗，《憲法要義》，元照出版公司，2001 年，頁 31-32。
228 徐正戎、呂炳寬，〈論總統與行政院院長之權力關係〉，收錄於徐正戎所著《法國總統權限之研究》，元照出版，2002 年 11 月初版 1 刷，頁 321。

　　惟當前世界上實施雙首長制的國家約有46國，但其憲政運作並不盡相同，如我國與法國即是如此。筆者亦認為世界上沒有一種憲政體制是十全十美的，因此我國憲政體制改革之主要途徑不外乎以下幾點：

一、建立權責相符的憲政體制

　　依照我國憲法第三十五條規定，總統為國家元首，對外代表中華民國。總統又是三軍統帥，依照憲法增修條文第三條規定，總統可以逕行任免行政院院長，不須經立法院同意。依憲法第五十六條規定，行政院副院長、各部會首長及不管部會之政務委員皆由行政院院長提請總統任命。司法院院長、副院長、大法官、考試院院長、副院長、考試委員、監察院院長、副院長、監察委員、審計長皆由總統提名，經立法院同意後任命之。同時，依據法院組織法第六十六條規定，最高法院檢察署檢察總長由總統提名，經立法院同意後任命之。惟民國86年第四次修憲後，憲法增修條文第三條規定，行政院院長由總統直接任命，不須要立法院同意，但依同條規定，行政院仍須向立法院負責。立法院雖然可以對總統、副總統提出罷免及彈劾案，但是罷免案由立法院提出、公民複決，其門檻很高。彈劾案也是由立法院提出，交由大法官審理，其門檻亦很高。因此，有人認為第四次修憲後，我國憲政體制變成總統有權無責而行政院院長則是有責無權。惟自民國85年我國總統改為公民直選以來，國內外情勢及兩岸關係發生急劇變化，一般民眾認為我國需要一位強而有力的實權總統來因應這種新局面。惟依據我國憲法第五十三條規定，行政院為最高行政機關，依據憲法增修條文第三條規定，行政院仍須向立法院負責。換言之，行政院院長必須負責政策的制定與執行以及負完全的政治責任。由以上論述充分顯示，總統與行政院院長的職權應作更為精緻的分工，如此才能充分地發揮權責相符的憲政體制功能。

二、恢復憲法對於行政院院長由總統提名經立法院同意後任命之規定

我國憲法中有關中央政府體制的設計，依制憲先賢張君勱所述，是屬於「修正式的內閣制」[229]，自民國 36 年這部憲法公布實施迄今 70 年，歷經憲政變遷，後制定動員戡亂時期臨時條款，宣布戒嚴，民國 76 年解嚴，民國 80 年廢除動員戡亂時期臨時條款，民國 80 年至 94 年歷經七次修憲、三次政黨輪替，民國 86 年第四次憲政改革，將行政院院長改成由總統直接任免，不須要立法院同意，但行政院仍須向立法院負責，造成權責失衡的現象。因此，為了建立權責相符的憲政體制，筆者認為應該透過修憲來恢復憲法第五十五條規定：行政院院長雖由總統所提名，然仍須基於立法院之同意後始得任命。

三、總統選舉改為絕對多數制

憲政制度的設計與制定，應以民意需要與國家長治久安為考量，否則很難達到鞏固民主與保障民眾權益的預期目標。筆者認為採絕對多數決制較為符合未來我國政治發展的需要之理由如下：

（一）當前我國政黨政治文化尚未成熟，且各黨派之間意識型態壁壘分明，若不採絕對多數決制，而以相對多數決制產生出的總統如果得票未超過半數，將使未能獲勝的政黨必然藉民意為由，對獲得少數票當選的總統或其政黨攻訐，使總統在推動政策時，處處受到掣肘，對政局的穩定性造成不利影響。

（二）依據憲法增修條文第二條有關總統、副總統之罷免規定：總統、副總統之罷免案，須經全體立法委員四分之一之提議，全體立法委員三分之二之同意後提出，並經中華民國自由地區選舉人總額過半數之投票，有效票過半數同意罷免時，即為通過。因

---

[229] 張君勱，《中華民國憲政十講》，上海：商務印書館，1947 年 5 月初版，頁 71。

此，如以相對多數決制產生總統、副總統，則有隨時被罷免的可能，此對政局亦會造成不安的情形。

（三）依憲法增修條文第三條第二項第二款規定，立法院對行政院院長提出不信任案通過後，行政院院長並得同時呈請總統解散立法院，由此可知，總統此項解散立法院之權乃是屬於被動解散權，因此，此解散權依照法理必須有強大的民意基礎為後盾，如果採相對多數決制產生的總統，在民意基礎上恐有不足之嫌，而有可能造成政局之紛擾。

四、制定政黨法規範政黨運作

現代民主政治即是政黨政治，我國行憲以來，先有一黨優勢制度，後進入政黨競爭時期，政黨重組階段。而今儼然形成兩大黨模式，然而關於政黨法的制定，各式對於政黨內部運作、選舉提名、政治獻金流向等至關重大事務，則尚付之闕如。此故，政黨法的制定，應是當務之急。

以法律明確規範政黨運作的空間與作為，將更能夠端正選風、使政黨之間由惡性競爭走向理性合作，例如有關政黨財務、補助及政治獻金等規範、以及明確規範政黨不得干預司法，司法人員應退出政黨活動等，使司法得以保持中立，而杜絕政治力干預司法的可能性，另外，立法院的協商機制應更加透明化、制度化，使民眾得以與聞得知，監督國會問政。

五、落實換軌制形成憲政慣例

若欲在採行雙首長制的現制存續之下，對憲政制度作漸進改革，最迫切需要的配套措施應為換軌制度的落實及確立。總統在任命行政院長時，須尊重國會多數黨，以國會多數黨所推舉的人選為閣揆，此制度若無法經修憲予以處理，則有賴政治人物對憲法的忠誠及自我權力節制，逐漸形成憲政慣例。

我國體制若要朝總統制改變，就須取消閣揆，或是把閣揆對國

會負責的條文取消，其政策成敗應由總統負責；若要朝內閣制改進，便應取消總統直選，完全落實內閣制的特徵。不過，這兩種方式的制度誘因都不高，想要在現狀下進行憲政改革的可能性較難。為今之計，似乎只有在目前我國所採行的半總統制之下，加入國內許多學者所主張的，朝法國雙首長制的換軌制加以改革採納，以建立在未來若出現選舉結果是府會不一致的情況下，由國會多數黨組閣的憲政慣例。

然而，雙首長制的換軌制的最大困難在於多數人民往往感到困惑，為什麼透過全民一票一票直選出來的總統並非最高行政首長，也不負政策的最終責任。然而，由於現實上存在著修憲困難，要全面轉向改成總統制或內閣制均屬不易；若從道德文化層面出發，抱著僥倖的樂觀期待，希望總統主政能自我節制的憲政文化也不可能。國人只能從選舉制度與選舉期程上，減少府會的不一致，讓半總統制的先天弱點不至顯露。

肆、結論與展望——為中華民國建構長治久安的憲政體制

一、建立公平公正的選舉制度與良性競爭的政黨政治以提昇優質的憲政文化

任何憲政體制之實現，必須以建立一個良性的政黨政治制度為前提，我們亦應體認現在是一個政黨政治來臨的時代，因為政黨成立之主要目的乃是要為全民之福祉而奉獻，並不只是為其自己的政黨之利益著想，而必須以更宏觀的格局為全民之幸福生活而打拼，因此「政黨政治」並不是「仇敵」的政治，而是建立在既合作又競爭的基礎，如此，我們的民主政治才能朝向更為健全的方向發展，有關這點，老牌的民主憲政國家，其高尚典雅的憲政文化殊值我們

參考借鏡。筆者認為唯有建立一流的憲政體制與良性競爭的政黨政治，才能有效的形塑一個更為優質的選舉大環境。

二、法與時移則治

世上難有百代不衰之思想，亦不容易找到完美無缺的政治體制，而中華民國憲法之制定乃是經過各黨各派政治協商之結果，亦因中央權責劃分不清致而種下了爾後各界爭論不已之根源，但由於當時執政的國民黨，由於充分掌握黨政軍警媒體與財經等部門，且透過政黨政治之運作，因此在實際的運作上行政權方面卻仍能發揮相當的功能與效率，而同樣的憲政體制，到了2000年發生第一次政黨輪替，就變成所謂的「朝小野大」，即使2004那次總統大選，前總統陳水扁先生已獲50.11%超過半數得票率，但由於那時泛藍陣營在國會仍居多數，且立法與行政互動關係欠佳，甚而多次造成僵局，而在2008年發生第二次政黨輪替，國民黨重新贏得執政，前總統馬英九先生連續當選第十二任、第十三任總統，而且在國會，國民黨亦贏得多數席次，組成所謂「一致政府」，所謂國民黨完全執政完全負責。2016年1月16日總統選舉，民進黨籍的蔡英文、陳建仁當選中華民國第十四任總統、副總統，且在立法委員的選舉中，民進黨獲得六十八個席次，也就是說，民進黨取得完全執政完全負責的地位。

惟自2016年5月20日蔡英文總統就職以來至今，藍綠政黨之間的相爭似乎仍未見有減緩的跡象，其中的之因素不只一端，然而依筆者之看法，尚未建立一個真正權力分立與制衡、權責相符的憲政體制及良性的政黨競爭體制，乃是其中最大的因素。因此為提昇我國的民主政治品質、以利國是推動順暢，當前憲法實有待加以改革之必要，尤其是未來的中央體制之走向，究竟應朝向總統制或內閣制或實施的雙首長制來加以改良，亦在在皆是我們必須加以正視並從根本上去加以解決的重要課題。

誠如日本當代憲法大師小林直樹亦指出「憲法既然是屬於法律之類，就如其他法律會隨社會變遷而變遷」[230]。而憲法學者葉俊榮教授亦指出：「作為國家最高與最基本規範的憲法，在面臨內在或外在環境的變化時，也往往透過憲法變遷，來作自我適應與調整」[231]。因此我們必須深深的體悟到民主憲政的成長是「一眠大一吋」循序漸進，因時因地加以改革的道理，以順應世界民主思潮與民主主流民意趨向，尤其是憲法的變遷有其時代背景與主流民意的需求，而民主的道路是不能走回頭路的，所以凡是真正熱愛臺灣斯土斯民的人，當會毫無疑問的去珍惜這幾十年來大家無分朝野、族群、黨派全民所共同努力打拚所締造的民主成果。

筆者在長年的研究歐美先進國家實施民主憲政的歷程與經驗，亦深深體會出當前我們的政局亂象，其主要因素，乃在於我國尚未建立完善的憲政制度與良性的政黨競爭體系及符合臺灣政治發展之選舉制度，尤其是中央政府體制權責未能真正釐清，權責不符所致，因此如何建立一個真正符合權力分立與制衡，權責相符的新世紀臺灣憲政體制，並能為國家帶來長治久安的選舉制度與良性政黨競爭之政治體系與優質民主文化，在在皆是朝野、全民責無旁貸地去加以思考與努力的方向。筆者亦認為要有效的突破當前臺灣民主憲政之困境，我國的中央政府體制確實有加以改革之必要，而未來我國憲政體制的走向究竟朝向內閣制、總統制或是對當前實施的雙首長制加以改良，皆有待朝野全民來加以審慎思考，並以民主協商方式凝聚民主之共識而來加以共同解決。

---

[230] 參閱：李鴻禧，臺灣時報，2004 年 6 月 21 日。
[231] 參閱：李鴻禧，臺灣時報，2004 年 6 月 21 日。

三、順應自由、民主、人權、法治、普世價值之潮流趨勢，落實真正權責相符的憲政體制，以確保國家發展與人民幸福生活

當然，各種民主憲政制度實施成功的因素皆有其種種必備的條件，諸如國家的歷史文化背景、選舉制度、政黨體系、憲政文化等，皆是推行民主憲政成功不可或缺的要件，而世界上任何國家無論是實施何種中央政府體制各皆有其優缺點與獨有之特色，而當中最應考量者乃是哪一種制度較為適合哪一個國家的需要，否則難免會有橘逾淮則枳，產生水土不服，亦是很難達成政治改革之預期指標，因為沒有建立溫和及協商的良性政黨競爭體系，那是很難落實國家的民主憲政，因此朝野更應具有寬闊的胸襟，以協商代替對抗的理性溫和方式解決各項紛爭，朝野政治人物應以天下蒼生為念，認真、冷靜的思考這一關係國家長遠利益與後代子孫幸福生活的憲政體制之改良問題，因為唯有建立權責相符的憲政體制，才是我們臺灣家園走向長治久安與確保兩千三百萬同胞安和樂利生活的最佳保障。

（本文作者黃炎東教授，已於中央警察大學「2017 通識教育與警察學術研討會」，2017 年 11 月 14 日發表。）

附錄二《參考書目》

一、中文書籍

李鴻禧，〈戰後臺灣憲法與憲政的若干病理底探討—以國民大會制度為中心〉，收錄於《臺灣學術研究》，第 6 期，頁 127-129，1993 年 5 月。

李鴻禧等合著，《臺灣憲法之縱剖橫切》，臺北：元照出版公司，2002 年 12 月，初版第 1 刷。

吳玉山、吳重禮等人，《憲政改革—背景、運作與影響》，臺北，五

南，2006 年 11 月。

汪子錫，《憲政體制與人權保障》，秀威資訊科技股份有限公司，2012年。

周育仁，〈憲政體制何去何從？—建構總統制與內閣制換軌機制〉，收於：明居正、高朗（主編），《憲政體制新走向》，臺北：新臺灣人文基金會，頁 1-26，2001 年。

林紀東，《中華民國憲法逐條釋義》第一至四冊，臺北：三民書局，1993年。

高朗、隋杜卿，《憲政體制與總統權力》，臺北：財團法人國家政策研究基金會，2002 年 7 月。

姚嘉文，《制憲遙遠路—臺灣的制憲與建國》，姚嘉文辦公室，沛來出版社，1999 年。

胡佛、沈清松、周陽山、石之瑜合著，《中華民國憲法與立國精神》，臺北：三民書局，1995 年 8 月。

胡佛，《政治學的科學探究（五）—憲政結構與政府體制》，臺北：三民書局，2003 年 9 月。

許宗力，〈憲政改革芻議〉，收錄於《法與國家權力》，國立臺灣大學法學叢書（七十一），頁 433，1998 年 4 月。

許宗力，《憲法與法治國行政》，臺北：元照出版公司，1999 年 3 月。

許慶雄，《憲法入門二——政府體制篇》，臺北：月旦出版社，1998年。

張君勱，《中華民國民主憲法十講》，臺北：臺灣商務印書館，1971年。

陳春生，《臺灣憲政與民主發展》，臺北：月旦出版社，1996 年 9 月。

陳隆志主編，〈新世紀新憲政〉，《憲政研討會論文集》，臺灣新世紀文教基金會，臺北：元照出版有限公司，2002 年 8 月。

陳慈陽，《憲政體制與法治國家》，臺北：翰蘆圖書出版有限公司，2007年 3 月。

黃炎東，〈論我國未來中央政府體制的走向〉，《憲法與你》，臺北：青年日報出版社，頁 128-132，1991 年 11 月 21 日。

黃炎東，《新世紀臺灣憲政體制與政黨政治發展趨勢》，臺北：正中書局，2004 年。

黃炎東，《新世紀臺灣憲政體制發展之研究》，新世紀智庫論壇，28期，財團法人臺灣新世紀文教基金會，2004 年 12 月 30 日。

黃炎東，《憲政思辨：我國中央政府體制發展方向之研究》，臺北：五南圖書出版股份有限公司，2008 年。

黃炎東，《新世紀憲政思辨—兼論臺灣發展新未來》，臺北：水牛圖書出版事業有限公司，2009 年。

黃炎東，《憲政論：憲政變遷與體制改革》，頁 1～10。臺北：臺灣商務，2014 年。

黃昭元，〈九七修憲後我國中央政府體制的評估〉，《臺大法學論叢》，27 卷 2 期：1-32，頁 183-216，1998。

黃錦堂，〈臺灣雙首長制的內涵—向總統制或內閣制傾斜？〉，收於：明居正、高朗 （主編），《憲政體制新走向》，臺北：新臺灣人文教基金會，頁 265-324，2001 年。

葉俊榮，〈九七憲改與臺灣憲法變遷模式〉，《臺大法學論叢》，第 27 卷第 2 期，1997 年 11 月 22 日。

葉俊榮，《珍惜憲法時刻》，臺北：元照出版公司，2000 年 3 月。

葉俊榮，《民主轉型與憲法變遷》，臺北：元照出版公司，2003 年 2 月。

葉俊榮等，《憲改方向盤》，行政院研究發展考核委員會，臺北：五南圖書出版股份有限公司，2006 年 4 月初版一刷。

董翔飛，《中國憲法與政府》，臺北：三民書局總經銷，2005 年 9 月修訂第 42 版。

盧瑞鍾，《內閣制優越論》，臺北：三民書局，1995 年 6 月。

謝瑞智，《中華民國憲法精義與立國精神》，臺北：文笙書局，1993 年 11 月。

謝瑞智，《憲政體制與民主政治：憲政與民主政治基礎知識》，臺北，文笙書局，2007 年 7 月。

蘇永欽，《走入新世紀的憲政主義》，臺北，元照出版有限公司，2002 年。

顧忠華，金恆煒，《憲改大對決 —九七修憲的教訓》，新店：桂冠，2004 年 5 月。

二、中文期刊論文

吳玉山，〈半總統制：全球發展與研究議程〉，《政治科學論叢》，47（三月）：1-32，2011。

許志雄，〈總統直選的民主效用—兼論中央政府體制的定位與問題〉，

《月旦法學雜誌》，11 期，1996 年。

薛化元，〈中華民國憲政藍圖的歷史演變─行政權為中心的考察〉，《月旦法學雜誌》，26 期，1997 年。

朱雲漢，〈法國憲政體制對我國憲改的啟示〉，《國家政策雙週刊》，73 期，1993 年 11 月 16 日。

周育仁，〈九七修憲後我國中央政府體制之定位〉，憲政（研）字第089-014 號，民國 89 年 12 月 20 日，《國政研究報告》。

葉俊榮，〈修憲程序：建立任務型國大後所帶動變革〉，《月旦法學雜誌》，第 61 期，2000 年 6 月。

周育仁，〈建構多數政府的憲政基礎，國政研究報告〉，憲政（研）094-15號，2005 年 7 月 11 日，《國政研究報告》。

三、英文期刊論文

Ackerman, Bruce, 1991. We the People: Foundations, Cambridge, MA: Harvard University Press.

Almond，G. A. and G. B. Powell，1978. Comparative Politics： System，Process，and Policy. Boston：Little，Brown and Company.

Arend Lijphart. 1984, Democracies: Patterns of Majoritarian and Consensus Government in Twenty-One Countries, New Haven, Conn., Yale University Press.

C. H. McIlwain，"Constitutenalism：Ancient and Modern." Ithaca：Cornell University Press，1947.

Carl J. Friedrich： "Constitutional Government and Democracy，" Blaisdell Publishing Company Tenth Rev.edit.1965.

Duverger, Maurice, 1954. Political Parties, Trans. Barbara and Robert North. London: Methuen.

Fisher, Louis, 1997. Constitutional Conflicts between Congress and the President, Lawrence, KS: University of Kansas Press （4th ed.）.

Giovanni Sartori, 1976. Parties and Party Systems, Cambridge University Press.

Huntington，Samuel P., 1967. Political Development and Political Decay, in Claude E. Welch，ed.，Political Modernization： A Reader in Comparative Political Change. CA: Wadsworth Publishing Company，

Inc.

James L. Sunquist,1986. Constitutional Reform and Effective Govern- ment. The Brookings Insititution Washington D.C.

North，Douglass C，1990. Institutions，Institutional Change and Economic Performance， New York：Cambridge University Press.

Sigmund Neumann，Toward a Comparative Study of Political Parties， in Neumann，ed.，Modern Political Parties. Chicago： University of Chicago Press，1956.

附錄三　中華民國憲法

中華民國 35 年 12 月 25 日國民大會通過
中華民國 36 年 1 月 1 日國民政府公布
中華民國 36 年 12 月 25 日施行
中華民國國民大會受全體國民之付託，依據　孫中山先生創立中華民國之遺教，為鞏固國權，保障民權，奠定社會安寧，增進人民福利，制定本憲法，頒行全國，永矢咸遵。

第一章　總綱

第1條　中華民國基於三民主義，為民有民治民享之民主共和國。
第2條　中華民國之主權屬於國民全體。
第3條　具有中華民國國籍者為中華民國國民。
第4條　中華民國領土，依其固有之疆域，非經國民大會之決議，不得變更之。
第5條　中華民國各民族一律平等。
第6條　中華民國國旗定為紅地，左上角青天白日。

第二章　人民之權利義務

第7條　中華民國人民，無分男女、宗教、種族、階級、黨派，在法律上一律平等。
第8條　人民身體之自由應予保障。除現行犯之逮捕由法律另定外，非

經司法或警察機關依法定程序，不得逮捕拘禁。非由法院依法定程序，不得審問處罰。非依法定程序之逮捕、拘禁、審問、處罰，得拒絕之。人民因犯罪嫌疑被逮捕拘禁時，其逮捕拘禁機關應將逮捕拘禁原因，以書面告知本人及其本人指定之親友，並至遲於二十四小時內移送該管法院審問。本人或他人亦得聲請該管法院，於二十四小時內向逮捕之機關提審。法院對於前項聲請，不得拒絕，並不得先令逮捕拘禁之機關查覆。逮捕拘禁之機關，對於法院之提審，不得拒絕或遲延。人民遭受任何機關非法逮捕拘禁時，其本人或他人得向法院聲請追究，法院不得拒絕，並應於二十四小時內向逮捕拘禁之機關追究，依法處理。

第9條　人民除現役軍人外，不受軍事審判。

第10條　人民有居住及遷徙之自由。

第11條　人民有言論、講學、著作及出版之自由。

第12條　人民有秘密通訊之自由。

第13條　人民有信仰宗教之自由。

第14條　人民有集會及結社之自由。

第15條　人民之生存權、工作權及財產權，應予保障。

第16條　人民有請願、訴願及訴訟之權。

第17條　人民有選舉、罷免、創制及複決之權。

第18條　人民有應考試服公職之權。

第19條　人民有依法律納稅之義務。

第20條　人民有依法律服兵役之義務。

第21條　人民有受國民教育之權利與義務。

第22條　凡人民之其他自由及權利，不妨害社會秩序公共利益者，均受憲法之保障。

第23條　以上各條列舉之自由權利，除為防止妨礙他人自由、避免緊急危難、維持社會秩序，或增進公共利益所必要者外，不得以法律限制之。

第24條　凡公務員違法侵害人民之自由或權利者，除依法律受懲戒外，應負刑事及民事責任。被害人民就其所受損害，並得依法律向國家請求賠償。

第三章　國民大會

第 25 條　國民大會依本憲法之規定，代表全國國民行使政權。

第 26 條　國民大會以左列代表組織之：

一、每縣市及其同等區域各選出代表一人，但其人口逾五十萬人者，每增加五十萬人，增選代表一人。縣市同等區域以法律定之。

二、蒙古選出代表，每盟四人，每特別旗一人。

三、西藏選出代表，其名額以法律定之。

四、各民族在邊疆地區選出代表，其名額以法律定之。

五、僑居國外之國民選出代表，其名額以法律定之。

六、職業團體選出代表，其名額以法律定之。

七、婦女團體選出代表，其名額以法律定之。

第 27 條　國民大會之職權如左：

一、選舉總統、副總統。

二、罷免總統、副總統。

三、修改憲法。

四、複決立法院所提之憲法修正案。

關於創制複決兩權，除前項第三、第四兩款規定外，俟全國有半數之縣市曾經行使創制複決兩項政權時，由國民大會制定辦法並行使之。

第 28 條　國民大會代表每六年改選一次。

每屆國民大會代表之任期，至次屆國民大會開會之日為止。

現任官吏不得於其任所所在地之選舉區當選為國民大會代表。

第 29 條　國民大會於每屆總統任滿前九十日集會，由總統召集之。

第 30 條　國民大會遇有左列情形之一時，召集臨時會：

一、依本憲法第四十九條之規定，應補選總統、副總統時。

二、依監察院之決議，對於總統、副總統提出彈劾案時。

三、依立法院之決議，提出憲法修正案時。

四、國民大會代表五分之二以上請求召集時。

國民大會臨時會，如依前項第一款或第二款應召集時，由立法院院長通告集會。依第三款或第四款應召集時，由總統召集之。

第 31 條　國民大會之開會地點在中央政府所在地。

第 32 條　國民大會代表在會議時所為之言論及表決，對會外不負責任。

第 33 條　國民大會代表，除現行犯外，在會期中，非經國民大會許可，不得逮捕或拘禁。

第 34 條　國民大會之組織，國民大會代表之選舉罷免，及國民大會行使職權之程序，以法律定之。

第四章　總統

第 35 條　總統為國家元首，對外代表中華民國。

第 36 條　總統統率全國陸海空軍。

第 37 條　總統依法公布法律，發布命令，須經行政院院長之副署，或行政院院長及有關部會首長之副署。

第 38 條　總統依本憲法之規定，行使締結條約及宣戰、媾和之權。

第 39 條　總統依法宣布戒嚴，但須經立法院之通過或追認。立法院認為必要時，得決議移請總統解嚴。

第 40 條　總統依法行使大赦、特赦、減刑及復權之權。

第 41 條　總統依法任免文武官員。

第 42 條　總統依法授與榮典。

第 43 條　國家遇有天然災害、癘疫，或國家財政經濟上有重大變故，須為急速處分時，總統於立法院休會期間，得經行政院會議之決議，依緊急命令法，發布緊急命令，為必要之處置。但須於發布命令後一個月內提交立法院追認。如立法院不同意時，該緊急命令立即失效。

第 44 條　總統對於院與院間之爭執，除本憲法有規定者外，得召集有關各院院長會商解決之。

第 45 條　中華民國國民年滿四十歲者，得被選為總統、副總統。

第 46 條　總統、副總統之選舉，以法律定之。

第 47 條　總統、副總統之任期為六年，連選得連任一次。

第 48 條　總統應於就職時宣誓，誓詞如下：

「余謹以至誠，向全國人民宣誓，余必遵守憲法，盡忠職務，增進人民福利，保衛國家，無負國民付託。如違誓言，願受國家嚴厲之制裁。謹誓」

第 49 條　總統缺位時，由副總統繼任，至總統任期屆滿為止。

總統、副總統均缺位時，由行政院院長代行其職權，並依本憲法第三十條之規定，召集國民大會臨時會，補選總統、副總統，其任期以補足原任總統未滿之任期為止。

總統因故不能視事時，由副總統代行其職權。總統、副總統均不能視事時，由行政院院長代行其職權。

第 50 條　總統於任滿之日解職，如屆期次任總統尚未選出，或選出後總統、副總統均未就職時，由行政院院長代行總統職權。

第 51 條　行政院院長代行總統職權時，其期限不得逾三個月。

第 52 條　總統除犯內亂或外患罪外，非經罷免或解職，不受刑事上之訴究。

第五章　行政

第 53 條　行政院為國家最高行政機關。

第 54 條　行政院設院長、副院長各一人，各部會首長若干人，及不管部會之政務委員若干人。

第 55 條　行政院院長由總統提名，經立法院同意任命之。

立法院休會期間，行政院院長辭職或出缺時，由行政院副院長代理其職務，但總統須於四十日內咨請立法院召集會議，提出行政院院長人選，徵求同意。行政院院長職務，在總統所提行政院院長人選未經立法院同意前，由行政院副院長暫行代理。

第 56 條　行政院副院長，各部會首長及不管部會之政務委員，由行政院院長提請總統任命之。

第 57 條　行政院依左列規定，對立法院負責：

一、行政院有向立法院提出施政方針及施政報告之責。立法委員在開會時，有向行政院院長及行政院各部會首長質詢之權。

二、立法院對於行政院之重要政策不贊同時，得以決議移請行政院變更之。行政院對於立法院之決議，得經總統之核可，移請立法院覆議。覆議時，如經出席立法委員三分之二維持原決議，行政院院長應即接受該決議或辭職。

三、行政院對於立法院決議之法律案、預算案、條約案，如認為有窒礙難行時，得經總統之核可，於該決議案送達行政院十日內，移請立法院覆議。覆議時，如經出席立法委員

　　　　　　三分之二維持原案，行政院院長應即接受該決議或辭職。

第58條　行政院設行政院會議，由行政院院長、副院長、各部會首長
　　　　及不管部會之政務委員組織之，以院長為主席。

　　　　行政院院長、各部會首長，須將應行提出於立法院之法律
　　　　案、預算案、戒嚴案、大赦案、宣戰案、媾和案、條約案及
　　　　其他重要事項，或涉及各部會共同關係之事項，提出於行政
　　　　院會議議決之。

第59條　行政院於會計年度開始三個月前，應將下年度預算案提出於
　　　　立法院。

第60條　行政院於會計年度結束後四個月內，應提出決算於監察院。

第61條　行政院之組織，以法律定之。

第六章　立法

第62條　立法院為國家最高立法機關，由人民選舉之立法委員組織
　　　　之，代表人民行使立法權。

第63條　立法院有議決法律案、預算案、戒嚴案、大赦案、宣戰案、
　　　　媾和案、條約案及國家其他重要事項之權。

第64條　立法院立法委員，依左列規定選出之：

　　　　一、各省、各直轄市選出者，其人口在三百萬以下者五人，
　　　　其人口超過三百萬者，每滿一百萬人增選一人。

　　　　二、蒙古各盟旗選出者。

　　　　三、西藏選出者。

　　　　四、各民族在邊疆地區選出者。

　　　　五、僑居國外之國民選出者。

　　　　六、職業團體選出者。

　　　　立法委員之選舉及前項第二款至第六款立法委員名額之分
　　　　配，以法律定之。婦女在第一項各款之名額，以法律定之。

第65條　立法委員之任期為三年，連選得連任，其選舉於每屆任滿前
　　　　三個月內完成之。

第66條　立法院設院長、副院長各一人，由立法委員互選之。

第67條　立法院得設各種委員會。

　　　　各種委員會得邀請政府人員及社會上有關係人員到會備詢。

第68條　立法院會期，每年兩次，自行集會，第一次自二月至五月
　　　　底，第二次自九月至十二月底，必要時得延長之。

第 69 條　立法院遇有左列情事之一時,得開臨時會:
　　　　　一、總統之咨請。
　　　　　二、立法委員四分之一以上之請求。
第 70 條　立法院對於行政院所提預算案,不得為增加支出之提議。
第 71 條　立法院開會時,關係院院長及各部會首長得列席陳述意見。
第 72 條　立法院法律案通過後,移送總統及行政院,總統應於收到後十日內公布之,但總統得依照本憲法第五十七條之規定辦理。
第 73 條　立法委員在院內所為之言論及表決,對院外不負責任。
第 74 條　立法委員,除現行犯外,非經立法院許可,不得逮捕或拘禁。
第 75 條　立法委員不得兼任官吏。
第 76 條　立法院之組織,以法律定之。

第七章　司法

第 77 條　司法院為國家最高司法機關,掌理民事、刑事、行政訴訟之審判及公務員之懲戒。
第 78 條　司法院解釋憲法,並有統一解釋法律及命令之權。
第 79 條　司法院設院長、副院長各一人,由總統提名,經監察院同意任命之。
　　　　　司法院設大法官若干人,掌理本憲法第七十八條規定事項,由總統提名,經監察院同意任命之。
第 80 條　法官須超出黨派以外,依據法律獨立審判,不受任何干涉。
第 81 條　法官為終身職,非受刑事或懲戒處分,或禁治產之宣告,不得免職。非依法律,不得停職、轉任或減俸。
第 82 條　司法院及各級法院之組織,以法律定之。

第八章　考試

第 83 條　考試院為國家最高考試機關,掌理考試、任用、銓敘、考績、級俸、陞遷、保障、褒獎、撫卹、退休、養老等事項。
第 84 條　考試院設院長、副院長各一人,考試委員若干人,由總統提名,經監察院同意任命之。
第 85 條　公務人員之選拔,應實行公開競爭之考試制度,並應按省區分別規定名額,分區舉行考試。非經考試及格者,不得任

用。
第86條 下列資格，應經考試院依法考選銓定之：
一、公務人員任用資格。
二、專門職業及技術人員執業資格。
第87條 考試院關於所掌事項，得向立法院提出法律案。
第88條 考試委員須超出黨派以外，依據法律獨立行使職權。
第89條 考試院之組織，以法律定之。

第九章 監察

第90條 監察院為國家最高監察機關，行使同意、彈劾、糾舉及審計權。
第91條 監察院設監察委員，由各省市議會，蒙古西藏地方議會及華僑團體選舉之。其名額分配，依下列之規定：
一、每省五人。
二、每直轄市二人。
三、蒙古各盟旗共八人。
四、西藏八人。
五、僑居國外之國民八人。
第92條 監察院設院長、副院長各一人，由監察委員互選之。
第93條 監察委員之任期為六年，連選得連任。
第94條 監察院依本憲法行使同意權時，由出席委員過半數之議決行之。
第95條 監察院為行使監察權，得向行政院及其各部會調閱其所發布之命令及各種有關文件。
第96條 監察院得按行政院及其各部會之工作，分設若干委員會，調查一切設施，注意其是否違法或失職。
第97條 監察院經各該委員會之審查及決議，得提出糾正案，移送行政院及其有關部會，促其注意改善。
監察院對於中央及地方公務人員，認為有失職或違法情事，得提出糾舉案或彈劾案，如涉及刑事，應移送法院辦理。
第98條 監察院對於中央及地方公務人員之彈劾案，須經監察委員一人以上之提議，九人以上之審查及決定，始得提出。
第99條 監察院對於司法院或考試院人員失職或違法之彈劾，適用本憲法第九十五條、第九十七條及第九十八條之規定。

第100條　監察院對於總統、副總統之彈劾案,須有全體監察委員四分
　　　　　之一以上之提議,全體監察委員過半數之審查及決議,向
　　　　　國民大會提出之。

第101條　監察委員在院內所為之言論及表決,對院外不負責任。

第102條　監察委員,除現行犯外,非經監察院許可,不得逮捕或拘
　　　　　禁。

第103條　監察委員不得兼任其他公職或執行業務。

第104條　監察院設審計長,由總統提名,經立法院同意任命之。

第105條　審計長應於行政院提出決算後三個月內,依法完成其審核,
　　　　　並提出審核報告於立法院。

第106條　監察院之組織,以法律定之。

第十章　中央與地方之權限

第107條　左列事項,由中央立法並執行之:
　　　　　一、外交。
　　　　　二、國防與國防軍事。
　　　　　三、國籍法及刑事、民事、商事之法律。
　　　　　四、司法制度。
　　　　　五、航空、國道、國有鐵路、航政、郵政及電政。
　　　　　六、中央財政與國稅。
　　　　　七、國稅與省稅、縣稅之劃分。
　　　　　八、國營經濟事業。
　　　　　九、幣制及國家銀行。
　　　　　十、度量衡。
　　　　　十一、國際貿易政策。
　　　　　十二、涉外之財政經濟事項。
　　　　　十三、其他依本憲法所定關於中央之事項。

第108條　下列事項,由中央立法並執行之,或交由省縣執行之:
　　　　　一、省縣自治通則。
　　　　　二、行政區劃 。
　　　　　三、森林、工礦及商業。
　　　　　四、教育制度。
　　　　　五、銀行及交易所制度。
　　　　　六、航業及海洋漁業。

七、公用事業。

八、合作事業。

九、二省以上之水陸交通運輸。

十、二省以上之水利、河道及農牧事業。

十一、中央及地方官吏之銓敘、任用、糾察及保障。

十二、土地法。

十三、勞動法及其他社會立法。

十四、公用徵收。

十五、全國戶口調查及統計。

十六、移民及墾殖。

十七、警察制度。

十八、公共衛生。

十九、振濟、撫卹及失業救濟。

二十、有關文化之古籍、古物及古蹟之保存。

前項各款，省於不牴觸國家法律內，得制定單行法規。

第 109 條　下列事項，由省立法並執行之，或交由縣執行之：

一、省教育、衛生、實業及交通。

二、省財產之經營及處分。

三、省市政。

四、省公營事業。

五、省合作事業。

六、省農林、水利、漁牧及工程。

七、省財政及省稅。

八、省債。

九、省銀行。

十、省警政之實施。

十一、省慈善及公益事項。

十二、其他依國家法律賦予之事項。

前項各款，有涉及二省以上者，除法律別有規定外，得由有關各省共同辦理。

各省辦理第一項各款事務，其經費不足時，經立法院議決，由國庫補助之。

第 110 條　下列事項，由縣立法並執行之：

一、縣教育、衛生、實業及交通。

　　　二、縣財產之經營及處分。

　　　三、縣公營事業。

　　　四、縣合作事業。

　　　五、縣農林、水利、漁牧及工程。

　　　六、縣財政及縣稅。

　　　七、縣債。

　　　八、縣銀行。

　　　九、縣警衛之實施。

　　　十、縣慈善及公益事項。

　　　十一、其他依國家法律及省自治法賦予之事項。

　　　前項各款，有涉及二縣以上者，除法律別有規定外，得由有關各縣共同辦理。

第111條　除第一百零七條、第一百零八條、第一百零九條及第一百十條列舉事項外，如有未列舉事項發生時，其事務有全國一致之性質者屬於中央，有全省一致之性質者屬於省，有一縣之性質者屬於縣。遇有爭議時，由立法院解決之。

第十一章　地方制度

第一節　省

第112條　省得召集省民代表大會，依據省縣自治通則，制定省自治法，但不得與憲法牴觸。

　　　省民代表大會之組織及選舉，以法律定之。

第113條　省自治法應包含下列各款：

　　　一、省設省議會，省議會議員由省民選舉之。

　　　二、省設省政府，置省長一人。省長由省民選舉之。

　　　三、省與縣之關係。

　　　屬於省之立法權，由省議會行之。

第114條　省自治法制定後，須即送司法院。司法院如認為有違憲之處，應將違憲條文宣布無效。

第115條　省自治法施行中，如因其中某條發生重大障礙，經司法院召集有關方面陳述意見後，由行政院院長、立法院院長、司法院院長、考試院院長與監察院院長組織委員會，以司法院院長為主席，提出方案解決之。

第116條　省法規與國家法律牴觸者無效。

第117條　省法規與國家法律有無牴觸發生疑義時，由司法院解釋之。

第118條　直轄市之自治，以法律定之。

第119條　蒙古各盟旗地方自治制度，以法律定之。

第120條　西藏自治制度，應予以保障。

第二節　縣

第121條　縣實行縣自治。

第122條　縣得召集縣民代表大會，依據省縣自治通則，制定縣自治法，但不得與憲法及省自治法牴觸。

第123條　縣民關於縣自治事項，依法律行使創制、複決之權，對於縣長及其他縣自治人員，依法律行使選舉、罷免之權。

第124條　縣設縣議會，縣議會議員由縣民選舉之。
　　　　　屬於縣之立法權，由縣議會行之。

第125條　縣單行規章，與國家法律或省法規牴觸者無效。

第126條　縣設縣政府，置縣長一人。縣長由縣民選舉之。

第127條　縣長辦理縣自治，並執行中央及省委辦事項。

第128條　市準用縣之規定。

第十二章　選舉、罷免、創制、複決

第129條　本憲法所規定之各種選舉，除本憲法別有規定外，以普通、平等、直接及無記名投票之方法行之。

第130條　中華民國國民年滿二十歲者，有依法選舉之權，除本憲法及法律別有規定者外，年滿二十三歲者，有依法被選舉之權。

第131條　本憲法所規定各種選舉之候選人，一律公開競選。

第132條　選舉應嚴禁威脅利誘。選舉訴訟，由法院審判之。

第133條　被選舉人得由原選舉區依法罷免之。

第134條　各種選舉，應規定婦女當選名額，其辦法以法律定之。

第135條　內地生活習慣特殊之國民代表名額及選舉，其辦法以法律定之。

第136條　創制複決兩權之行使，以法律定之。

第十三章 基本國策

第一節 國防

第137條 中華民國之國防,以保衛國家安全,維護世界和平為目的。國防之組織,以法律定之。

第138條 全國陸海空軍,須超出個人、地域及黨派關係以外,效忠國家,愛護人民。

第139條 任何黨派及個人不得以武裝力量為政爭之工具。

第140條 現役軍人不得兼任文官。

第二節 外交

第141條 中華民國之外交,應本獨立自主之精神,平等互惠之原則,敦睦邦交,尊重條約及聯合國憲章,以保護僑民權益,促進國際合作,提倡國際正義,確保世界和平。

第三節 國民經濟

第142條 國民經濟應以民生主義為基本原則,實施平均地權,節制資本,以謀國計民生之均足。

第143條 中華民國領土內之土地屬於國民全體。人民依法取得之土地所有權,應受法律之保障與限制。私有土地應照價納稅,政府並得照價收買。

附著於土地之礦,及經濟上可供公眾利用之天然力,屬於國家所有,不因人民取得土地所有權而受影響。

土地價值非因施以勞力資本而增加者,應由國家徵收土地增值稅,歸人民共享之。

國家對於土地之分配與整理,應以扶植自耕農及自行使用土地人為原則,並規定其適當經營之面積。

第144條 公用事業及其他有獨佔性之企業,以公營為原則,其經法律許可者,得由國民經營之。

第145條 國家對於私人財富及私營事業,認為有妨害國計民生之平衡發展者,應以法律限制之。

合作事業應受國家之獎勵與扶助。

國民生產事業及對外貿易,應受國家之獎勵、指導及保護。

第146條 國家應運用科學技術,以興修水利,增進地力,改善農業環

境，規劃土地利用，開發農業資源，促成農業之工業化。

第147條 中央為謀省與省間之經濟平衡發展，對於貧瘠之省，應酌予補助。

省為謀縣與縣間之經濟平衡發展，對於貧瘠之縣，應酌予補助。

第148條 中華民國領域內，一切貨物應許自由流通。

第149條 金融機構，應依法受國家之管理。

第150條 國家應普設平民金融機構，以救濟失業。

第151條 國家對於僑居國外之國民，應扶助並保護其經濟事業之發展。

第四節　社會安全

第152條 人民具有工作能力者，國家應予以適當之工作機會。

第153條 國家為改良勞工及農民之生活，增進其生產技能，應制定保護勞工及農民之法律，實施保護勞工及農民之政策。

婦女兒童從事勞動者，應按其年齡及身體狀態，予以特別之保護。

第154條 勞資雙方應本協調合作原則，發展生產事業。勞資糾紛之調解與仲裁，以法律定之。

第155條 國家為謀社會福利，應實施社會保險制度。人民之老弱殘廢，無力生活，及受非常災害者，國家應予以適當之扶助與救濟。

第156條 國家為奠定民族生存發展之基礎，應保護母性，並實施婦女兒童福利政策。

第157條 國家為增進民族健康，應普遍推行衛生保健事業及公醫制度。

第五節　教育文化

第158條 教育文化，應發展國民之民族精神、自治精神、國民道德、健全體格、科學及生活智能。

第159條 國民受教育之機會，一律平等。

第160條 六歲至十二歲之學齡兒童，一律受基本教育，免納學費。其貧苦者，由政府供給書籍。

已逾學齡未受基本教育之國民，一律受補習教育，免納學費，其書籍亦由政府供給。

第 161 條　各級政府應廣設獎學金名額，以扶助學行俱優無力升學之學生。

第 162 條　全國公私立之教育文化機關，依法律受國家之監督。

第 163 條　國家應注重各地區教育之均衡發展，並推行社會教育，以提高一般國民之文化水準，邊遠及貧瘠地區之教育文化經費，由國庫補助之。其重要之教育文化事業，得由中央辦理或補助之。

第 164 條　教育、科學、文化之經費，在中央不得少於其預算總額百分之十五，在省不得少於其預算總額百分之二十五，在市縣不得少於其預算總額百分之三十五。其依法設置之教育文化基金及產業，應予以保障。

第 165 條　國家應保障教育、科學、藝術工作者之生活，並依國民經濟之進展，隨時提高其待遇。

第 166 條　國家應獎勵科學之發明與創造，並保護有關歷史、文化、藝術之古蹟、古物。

第 167 條　國家對於左列事業或個人，予以獎勵或補助：
一、國內私人經營之教育事業成績優良者。
二、僑居國外國民之教育事業成績優良者。
三、於學術或技術有發明者。
四、從事教育久於其職而成績優良者。

第六節　邊疆地區

第 168 條　國家對於邊疆地區各民族之地位，應予以合法之保障，並於其地方自治事業，特別予以扶植。

第 169 條　國家對於邊疆地區各民族之教育、文化、交通、水利、衛生及其他經濟、社會事業，應積極舉辦，並扶助其發展，對於土地使用，應依其氣候、土壤性質，及人民生活習慣之所宜，予以保障及發展。

第十四章　憲法之施行及修改

第 170 條　本憲法所稱之法律，謂經立法院通過，總統公布之法律。

第 171 條　法律與憲法牴觸者無效。
法律與憲法有無牴觸發生疑義時，由司法院解釋之。

第 172 條　命令與憲法或法律牴觸者無效。

第 173 條　憲法之解釋，由司法院為之。

第 174 條　憲法之修改，應依左列程序之一為之：

　　　　　一、由國民大會代表總額五分之一之提議，三分之二之出席，及出席代表四分之三之決議，得修改之。

　　　　　二、由立法院立法委員四分之一之提議，四分之三之出席，及出席委員四分之三之決議，擬定憲法修正案，提請國民大會複決。此項憲法修正案，應於國民大會開會前半年公告之。

第 175 條　本憲法規定事項，有另定實施程序之必要者，以法律定之。

　　　　　本憲法施行之準備程序，由制定憲法之國民大會議定之。

附錄四　動員戡亂時期臨時條款

公布日期：民國 37 年 05 月 10 日
廢止日期：民國 80 年 05 月 01 日
1.中華民國三十七年五月十日國民政府制定公布
中華民國四十三年三月十一日第一屆國民大會第二次會議
第七次大會決議繼續有效
2.中華民國六十一年三月二十二日總統令修正公布全文 11
條
3.中華民國八十年五月一日總統令公布廢止

第1條　（總統緊急處分權）
　　　　總統在動員戡亂時期，為避免國家或人民遭遇緊急危難，或
　　　　應付財政經濟上重大變故，得經行政院會議之決議，為緊急
　　　　處分，不受憲法第三十九條或第四十三條所規定程序之限
　　　　制。

第2條　（立法院緊急處分之變更或廢止權）
　　　　前項緊急處分，立法院得依憲法第五十七條第二款規定之程
　　　　序變更或廢止之。

第3條　（總統、副總統得連選連任）
　　　　動員戡亂時期，總統副總統得連選連任，不受憲法第四十七
　　　　條連任一次之限制。

第4條　（動員戡亂機構之設置）
　　　　動員戡亂時期本憲政體制授權總統得設置動員戡亂機構，決

定動員戡亂有關大政方針，並處理戰地政務。

第5條 （中央行政人事機構組織之調整）

總統為適應動員戡亂需要，得調整中央政府之行政機構、人事機構及其組織。

第6條 （中央民意代表之增補選）

動員戡亂時期，總統得依下列規定，訂頒辦法充實中央民意代表機構，不受憲法第二十六條、第六十四條及第九十一條之限制：

（一） 在自由地區增加中央民意代表名額，定期選舉，其須由僑居國外國民選出之立法委員及監察委員，事實上不能辦理選舉者，得由總統訂定辦法遴選之。

（二） 第一屆中央民意代表，係經全國人民選舉所產生，依法行使職權，其增選 、補選者亦同。

大陸光復地區次第辦理中央民意代表之選舉。

（三） 增加名額選出之中央民意代表，與第一屆中央民意代表，依法行使職權。

增加名額選出之國民大會代表，每六年改選，立法委員每三年改選，監察委員每六年改選。

第7條 （創制複決辦法之制定）

動員戡亂時期，國民大會得制定辦法，創制中央法律原則與複決中央法律，不受憲法第二十七條第二項之限制。

第8條 （國民大會臨時會之召集）

在戡亂時期，總統對於創制案或複決案認為有必要時，得召集國民大會臨時會討論之。

第9條 （憲政研究機構之設置）

國民大會於閉會期間，設置研究機構，研討憲政有關問題。

第10條 （動員戡亂時期之終止）

動員戡亂時期之終止，由總統宣告之。

第11條 （臨時條款之修廢）

臨時條款之修訂或廢止，由國民大會決定之。

附錄五　中華民國憲法增修條文

1. 中華民國 80 年 5 月 1 日總統令制定公布全文 10 條。
2. 中華民國 81 年 5 月 28 日總統令增訂公布第 11~18 條條文。
3. 中華民國 83 年 8 月 1 日總統令修正公布全文 10 條。
4. 中華民國 86 年 7 月 21 日總統令修正公布全文 11 條。
5. 中華民國 88 年 9 月 15 日總統令修正公布第 1、4、9、10 條條文。（中華民國 89 年 3 月 24 日大法官解釋字第 499 號解釋該次修正條文因違背修憲正當程序，故應自本解釋公布之日起失其效力。原 86 年 7 月 21 日之增修條文繼續適用）
6. 中華民國 89 年 4 月 25 日總統 號令修正公布全文 11 條
7. 中華民國 94 年 6 月 10 日總統令修正公布第 1、2、4、5、8 條條文；並增訂第 12 條條文。

為因應國家統一前之需要，依照憲法第二十七條第一項第三款及第一百七十四條第一款之規定，增修本憲法條文如左：

第 1 條（人民行使直接民權）

中華民國自由地區選舉人於立法院提出憲法修正案、領土變更案，經公告半年，應於三個月內投票複決，不適用憲法第四條、第一百七十四條之規定。

憲法第二十五條至第三十四條及第一百三十五條之規定，停止適用。

第 2 條　（總統、副總統）

　　　　總統、副總統由中華民國自由地區全體人民直接選舉之，自中華民國八十五年第九任總統、副總統選舉實施。總統、副總統候選人應聯名登記，在選票上同列一組圈選，以得票最多之一組為當選。在國外之中華民國自由地區人民返國行使選舉權，以法律定之。

　　　　總統發布行政院院長與依憲法經立法院同意任命人員之任免命令及解散立法院之命令，無須行政院院長之副署，不適用憲法第三十七條之規定。總統為避免國家或人民遭遇緊急危難或應付財政經濟上重大變故，得經行政院會議之決議發布緊急命令，為必要之處置，不受憲法第四十三條之限制。但須於發布命令後十日內提交立法院追認，如立法院不同意時，該緊急命令立即失效。

　　　　總統為決定國家安全有關大政方針，得設國家安全會議及所屬國家安全局，其組織以法律定之。

　　　　總統於立法院通過對行政院院長之不信任案後十日內，經諮詢立法院院長後，得宣告解散立法院。但總統於戒嚴或緊急命令生效期間，不得解散立法院。立法院解散後，應於六十日內舉行立法委員選舉，並於選舉結果確認後十日內自行集會，其任期重新起算。

　　　　總統、副總統之任期為四年，連選得連任一次，不適用憲法第四十七條之規定。

　　　　副總統缺位時，總統應於三個月內提名候選人，由立法院補選，繼任至原任期屆滿為止。

　　　　總統、副總統均缺位時，由行政院院長代行其職權，並依本條第一項規定補選總統、副總統，繼任至原任期屆滿為止，不適用憲法第四十九條之有關規定。

　　　　總統、副總統之罷免案，須經全體立法委員四分之一之提議，全體立法委員三分之二同意後提出，並經中華民國自由地區選舉人總額過半數之投票，有效票過半數同意罷免時，即為通過。

　　　　立法院提出總統、副總統彈劾案，聲請司法院大法官審理，經憲法法庭判決成立時，被彈劾人應即解職。

第3條　（行政院）

行政院院長由總統任命之。行政院院長辭職或出缺時，在總統未任命行政院院長前，由行政院副院長暫行代理。憲法第五十五條之規定，停止適用。

行政院依左列規定，對立法院負責，憲法第五十七條之規定，停止適用：

一、行政院有向立法院提出施政方針及施政報告之責。立法委員在開會時，有向行政院院長及行政院各部會首長質詢之權。

二、行政院對於立法院決議之法律案、預算案、條約案，如認為有窒礙難行時，得經總統之核可，於該決議案送達行政院十日內，移請立法院覆議。立法院對於行政院移請覆議案，應於送達十五日內作成決議。如為休會期間，立法院應於七日內自行集會，並於開議十五日內作成　　決議。覆議案逾期未議決者，原決議失效。覆議時，如經全體立法委　　員二分之一以上決議維持原案，行政院院長應即接受該決議。

三、立法院得經全體立法委員三分之一以上連署，對行政院院長提出不信任案。不信任案提出七十二小時後，應於四十八小時內以記名投票表決之。如經全體立法委員二分之一以上贊成，行政院院長應於十日內提出辭職，並得同時呈請總統解散立法院；不信任案如未獲通過，一年內不得對同一行政院院長再提不信任案。

國家機關之職權、設立程序及總員額，得以法律為準則性之規定。

各機關之組織、編制及員額，應依前項法律，基於政策或業務需要決定之。

第4條　（立法委員之選舉）

立法院立法委員自第七屆起一百一十三人，任期四年，連選得連任，於每屆任滿前三個月內，依左列規定選出之，不受憲法第六十四條及第六十五條之限制：

一、自由地區直轄市、縣市七十三人。每縣市至少一人。

二、自由地區平地原住民及山地原住民各三人。

三、全國不分區及僑居國外國民共三十四人。

前項第一款依各直轄市、縣市人口比例分配，並按應選名額

劃分同額選舉區選出之。第三款依政黨名單投票選舉之，由獲得百分之五以上政黨選舉票之政黨依得票比率選出之，各政黨當選名單中，婦女不得低於二分之一。

立法院於每年集會時，得聽取總統國情報告。

立法院經總統解散後，在新選出之立法委員就職前，視同休會。

中華民國領土，依其固有疆域，非經全體立法委員四分之一之提議，全體立法委員四分之三之出席，及出席委員四分之三之決議，提出領土變更案，並於公告半年後，經中華民國自由地區選舉人投票複決，有效同意票過選舉人總額之半數，不得變更之。

總統於立法院解散後發布緊急命令，立法院應於三日內自行集會，並於開議七日內追認之。但於新任立法委員選舉投票日後發布者，應由新任立法委員於就職後追認之。如立法院不同意時，該緊急命令立即失效。立法院對於總統、副總統之彈劾案，須經全體立法委員二分之一以上之提議，全體立法委員三分之二以上之決議，聲請司法院大法官審理，不適用憲法第九十條、第一百條及增修條文第七條第一項有關規定。

立法委員除現行犯外，在會期中，非經立法院許可，不得逮捕或拘禁。憲法第七十四條之規定，停止適用。

第5條 （司法院）

司法院設大法官十五人，並以其中一人為院長、一人為副院長，由總統提名，經立法院同意任命之，自中華民國九十二年起實施，不適用憲法第七十九條之規定。司法院大法官除法官轉任者外，不適用憲法第八十一條及有關法官終身職待遇之規定。

司法院大法官任期八年，不分屆次，個別計算，並不得連任。但並為院長、副院長之大法官，不受任期之保障。

中華民國九十二年總統提名之大法官，其中八位大法官，含院長、副院長，任期四年，其餘大法官任期為八年，不適用前項任期之規定。

司法院大法官，除依憲法第七十八條之規定外，並組成憲法法庭審理總統、副總統之彈劾及政黨違憲之解散事項。

政黨之目的或其行為，危害中華民國之存在或自由民主之憲政秩序者為違憲。

司法院所提出之年度司法概算，行政院不得刪減，但得加註意見，編入中央政府總預算案，送立法院審議。

第 6 條　（考試院）

考試院為國家最高考試機關，掌理左列事項，不適用憲法第八十三條之規定：

一、考試。

二、公務人員之銓敘、保障、撫卹、退休。

三、公務人員任免、考績、級俸、陞遷、褒獎之法制事項。

考試院設院長、副院長各一人，考試委員若干人，由總統提名，經立法院同意任命之，不適用憲法第八十四條之規定。

憲法第八十五條有關按省區分別規定名額，分區舉行考試之規定，停止適用。

第 7 條　（監察院）

監察院為國家最高監察機關，行使彈劾、糾舉及審計權，不適用憲法第九十條及第九十四條有關同意權之規定。

監察院設監察委員二十九人，並以其中一人為院長、一人為副院長，任期六年，由總統提名，經立法院同意任命之。憲法第九十一條至第九十三條之規定停止適用。

監察院對於中央、地方公務人員及司法院、考試院人員之彈劾案，須經監察委員二人以上之提議，九人以上之審查及決定，始得提出，不受憲法第九十八條之限制。

監察院對於監察院人員失職或違法之彈劾，適用憲法第九十五條、第九十七條第二項及前項之規定。

監察委員須超出黨派以外，依據法律獨立行使職權。

憲法第一百零一條及第一百零二條之規定，停止適用。

第 8 條　（待遇調整）

立法委員之報酬或待遇，應以法律定之。除年度通案調整者外，單獨增加報酬或待遇之規定，應自次屆起實施。

第 9 條　（省縣自治）

省、縣地方制度，應包括左列各款，以法律定之，不受憲法第一百零八條第一項第一款、第一百零九條、第一百十二條至第一百十五條及第一百二十二條之限制：

一、省設省政府，置委員九人，其中一人為主席，均由行政院院長提請總統任命之。

二、省設省諮議會，置省諮議會議員若干人，由行政院院長提請總統任命之。

三、縣設縣議會，縣議會議員由縣民選舉之。

四、屬於縣之立法權，由縣議會行之。

五、縣設縣政府，置縣長一人，由縣民選舉之。

六、中央與省、縣之關係。

七、省承行政院之命，監督縣自治事項。

臺灣省政府之功能、業務與組織之調整，得以法律為特別之規定。

第 10 條 （基本國策）

國家應獎勵科學技術發展及投資，促進產業升級，推動農漁業現代化，重視水資源之開發利用，加強國際經濟合作。

經濟及科學技術發展，應與環境及生態保護兼籌並顧。

國家對於人民興辦之中小型經濟事業，應扶助並保護其生存與發展。

國家對於公營金融機構之管理，應本企業化經營之原則；其管理、人事、預算、決算及審計，得以法律為特別之規定。

國家應推行全民健康保險，並促進現代和傳統醫藥之研究發展。

國家應維護婦女之人格尊嚴，保障婦女之人身安全，消除性別歧視，促進兩性地位之實質平等。

國家對於身心障礙者之保險與就醫、無障礙環境之建構、教育訓練與就業輔導及生活維護與救助，應予保障，並扶助其自立與發展。

國家應重視社會救助、福利服務、國民就業、社會保險及醫療保健等社會福利工作，對於社會救助和國民就業等救濟性支出應優先編列。

國家應尊重軍人對社會之貢獻，並對其退役後之就學、就業、就醫、就養予以保障。

教育、科學、文化之經費，尤其國民教育之經費應優先編列，不受憲法第一百六十四條規定之限制。

國家肯定多元文化，並積極維護發展原住民族語言及文化。

國家應依民族意願，保障原住民族之地位及政治參與，並對其教育文化、交通水利、衛生醫療、經濟土地及社會福利事業予以保障扶助並促其發展，其辦法另以法律定之。對於澎湖、金門及馬祖地區人民亦同。

國家對於僑居國外國民之政治參與，應予保障。

第 11 條　（兩岸關係）

自由地區與大陸地區間人民權利義務關係及其他事務之處理，得以法律為特別之規定。

第 12 條　（憲法修正案之提出）

憲法之修改，須經立法院立法委員四分之一之提議，四分之三之出席，及出席委員四分之三之決議，提出憲法修正案，並於公告半年後，經中華民國自由地區選舉人投票複決，有效同意票過選舉人總額之半數，即通過之，不適用憲法第一百七十四條之規定。

國家圖書館出版品預行編目資料

> 憲政與國家發展---總統制？內閣制？雙首長制？/
> 黃炎東 著 -- 2020年5月 初版. -
> 臺北市：蘭臺出版社 -
> ISBN：978-986-5633-82-0 　　　　（平裝）
> 1.中華民國憲法 2.憲法修改 3.憲政主義
> 581.25 　　　　　　　　　　　　　108010940

法律叢書3

憲政與國家發展---總統制？內閣制？雙首長制？

著　　者：黃炎東
執行編輯：張加君
執行美編：陳嬿竹
封面設計：陳勁宏
出 版 者：蘭臺出版社
發　　行：蘭臺出版社
地　　址：台北市中正區重慶南路1段121號8樓之14
電　　話：(02)2331-1675 或(02)2331-1691
傳　　真：(02)2382-6225
E—MAIL：books5w@gmail.com 或 books5w@yahoo.com.tw
網路書店：http://5w.com.tw/ 、 https://www.pcstore.com.tw/yesbooks/
　　　　　https://shopee.tw/books5w
　　　　　博客來網路書店、博客思網路書店
　　　　　三民書局、金石堂書店
經　　銷：聯合發行股份有限公司
電　　話：(02) 2917-8022　　　傳 真：(02) 2915-7212
劃撥戶名：蘭臺出版社　　　帳號：18995335
香港代理：香港聯合零售有限公司
電　　話：(852)2150-2100　　　傳真：(852)2356-0735
出版日期：2020年5月 初版
定　　價：新臺幣320元整

ISBN　978-986-5633-82-0